Hermann Collitz, Karl Bauer

**Die niederdeutsche Mundart im Fürstentum Waldeck**

Hermann Collitz, Karl Bauer

**Die niederdeutsche Mundart im Fürstentum Waldeck**

ISBN/EAN: 9783741184574

Hergestellt in Europa, USA, Kanada, Australien, Japan

Cover: Foto ©Thomas Meinert / pixelio.de

Manufactured and distributed by brebook publishing software (www.brebook.com)

Hermann Collitz, Karl Bauer

**Die niederdeutsche Mundart im Fürstentum Waldeck**

# Die
# niederdeutsche Mundart

im

# Fürstentum Waldeck.

———

Von

## Hermann Collitz,

Professor am Bryn Mawr College, Pennsylvania.

———

Sonderabdruck der Einleitung zu Bauer's Waldeckischem Wörterbuche.

## Norden.

Diedr. Soltau's Druckerei.

1899.

## § 1. Niederdeutsche und fränkische Mundart im Waldeckischen. [1]

„Die Grenze zwischen dem niederdeutschen und dem oberdeutschen *Sprachgebiet durchschneidet das Fürstentum Waldeck ungefähr in einer geraden Linie, die man sich durch die benachbarten preussischen Orte Mede- buch und Vöhl und durch die waldeckische Stadt Waldeck gezogen denkt. Auch fällt die Grenze ungefähr mit dem Laufe der Eder zusammen. In dem südlich gelegenen Landesteile herrscht die oberdeutsche* [2] oder fränkische, in dem nördlich gelegenen, bedeutend grösseren dagegen die niederdeutsche Mundart. Genau genommen läuft die Grenze von dem unmittelbar an der waldeckischen Landesgrenze gelegenen ehemaligen kurhessischen Dorfe Ipping- hausen* [3], in welchem noch die niederdeutsche Mundart herrscht, nördlich der waldeckischen Orte Netze, N. Werbe, Berich und Bringhausen, sodann von den früheren hessen-darmstädtischen Orten Altlotheim und Viermünden, hierauf wieder von den waldeckischen Orten Sachsenberg und Neukirchen, und weiterhin von den früheren kurhessischen Orten Rengershausen, Hommers- hausen, Samplar und Bromskirchen. In allen diesen Ortschaften wird der oberdeutsche, fränkische Dialekt gesprochen, während dagegen in den nördlich von dieser Linie gelegenen waldeckischen Orten Freienhagen, Sachsenhausen, N. Werbe und Alraft, sodann in den früher hessen-darmstädtischen Orten Basdorf, Asel, Harpshausen, Kirchlotheim, Schmidtlotheim, Buchenberg und Orke, ferner in den waldeckischen Orten Fürstenberg, Rhadern und Münden, und endlich in den preussischen Orten Braunshausen, Liessen und Hallenberg schon die niederdeutsche Mundart herrscht."* [4]

„Ein allmählicher Uebergang zwischen beiden Dialekten findet sich im Waldeckischen nicht. In dem einen Orte wird der reine niederdeutsche Dialekt gesprochen, und in dem anderen, oft nur eine halbe Stunde davon ent- fernten, der reine fränkische. So lauten die Worte „ich bin, ich habe, Kirche, machen, aus, Wasser, sechzehn, Mädchen, saufen, Zeit, auf, zu, zählen" im Dialekt von N. Werbe: **ěch běn, ěch honn, kěrche, mochen, uss, wosser, sěch-**

---

[1] Dieser erste Paragraph ist den Aufzeichnungen Bauer's entnommen. Der Rest der Einleitung rührt vom Herausgeber her.
[2] Richtiger 'mitteldeutsche'. — Anm. d. Herausg.
[3] Vergl. über den weiteren Verlauf der Grenze durch Kurhessen die Angaben Vilmar's in der Vorrede zu seinem Hessischen Idiotikon.
[4] Die obigen — auszugsweise schon im Korr.-Bl. des Vereins f. ndd. Sprachf. H. IV (1879) S. 82 mitgeteilten — Angaben Bauer's über die nieder- deutsche Sprachgrenze im Waldeckischen stimmen durchaus zu den Mitteilungen, welche F. Wrede in seinen Berichten über Wenker's Sprachatlas im Anzeiger f. deutsches Altertum Bd. 18 (1892) S. 307 f. u. Bd. 19 (1893) S. 97 ff. u. s. w. gemacht hat. — Anm. d. Herausg.

*kühn, mäñchen, suffen, zitt, uff, zu, züllen; dagegen in dem nur 20 Minuten*
*entfernten O. Werbe:* ik si, ik hawwe, kerke, maken, nt, water, sessten, mäken,
supen, tid, up, to, tellen.[1]) *Freilich werden im Waldeckischen einzelne Worte*
*in den unmittelbaren plattdeutschen Grenzorten fränkisch gesprochen und*
*dasselbe ist umgekehrt in den unmittelbaren fränkischen Grenzorten der Fall.*
*So hört man in O. Werbe statt des plattdeutschen* aske *(Asche) und* waske
*(Wäsche) das fränkische* äsche *und* wäsche *und in N. Werbe statt des frän-*
*kischen* fuchs *das plattdeutsche* voss. — *In den preussischen Grenzorten*
*soll sogar eine völlig gemischte Mundart bestehen, und dies Gemisch in Hollen-*
*berg ein dermassen grausiges sein, dass es nur von den Einheimischen, nicht*
*aber von den allernächsten oberdeutschen oder niederdeutschen Nachbarn ver-*
*standen werde. — Dagegen lassen sich bei jedem von beiden Dialekten un-*
*geachtet seines kleinen Gebietes je nach den einzelnen Orten Verschiedenheiten*
*wahrnehmen."*

*„Bei den Bewohnern der Dörfer und der kleinen Ackerstädte Sachsen-*
*hausen, Landau, Rhoden u. s. w. ist der Dialekt noch die gewöhnliche*
*Sprache, sofern sie unter sich sind. Treten sie jedoch in Verkehr mit der*
*sogen. gebildeten Klasse, so bedienen sie sich des Hochdeutschen; bei den*
*gerichtlichen Verhandlungen z. B. hört man fast nur noch ältere Leute sich*
*im Dialekt ausdrücken. Der Landbewohner schämt sich der ihm so wohl*
*anstehenden, kraftvollen plattdeutschen Sprache; die Schule, der Militärdienst,*
*das Dienen in Häusern der Gebildeten, das Lesen der Zeitungen u. s. w. hat*
*ihn gelehrt, in zwei Zungen zu reden. Nur zu oft freilich redet er keine*
*von beiden rein, und bringt in seinem Plattdeutsch Wortformen vor, welche*
*offenbar verdorben und nach dem Hochdeutschen gebildet sind."*

## § 2. Die Waldeckisch-Westfälische Dialektgruppe im Gegensatze zur Nordsächsischen.

*Die niederdeutsche Mundart Waldeck's ist aufs Engste verwandt mit den*
*niederdeutschen Mundarten Hessen's (wo übrigens das Niederdeutsche auf ein*
*verhältnismässig kleines Gebiet beschränkt ist) und Westfalen's. Man kann*
*diese Mundarten unter dem Namen der* waldeckisch-westfälischen
*Gruppe zusammenfassen: im Unterschiede von der* nordsächsischen
*Dialektgruppe, zu der wir alle übrigen niedersächsischen Mundarten rechnen[2]).*
*Der Unterschied beider Gruppen liegt vor allem auf dem Gebiete des Vokalismus.*
*Während die nordsächsischen Mundarten mit einer verhältnismässig geringen,*
*fast möchte man sagen dürftigen Reihe von Vokalen sich behelfen, ist das*
*Vokalsystem aller waldeckisch-westfälischen Mundarten reich entfaltet. Ins-*

---

[1]) In genauerer Schreibung: ik f·t, ik haw·, kirrk·, mäk·n, ·üt, wät·r, füstein,
mäk·n, f·üp·n, t·tt, up, tou, tel·n. — Anm. d. Herausg.
[2]) Die waldeckische niederdeutsche Mundart grenzt im Süden und Südosten
an die mitteldeutschen (fränkischen und hessischen) Mundarten, im Westen, Norden
und Nordosten an das Westfälische, im Osten an das hessische Niederdeutsch. Sie
berührt sich also nirgends unmittelbar mit dem Nordsächsischen. Für die Abgrenzung der waldeckisch-westfälischen Gruppe gegen das Nordsächsische einerseits
und das Niederfränkische andrerseits kann man einstweilen Wenker's Schrift über
das Rheinische Platt (Düsseldorf 1877) und Wrede's Berichte über Wenker's Sprachatlas (im Anzeiger für dt. Altertum, Bd. 18 ff.) zu Rate ziehen. — Einer dieser
drei grossen Gruppen (Fränkisch, Sächsisch, Westfälisch) lässt sich jede niederdeutsche Mundart zuweisen. Fünf oder acht Hauptgruppen anzunehmen, wie es
Jellinghaus in seiner Schrift „Zur Einteilung der ndd. Mundarten" (Kiel 1884)
versucht hat, scheint mir nicht ratsam.

besondere fällt der Reichtum an Diphthongen auf. Zu den Uebereinstimmungen im Vokalismus gesellen sich mancherlei Berührungen im Konsonantismus, in der Wortbildung und Flexion, im Wortschatze, in der Syntax.

Es wird nötig sein, die Einteilung der niederdeutschen Dialekte hier noch etwas weiter zu erwägen, zumal es sich dabei zugleich um die richtige Würdigung sprachgeschichtlicher Tatsachen handelt und gerade in dieser Beziehung die Stellung und der Wert der waldeckisch-westfälischen Gruppe in der Regel verkannt werden.[1]

Man hat mehrfach versucht, der Einteilung der niederdeutschen Dialekte den Dativ und Akkusativ des Personalpronomens zu Grunde zu legen. Das gesammte Gebiet des Niederdeutschen zerfällt darnach in ein mi- und ein mek-Gebiet. Im ersteren lauten Dativ und Akkusativ mi und di, im letzteren mek und dek (bezw. mik und dik, mi'k und di'k u. s. w.). Das Waldeckische, auf das bei dieser Einteilung in der Regel kein besonderes Gewicht gelegt wird, müsste beiden Gebieten zugerechnet werden; denn hier lautet der Dativ mi't und di't, der Akkusativ me'k und de'k. Besonders aber ist gegen diese Einteilung einzuwenden, dass sie sich auf einen vereinzelt dastehenden Formenwandel auf dem Gebiete der Flexion stützt. Gewiss ist es von Interesse, die Grenzlinien festzustellen, innerhalb deren allein mi oder allein mek oder beide Formen nebeneinander für den Dativ und Akkusativ des Personalpronomens gebraucht werden. Auch wird sich diese Grenze, wie andere derartige Grenzen, vielleicht mit kulturhistorischen Tatsachen in Verbindung bringen lassen. Aber der Vorschlag, auf diese mi- und mek-Grenze unsere Einteilung des Niederdeutschen in erster Linie zu begründen, wäre nur dann annehmbar, wenn es an wichtigeren, allgemeineren Unterschieden fehlte. An solchen aber fehlt es keineswegs; und zwar liegen sie vorzugsweise auf dem Gebiete des Vokalismus.

Alle niederdeutschen Dialekte stimmen darin überein, dass sie in offener, betonter Silbe stehende, ursprünglich kurze Vokale in bestimmter Weise verändern. In den meisten, insbesondere den nördlichen ndd. Dialekten erscheinen diese Vokale als Längen, und man pflegt sie daher — im Unterschiede von den alten langen Vokalen — als „tonlange Vokale" oder „Tonlängen" zu bezeichnen[2]. Es empfiehlt sich indessen, mit Rücksicht auf das Waldeckisch-Westfälische, dafür eher den Ausdruck „verstärkte Vokale" oder „gesteigerte Vokale" zu wählen. Und zwar aus zwei Gründen. Erstens finden wir im Waldeckisch-Westfälischen nicht nur „Tonlängen" (z. B. ä als sekundäre

<hr>

[1] Z. B. leitet noch F. Holthausen in seiner verdienstlichen Darstellung der Soester Mundart (Norden und Leipzig, 1886) die Vokale dieser Mundart aus den Vokalen der mittelniederdeutschen Schriftsprache ab. — Jellinghaus in seiner Westfälischen Grammatik (Bremen 1877) setzt die Ravensbergischen Diphthonge ua, uo und üä sämmtlich, ohne genauere Unterscheidung „altem u oder o" gleich, nur dass uo „altes u oder o weit seltener als ua" ersetzen und üä „= ua mit getrübtem u" sein soll. Tatsächlich entspricht im Ravensbergischen ua altem o, dagegen uo altem u, während üä (der Umlaut des ua) aus altem ö entsteht. — In seiner Schrift über die Einteilung der ndd. Mundarten S. 25 bringt Jellinghaus die „geschliffenen, beziehungsweise gestossenen Laute" (d. h. Vokalsteigerungen, vgl. unten) des Westfälischen sogar mit dem Unterschiede zwischen geschliffener und gestossener Betonung im Litauisch-Lettischen, Serbisch-Chorvatischen u. s. w. in Zusammenhang. Durch die kleine Differenz, dass in den slavobaltischen Sprachen dieser Unterschied der Betonung an den alten freien Accente haftet, während die germanischen Sprachen den freien Accent schon in urgermanischer Zeit aufgegeben haben, lässt er sich anscheinend nicht stören.

[2] Vgl. darüber insbesondere K. Nerger's Grammatik des meklenburgischen Dialektes (Leipzig 1869) S. 22 ff.

*Dehnung aus* a)*, sondern auch „Tondiphthonge" (z. B. wald.* u *als sekundären Vokal des* o *und* i *an Stelle von* e) *und sogar „Tonkürzen" (nämlich die wald.* gesch lossen en *Kürzen* i, ü *und* û*, die für die offenen Kürzen* i, u *und* ü *unter denselben Bedingungen eintreten, unter welchen* a *zu* ä *gedehnt wird). Man kann ja nun freilich annehmen, die wald.-westfäl. Diphthonge und geschlossenen Kürzen seien zunächst durch einfache lange Vokale hindurchgegangen, sodass der Ausdruck „Tonlänge" für das Wald.-Westf. wenigstens eine sprachgeschichtliche Berechtigung gewinnen würde. Sicher indessen ist diese Annahme keineswegs; ja man kann nicht einmal sagen, dass sie wahrscheinlich sei. Denn man darf mit gleichem Rechte annehmen, die nordsächsischen einfachen Tonlängen seien aus Diphthongen, oder wenn man will aus geschlossenen Kürzen hervorgegangen[1]). Jedenfalls wird durch den Ausdruck „Tonlänge" die Entscheidung einer schwierigen und einstweilen nicht sicher beantworteten Frage präjudiziert. — Dazu kommt zweitens, dass diese sekundäre Vokalsteigerung im Wald.-Westf. nicht nur in ursprünglich offener Silbe, sondern ebenso regelmässig auch vor* r + *Konsonant sich findet. (Z. B. wald.* irwᵗ᾿n pl. *Erbsen, mit demselben Vokal wie* irᵗn *essen; im Nordsächsischen dagegen* arftᵘ *und* ärtᵘ *mit verschiedenem Vokal). Hier wird man nicht in erster Linie den Hochton, sondern die Liquida für die Steigerung verantwortlich machen; der Ausdruck „Tonlänge" also, auch wenn man unter „Länge" Diphthonge und Kürzen mit begreifen wollte, passt wiederum nicht.*

*In der Behandlung dieser „Vokalsteigerungen" nun zeigt sich — auch abgesehen von den eben berührten Unterschieden — ein durchgreifender Gegensatz zwischen dem Waldeckisch-Westfälischen und dem Nordsächsischen. Die nordsächsischen Mundarten kennen im allgemeinen nur vier „tonlange" Vokale, nämlich* ä, ê, ö, ô*. Das* ê *vereinigt in sich den Umlaut des tonlangen* ä*, die Tonlänge des urspr.* e *und die Tonlänge des urspr.* i*; das* ô *steht sowohl für tonlanges urspr.* o *als für tonlanges urspr.* u*; das* ö *(der Umlaut der Tonlänge* ô*) sowohl für urspr.* ô *wie für urspr.* û*. Die extremen Vokale* i *und* u *also (einschliesslich des Umlautes* ü*) erleiden im Nordsächsischen bei der sog. Tondehnung zugleich eine Reduktion, in Folge deren sie mit den mittleren Vokalen* e *und* o *(bezw.* ö*) zusammenfallen. Mit anderen Worten: die nordsächsischen Dialekte kennen keine besonderen Tonlängen für die extremen Vokale* i, u *(und* ü*). Auf diesem Standpunkte steht — worauf ich weiterhin zurückkommen werde — bereits die mittelniederdeutsche Schriftsprache, die dem nordsächsischen Zweige des Niederdeutschen angehört. Heutzutage ist die Zahl der Tonlängen in den nordsächsischen Mundarten noch weiter zusammengeschmolzen, indem* ä *und* ê *sich zu* ä̂ *vereinigt haben und mit dem auf altes langes* ä (= got. ê) *zurückgehenden* â̂ *zusammengefallen sind.[2])*

*Ganz anders im Waldeckisch-Westfälischen. Hier hat jeder der Laute* i e a o ö u *seine besondere sekundäre Steigerung. In der waldeckischen*

---

[1]) *Der Umstand nämlich, dass die sekundäre Vokalsteigerung in der waldeckisch-westfälischen Gruppe viel energischer auftritt als in der nordsächsischen, lässt darauf schliessen, dass sie von den wald.-westf. Dialekten ausging; ebenso wie die hochdeutsche Lautverschiebung im Süden, in der Nähe ihres ursprünglichen Herdes, kräftiger auftritt als im mittleren Deutschland. Wenn man dies zugibt, wird man weiter geneigt sein, die Form, in welcher die gesteigerten Vokale im Wald.-Westf. auftreten, im allgemeinen für älter zu halten als die, in welcher sie sich im Nordsächsischen finden.*

[2]) *Die Tonlänge* ê *wird heute im Nordsächsischen meist* ä̂ *gesprochen; die Tonlänge* ô *ist meist zu* ȧ̂ (d. h. einem zwischen* ä̂ *und* ô *liegenden langen Vokale) herabgesunken.*

*Mundart (oder genauer im Nordwesten des wald. Gebietes) z. B. lauten die
Steigerungen dieser Vokale der Reihe nach* I i¹ **â** u⁰ ü⁰ û û. *In der Soester
Mundart finden sich dafür (in Holthausen's[1]) Schreibung):* i⁰ *(vor* ŋ *und* w
*dafür* î⁰*)* ä çᴬ ǫᴬ ö̯ᵛ u⁰ *(bezw.* û⁰*)* yᵃ *(bezw.* ȳ⁰*); im Ravensbergischen (nach
Jellinghaus'[2]) Schreibung)* ie *(bezw.* ì*)* iä ü̂ ûä ûa uo *(bezw.* û*)* ü̂ö *(bezw.* ö̂*).
Mit anderen Worten: die Zahl der wald.-westf. gesteigerten Vokale ist fast
doppelt so gross als die der mittelniederd. sog. Tonlängen, und reichlich doppelt
so gross als die Anzahl der „Tonlängen" in den heutigen niedersächsischen
Mundarten.[3]*

Eben auf diesen gesteigerten Vokalen beruht in erster Linie der Vokal-
reichtum des Waldeckisch-Westfälischen gegenüber dem Nordsächsischen.
Bemerkenswert ist dabei, dass die gesteigerten Vokale im Wald.-Westf. auch
mit keinem der alten langen Vokale zusammenfallen. Das sekundäre ä z. B.
bleibt getrennt von dem alten langen ä = got. ê (welchem wald.-westf. û entspricht); die Steigerung des u bleibt verschieden von dem alten langen û
(welches als Diphthong — wald. ᵛü, westf. ⁱu — erscheint); der Umlaut dieser
Steigerung fällt nicht zusammen mit dem Umlaute des urspr. û (welcher in
dem Diphthong: wald. ᵛö̂, westf. uⁱ vorliegt), u. s. w.[4]*

*Im Einzelnen werden die verschiedenen Steigerungen weiter unten (§ 12)
zur Sprache kommen. —*

*An sonstigen Eigenheiten des waldeckisch-westfälischen Lautsystemes
gegenüber dem nordsächsischen ist etwa zu erwähnen:*

*1) Der alte Diphthong* au*, der im Nordsächsischen in* ô *übergeht[5]),
liegt im Wald.-Westfäl. als Diphthong (wald.* ᴀu*, westf. teils* ᴀu*, teils* äu*)
vor. — Aehnliches gilt von dem Umlaute dieses Diphthongs (nordsächs.* ö̂*, aber
wald.* äi*, westf.* oi*). Vgl. unt. § 13.*

*2) Urspr. anl.* sk *ist im Wald.-Westf. nur zu* sχ *(so in Westfalen) oder
s̈χ (so meist in Waldeck) vorgerückt, während es sich im Nordsächsischen*

---

[1] *Die Soester Mundart. Norden und Leipzig, 1886.*
[2] *Westfälische Grammatik. Bremen, 1877.*
[3] *Ich habe auf diesen wichtigen Unterschied zwischen Wald.-Westf. und
Nordsächsisch schon im Jahre 1882 hingewiesen (Korr.-Bl. f. ndd. Sprachf. Heft 7
S. 82). Meine Ausführungen aber sind wenig beachtet und z. T. in merkwürdiger
Weise missverstanden. H. Jellinghaus z. B. bemerkt in seinem Buche „Zur Einteilung der ndd. Mundarten" S. 6: „H. Collitz hat in seinem Vortrage auf
der 6. [lies 8.] Versammlung des Vereins für niederdeutsche Sprachforschung als
eine wichtige Unterscheidung zwischen niedersächsischer und westfälischer Sprache
den Umstand bezeichnet, dass letztere ein tonlanges* î *und* û *habe"; um mir dann
entgegenzuhalten, es seien „eigentlich nur die nördlichsten und östlichsten Unterdialekte Westfalens, welche diese beiden Laute sprechen"; im Innern Westfalens
spreche man* ie *und* uo*. Damit hält J. die Sache für abgetan. ohne zu sehen, dass
die Diphthonge* ie *und* uo *den von mir geltend gemachten Unterschied bestätigen.*
[4] *Man beachte auch, dass im Wald.-Westf. in mehreren Fällen Steigerung
eintritt, wo im Nordsächs. der kurze Vocal bleibt. Z. B. wald. lᵉᶜt ist es, westf.
irᶜt, nordsächs. isᶜt; wald. mldᶜ und mlt, westf. (Holthausen S. 92) miᶜt, nordsächs.
mit; wald. hlmᶜt, westf. (Woeste, Wörterb.) biᶜnd, nordsächs. hempt; wald. twiᶜlwᶜ,
westf. tvᵉᴬlf, tvᵉᴬlvə (Holthausen), nords. twolf.*
[5] *Dieser Uebergang findet sich bekanntlich schon im Altsächsischen. Im
Mittelniederdeutschen fällt das aus an entstandene ô mit tonlangem ô in der Schrift
zusammen. In der Aussprache aber wird man diese Vokale unterschieden haben,
da tonlanges ô heute zu u̇ geworden ist, während das auf au zurückgehende ô sich
als ô erhält.*

*wie im Hochdeutschen und in den süddeutschen Mundarten) zu einfachem b weiterentwickelt hat.*

*3) Urspr. anl. wr wandelt sich im Wald.-Westf. in fr, während im Nordsächsischen die Lautgruppe wr entweder erhalten bleibt oder in r übergeht. Z. B. westfälisch (nach Woeste's[1]) Wtb.) vringen ringen, vrist Rist, sik vrangen sich balgen, vrail Reitel, vrâsen Rasen; waldeckisch frir•n, frist, f•k frar•l•n, fraid•l, frâf•; nordsächsisch wrir•n, wrist, fik wrar•l•n u. s. w.*

*4) Inl. w zwischen Vokalen bleibt im Wald.-Westf. erhalten oder wird zur gutturalen Spirans (g), während es im Nordsächsischen (wie im Hochdeutschen) vokalisiert ist.[2]) Z. B. wald. hog•n (mit kurzem o) hauen, westf. hog•n oder höw•n (mit kurzem ö), nordsächs. hau'n; wald. frug• (mit kurzem u) Frau, westf. frog• (frog•) und früw•, nordsächs. frou.*

*5) Dem Waldeckisch-Westfälischen gemeinsam ist ein Lautgesetz, welches Holthausen (a. a. O., S. 46 § 203) für die Soester Mundart festgestellt hat. Die Lautgruppe Konsonant + r + Vokal + Dental wandelt sich in bestimmten Wörtern[3]) durch Metathesis des r in Konsonant + Vokal + r + Dental. Ist der Dental ein s, so schwindet r später (aber erst nachdem es den vorausgehenden Vokal gesteigert hat) gänzlich. Z. B. Soestisch (in Holthausen's Schreibung) bo•st Brust, co•te Grütze, dv•sken dreschen; Ravensbergisch (Jellinghaus, Westf. Gr. S. 45) bost Brust, dosken dreschen; waldeckisch bu•st Brust, gü•rte Grütze, drsk•n dreschen.*

*6) Nach einem wald.-westf. Auslautsgesetze treten für die stimmlosen Spiranten f s h die tönenden Spiranten w f g (bezw. j) ein, falls sie durch Anfügung eines vokalisch anlautenden Wortes aus dem Auslaute in den Inlaut treten, vorausgesetzt dass ihnen ein stimmhafter Laut vorhergeht. Z. B. wald. kw•rk ob ich, neben âf ob; lf•t ist es, neben la (und is) ist; nag•mâl noch einmal, neben nah noch. Entsprechend in der Soester Mundart[4]): clavat (d. i. χi•w•t) gib es; iezat (d. i. ir•t) ist es; magik mag ich. Ausserhalb des Wald.-Westf. mögen sich Anklänge an diese Regel finden; aber sie ist meines Wissens nirgends mit gleicher Regelmässigkeit durchgeführt.*

*Dazu kommen einige Fälle, in denen das Waldeckische mit der Hauptmasse der westfälischen Dialekte oder den südöstlichen Mundarten des westf. Gebietes übereinstimmt, während sich andere (insbesondere nordwestliche) westf. Mundarten auf die Seite des Nordsächsischen stellen. Hierher gehört z. B.:*

*7) die Vertretung der alten langen Vokale î û h (die sich im Nordsächsischen als Längen erhalten) durch Diphthonge.*

*Nämlich altes î ist wald. •î, südwestfäl. uī*

> » û » » •ū, » iū
> » h » » •û, » uī (od. uiī).

*8) der sporadische Uebergang des alten bw, das sonst im Niederdeutschen — wie im Hochdeutschen — zu w wird, in die labiale Media b. Im Waldeckischen beschränkt sich dieser Lautwandel auf die Pronominaladverbia bâ wo und b•ū wie. Aus den benachbarten westfälischen Mundarten werden (z. B. in Woeste's Wörterbuch und in Jellinghaus' Einteilung S. 43) ausserdem bai (Dat. bem, Akk. beu) wer, bat was, bann wann, angeführt.*

*Die Uebereinstimmungen zwischen Waldeckisch und Westfälisch sind*

---

[1]) v hat in Woeste's Wörterbuch denselben Lautwert wie f.
[2]) Nur in vereinzelten Fällen findet sich ein solches g (bezw. das daraus entstandene ausl. h) auch im Nordsächsischen, z. B. wald. fûg•, westf. sûago, nordhannöv. fâ•h (aus fâg•, daher mit geschleiftem â•).
[3]) Dieser Zusatz ist nötig aus Rücksicht auf Formen wie wald. šhrlt (pl. šhrld•) Schritt, trlf•l Kreisel, trlt (pl. trld•) Tritt, fri•t•n fressen, frist Rist u. a.
[4]) Holthausen, a. a. O., S. 49, § 221, 2).

hiermit keineswegs erschöpft. Insbesondere tritt ihre nahe Verwantschaft auch in der Formenlehre und im Wortschatze deutlich hervor. Aber die hier erwähnten Tatsachen aus dem Gebiete der Lautlehre werden genügen, um die Annahme einer waldeckisch-westfälischen Dialektgruppe zu rechtfertigen.

## § 3. Das Waldeckische Niederdeutsch im Unterschiede vom Westfälischen.

Man könnte sich versucht fühlen, die niederdeutsche Mundart in Waldeck den Untermundarten des Westfälischen gleich zu stellen und einfach von einer westfälischen, statt von einer waldeckisch-westfälischen Dialektgruppe zu sprechen. Aber das waldeckische Niederdeutsch geht doch dem westfälischen gegenüber vielfach seine eigenen Wege und nimmt an manchen Lauterscheinungen, die für das Westfälische besonders charakteristisch sind, keinen Anteil. Ein par von diesen Unterschieden sind schon vorhin beiläufig erwähnt. Nämlich:

1) Während Waldeckisch und Westfälisch in dem Systeme ihrer gesteigerten Vokale dem Nordsächsischen gegenüber zusammengehen, ist die Lautgestalt der einzelnen Glieder dieses Systemes im Waldeckischen fast durchweg vom Westfälischen verschieden. Nur die Steigerung des a lautet in beiden ä, im übrigen aber stehen sich gegenüber

| wald. i⁰ und westf. iᵃ | wald. 1 und westf. i⁰ (od. ⁱ, 1) |
| „ uᵛ „ „ uᵃ | „ û „ „ uᵛ (od. ûᵛ, û) |
| „ üᵃ „ „ üᵃ | „ ü „ „ üᵛ (od. üᵛ, ü). |

Es fallen dabei besonders ins Gewicht die geschlossenen Kürzen (als Vertreter der urspr. extremen Vokale i u ü) des Waldeckischen gegenüber den Diphthongen (oder auch Vokallängen) des Westfälischen.

2) Der für das Westfälische bezeichnende Wandel des alten Anlautes sk in sh findet sich im Waldeckischen nur vereinzelt, und zwar vorzugsweise in Orten, die nahe der westfälischen Grenze liegen und auch sonstige Anklänge an das Westfälische aufweisen. Sonst aber herrscht in Waldeck die Aussprache šḥ, die zwischen dem westfälischen sh und dem nordsächsischen (und hochd.) š einigermassen die Mitte hält.

Dazu nehme man Folgendes:
3) Im Westfälischen ist anl. s vor Vokalen stimmlose Spirans. Man spricht sunˣ Sonne, suîn sein, mit „scharfem“ s. Das anl. f des Waldeckischen ist in solchen Fällen stimmhaft oder „weich“; z. B. funˣ Sonne, fᵉn sein.

4) Urspr. anl. g wandelt sich im Westfälischen zur stimmlosen Spirans, und zwar — je nach der Beschaffenheit des folgenden Lautes — entweder in die gutturale Spirans ḥ (den sog. ach-Laut), oder die palatale Spirans χ (den sog. ich-Laut); z. B. ḥast Gast, pl. χestˣ, ḥlas Glas. Im Waldeckischen hält sich die Media g (mit der Einschränkung, dass anl. gl — aber nicht anl. gi oder giˣ — durch jl ersetzt wird; z. B. jlgᵉn, jlwᵉl, jlwᵘn); man spricht gast, pl. gästˣ, und glas.

5) Auch in der Formengebung tritt das Waldeckische häufig in Gegensatz zu den westfälischen Dialekten. Z. B. lautet die 1. sg. des Verbum substantivum ik ᵇt ich bin, gegen westfäl. ik sin. Ferner hat das Participium präteriti der starken Verba im Waldeckischen vielfach die Endung des Partic. der schwachen Verba angenommen, während im Westfälischen die starke Form sich hält; z. B. wald. ·jlt gegeben, westf. ·ʒᵉwᵉn.

Eine Mundart, der die westfälischen Anlaute s, ḥ und χ abgehen, wird man kaum noch westfälisch nennen können. Es empfiehlt sich daher auch, unsere Dialektgruppe nicht einfach als „Westfälisch“, sondern als „Waldeckisch-Westfälisch“ zu bezeichnen.

### § 4. Die Untermundarten des Waldeckischen niederdeutschen Dialektes.

Wir haben bis jetzt die waldeckische niederdeutsche Mundart als eine
selbständige, in sich einheitliche Mundart behandelt. Damit soll indessen nur
gesagt sein, dass eine Reihe dialektischer Eigenheiten sich gleichmässig über
das ganze Gebiet des waldeckischen Niederdeutsch erstrecken, und zwar Eigenheiten, die teils dem waldeckischen Gebiete ausschliesslich angehören, teils
auch im Westfälischen oder im Niederdeutschen überhaupt sich finden. Im
übrigen gilt von der Waldeckischen Mundart, was von allen deutschen Mundarten gilt: nämlich dass die mundartliche Spaltung sich innerhalb einer jeden
Landschaft fortsetzt, und dass streng genommen jeder Ort seine besondere
Mundart hat.[1]

Auf Eigentümlichkeiten in dem Wortgebrauche und der Aussprache einzelner Orte oder Gegenden ist gelegentlich im Wörterbuche hingewiesen. Hier
handelt es sich vor allem um einzelne Dialekterscheinungen, die sich in weiterem
Umfange geltend machen und einen charakteristischen Unterschied zwischen
verschiedenen Gegenden nicht nur in der Gestalt einzelner Wörter, sondern
in ihrer Lautgebung überhaupt hervorrufen. Je nach der Art, wie der germanische lange Vokal ō (= got. ō, altsächs. ō, altniederfränk. u. althochd. uo; z. B. got. fōtus, as. fōt, anfr. fuot,
ahd. fuoz) und der germanische Diphthong ai (= got. ai, altsächs. ē, althochd.
ei; z. B. got. haims, as. hēm, ahd. heim) sich entwickelt haben, zerfällt die
waldeckische ndd. Mundart in drei Unterdialekte.

#### I. Nordöstliche oder Rhodener Mundart.

Sie umfasst ein verhältnismässig kleines Gebiet in der Umgegend der
Städte Arolsen[2] und Rhoden. Die südliche Grenze[3] bildet ungefähr der Lauf
der Twiste, die westliche Grenze eine von der Quelle der Twiste zwischen den
Dörfern Helmscheid und Mülhausen und weiter zwischen Wirmighausen und
Gembeck nordwärts gezogene Linie. Nach Nordwesten, Norden und Osten
hin deckt sich die Grenze dieser Untermundart nicht genau mit der politischen
Grenze des Landes. Es herrscht nämlich in dem auf beiden Seiten und
nördlich von Rhoden gelegenen Gebiete, d. h. einerseits (westlich) in dem sogen.
„Roten Lande" (den Dörfern Kohlgrund, Neudorf, Helmighausen und Hes-
peringhausen), andrerseits (östlich) in den Ortschaften Wethen, Dehausen,
Amenhausen, Herbsen und weiterhin Külte und Wetterburg, sowie endlich
(nördlich) in dem hart an der westfälischen Grenze liegenden Dorfe Wrexen
eine abweichende Aussprache der hier in Betracht kommenden Vokale, und
zwar dieselbe wie in der Mundart II.

In der Rhodener Mundart erscheinen ō und ai als lange Vokale, ō und ē,
z. B. fōt Fuss, blōm' Blume, t' hēm' zu Hause, ik wēt ich weiss.

#### II. Nordwestliche oder Adorfer Mundart.

Die Grenze gegen die Mundart I ist bereits angegeben. Gegen die
Mundart III bildet die Grenze zunächst eine zwischen den Dörfern Helmscheid
und Berndorf nach Wrexen längs der Wasserscheide der Diemel und Eder

---

[1] Vgl. den Exkurs „Ueber Individualdialekte" am Ende dieses Paragraphen.
[2] In Arolsen selbst wird nur Hochdeutsch gesprochen. Die Hauptstadt des
Fürstentums unterscheidet sich in dieser Beziehung von den übrigen waldeckischen
Städten, in welchen der Dialekt entweder (wie z. B. in Rhoden) noch vorwiegt oder
doch wenigstens (wie z. B. in Corbach) neben dem Hochdeutschen noch fortlebt.
[3] Vgl. den Exkurs „Zur Abgrenzung der wald. Untermundarten" am Ende
dieses Paragraphen.

*(also südlich von Flechtdorf und Schweinsbühl, nördlich von Rhena, Böhmig-*
*hausen und Neerdar) bis zwischen Eimelrod und Usseln gezogene Linie; von*
*da ab zieht sich die Grenze nordwestlich längs der Wasserscheide zwischen*
*Diemel und Itter (also zwischen Ottlar und Rattlar hindurch) bis zur Landes-*
*grenze. Das Gebiet dieser Mundart schliesst demnach die früher hessische,*
*jetzt preussische, aus dem Kirchspiel Eimelrod bestehende Enclave ein.*
   *In der Adorfer Mundart werden urspr. ö und ei durch die Diphthonge*
*ou und ei vertreten. Man spricht also fout Fuss, bloum- Blume, t- heim-*
*zu Hause, ik weit ich weiss.*

### III. Südliche oder Corbacher Mundart.

   *Sie umfasst das gesammte südlich von den beiden eben bezeichneten*
*Mundarten gelegene Gebiet, bis zur hochdeutschen Sprachgrenze hinab. In*
*den Bereich dieser Mundart gehört das waldeckische „Uppland" (d. i. Hoch-*
*land) — bestehend aus dem Kirchdorfe Usseln und den Filialen Willingen,*
*Schwalefeld und Rattlar —, das in der Sprache wie in Sitten und Lebens-*
*weise manche Besonderheiten aufweist.*
   *Die Mundart III stimmt mit der Mundart II darin überein, dass sie*
*die urspr. Vokale ö und ai durch Diphthonge wiedergibt. Aber an Stelle der*
*ou und ei der Adorfer Mundart finden sich hier au und ai. Man spricht:*
*faut Fuss, blaum- Blume, t- haim- zu Hause, ik wait ich weiss.*

   *Man kann im grossen und ganzen sagen, dass die Aussprache ö und*
*ē im Gebiete der Twiste (genauer: in einem Teile des Gebietes zur Linken*
*der Twiste) herrscht; ou und ei im Gebiete der Orpe und der Diemel; au*
*und ai im Gebiete der Eder (soweit letzteres dem Niederdeutschen angehört).*
   *Die drei Mundarten stossen hart aneinander in der Mitte des wal-*
*deckischen Landes. Das nahe an der Quelle der Twiste gelegene Berndorf*
*fällt noch in den Bereich der Corbacher Mundart, während das kaum eine*
*halbe Stunde davon entfernte (nach NW. gelegene) Helmscheid zur Adorfer*
*Mundart gehört, und die nordöstlich liegenden Dörfer Mühlhausen und Twiste*
*die Rhodener Mundart sprechen.*
   *Für das Waldeckische Wörterbuch schien es das Richtigste, die Adorfer*
*Mundart zu Grunde zu legen[1]), und zwar aus zwei Gründen. Zunächst*
*stehen die Adorfer ou und ei gewissermassen in der Mitte zwischen den Cor-*
*bacher au und ai und den Rhodener ö und ē, indem sie mit letzteren die*
*Vokalfärbung, mit ersteren die diphthongische Aussprache teilen. Sodann*
*prägt sich in der Adorfer Mundart die sprachliche Besonderheit des waldeckischen*
*Niederdeutsch insofern am deutlichsten aus, als in ihr die einzelnen Vokale*
*am reinlichsten auseinandergehalten werden, und nicht in dem Masse, wie in*
*den beiden andern Mundarten, Vokale von verschiedener Herkunft zusammen-*
*fliessen. In Rhoden nämlich wird das ē in bēn ebenso gesprochen wie das*
*seiner Herkunft nach ganz verschiedene ē in dēp tief. In Corbach fällt das*
*aus ö entstandene au in faut Fuss zusammen mit dem aus au entstandenen*
*in baum Baum; und weiter decken sich die umgelauteten Vokale in foit· Füsse*

----

*[1]) Ich habe mich speciell an die Mundart des (südlich von Adorf und*
*Rhenegge, westlich von Flechtdorf gelegenen) Dorfes Benkhausen gehalten, jedoch*
*nur aus dem äusseren Grunde, weil mir diese Mundart (in der Person des aus*
*Benkhausen stammenden Herrn Bangert) am besten zugänglich war. — In dem*
*Manuskripte Bauer's sind ou und ei (der Corbacher Mundart gemäss) als au und*
*ai gegeben.*

*und boim* Bäume. *In der Adorfer Mundart dagegen lautet das* ei *in* bein *verschieden von dem* ē *in* dēp, *das* ou *in* fout *verschieden von dem* au *in* baum, *und der Umlaut* oü *in* foüt *verschieden vom dem* ai *in* baim*.

Man wird von vorn herein geneigt sein, die Ausbildung dieser Dialekt-unterschiede vielleicht teilweise in die Zeit der Gauverfassung zu verlegen. Diese Ansicht lässt sich durch folgende Tatsachen unterstützen. Während der südliche mitteldeutsche Teil des waldeckischen Landes im wesentlichen dem fränkischen Hessengau angehörte, fiel der nördliche niederdeutsche Teil des Landes teils in das Gebiet des sächsischen Hessengaues, teils in das des Itterganes (vgl. das Nähere bei Varnhagen, Wald. Landes- und Regenten-geschichte S. 7 ff. und Curtze, Geschichte und Beschreibung des Fürstent. Waldeck S. 467 ff.). Die Grenze des sächsischen Hessengaues gegen den Ittergau scheint nun im wesentlichen identisch zu sein mit der Grenze der nordöstlichen (Rhodener) gegen die nordwestliche (Adorfer) und die südliche (Corbacher) Mundart. Man beachte besonders, dass Mühlhausen und Twiste ausdrücklich zum sächs. Hessengau gerechnet werden, während Berndorf mit Corbach und Helmscheid dem Ittergau angehörte, und vergleiche damit, was vorhin (S. 11*) über die Mundart dieser Ortschaften bemerkt wurde. Für die Scheidung zwischen der Corbacher und der Adorfer Mundart sehe ich in der Gaueinteilung keinen Anhalt. Bei der späteren kirchlichen Diöcesaneinteilung — die sich bekanntlich vielfach an die alte Gaueinteilung anschliesst — gehörte der grössere Teil des waldeckischen niederdeutschen Gebietes zur Diöcese Paderborn, und zwar zu dem Dekanat von Horhusen bei Marsberg. Unter dem Archidiakon zu Horhusen standen zwei Vicearchidiakonen, deren einer in Corbach, der andre in Adorf seinen Sitz hatte (vgl. Varnhagen a. a. O., S. 64 ff., Curtze a. a. O., S. 332 f.) Es ist aber wol kaum anzunehmen, dass die Unterschiede zwischen der Adorfer und der Corbacher Mundart erst aus dieser kirchlichen Einteilung erwachsen sind.

### Exkurs 1. (zu S. 10*). Ueber Individualdialekte.

Es scheint sich neuerdings die Ansicht festzusetzen, man müsse bis zum Individuum herabgehen, um einen wirklich einheitlichen Dialekt zu finden. Richtig ist daran, dass das Individuum (die individuelle Persönlichkeit) für uns in gewissem Sinne die letzte Einheit darstellt, an die wir uns bei der Untersuchung eines Dialektes wenden; richtig auch, dass jedes Individuum, wie es sein besonderes Stimmorgan besitzt, so auch bis zu einem gewissen Grade seine Besonderheiten im Gebrauche dieses Stimmorganes, d. h. in der Aussprache hat. Unrichtig aber wäre es, die Sprechweise des Individuums, den „Individualdialekt", als eine Art Sprachmolekül im Sinne einer festen, sich gleich bleibenden Einheit zu fassen. Aller Sprachwandel beruht ja auf Aenderungen der individuellen Sprechweise, auf Anpassung an die Sprech-weise andrer Individuen.

Man darf also auch nicht behaupten, der Satz: „die Lautgesetze sind innerhalb ein und desselben Dialektes ausnahmslos", gelte voll und ganz von der Sprache des Individuums. Es liegt diesem Satze eine Auffassung des Wortes „Dialekt" zu Grunde, der man heutzutage nicht mehr huldigen sollte; die Auffassung nämlich des Dialektes als einer abgeschlossenen ethnographischen Einheit. Dieser Auffassung gemäss müssten z. B., wenn wir Waldeckisch und Westfälisch je als einen besonderen Dialekt betrachten, in jedem dieser beiden Dialekte die „Lautgesetze" sich ausnahmslos durchführen lassen, jedoch *im Waldeckischen andre Lautgesetze als im Westfälischen. Aber Westfälisch und Waldeckisch sind, wie wir gesehen haben, in Bezug auf manche Eigentümlichkeiten tatsächlich ein- und derselbe Dialekt. Andrerseits gibt es wieder Lautgesetze, die sich nur in einem Teile Waldeck's oder in einem Teile Westfalen's finden. Mit andren Worten: Jede Lauterscheinung hat im allgemeinen ihren besonderen Dialekt. Die „Dialekteinheit" in diesem Sinne aber ist nicht die Sprache des Individuums: es gibt Individuen, die früher den Dialekt A sprachen, jetzt den Dialekt nicht-A sprechen; und es gibt Individuen, die sich in einem Worte dem Dialekte A, in einem andren Worte dem Dialekte nicht-A anschliessen. Der Dialekt A oder „die Dialekteinheit A" erstreckt sich soweit, als das Lautgesetz A gilt. Ein Lautgesetz X kann dieselben Grenzen haben wie A, oder kann sich über einen Teil des Gebietes von A, oder über einen Teil von nicht-A, oder über A und nicht-A zugleich erstrecken: ein Schluss a priori lässt sich aus dem Lautgesetze A für das Lautgesetz X nicht ziehen. Man sollte also nicht sagen: „innerhalb ein- und desselben Dialektes sind die Lautgesetze ausnahmslos", sondern: „soweit ein und dasselbe Lautgesetz herrscht, darf ein und derselbe Dialekt angenommen werden." Je mehr gemeinsame Lautgesetze sich innerhalb derselben Dialektgrenzen nachweisen lassen, um so wichtiger wird die Grenze in ethnographischer Hinsicht erscheinen; aber „ein und denselben Dialekt" in absolutem Sinne wird man einer ethnographischen Einheit niemals zuschreiben dürfen.*

*Der „Individualdialekt" erscheint von unserem Standpunkte aus als eine Combination verschiedener Lautgesetze; z. B. bei dem Individuum 1 als A, B, C ...; bei 2 dagegen als nicht-A, B, C ...; bei 3 vielleicht als A, nicht-B, C ..., u. s. w. Das Individuum also bildet zwar die letzte ethnographische, aber nicht die letzte grammatische Einheit.*

*Man hat, um den Satz von der Ausnahmslosigkeit der Lautgesetze wenigstens für das Individuum zu retten, die Meinung aufgestellt, es werde sich durch den Individualdialekt (obwohl derselbe sich ändern könne) doch in einem bestimmten Augenblicke ein Durchschnitt ziehen lassen. Aber wäre ein Durchschnitt durch verschiedene Lautgesetze, wie A, B, u. s. w. in sprachlichem Sinne einheitlicher als der Dialekt A für sich, oder der Dialekt B für sich? Und gesetzt, ich zöge bei einem Individuum, das von dem Lautgesetze nicht-A zu A überzugehen im Begriffe steht, den Durchschnitt seiner Sprechweise. Er wird heute noch nicht-A sprechen, morgen zum Teil schon A, übermorgen vielleicht öfter in nicht-A zurückfallen. Ist der Durchschnitt, den ich in einem bestimmten Augenblicke erhalte, etwa einheitlicher als der „Dialekt A"?*

*Als „Einzeldialekt" oder „individuelle Dialekteinheit" kann für den Grammatiker streng genommen nicht das ethnographische Individuum, sondern nur die einzelne Dialekterscheinung gelten. Und zwar wird letztere für ihn wesentlich nur dann in Betracht kommen, wenn sie sich bei mehreren Individuen (wenn auch vielleicht nur „sporadisch", d. h. als ein nur teilweise — in einer beschränkten Anzahl von Wörtern — durchgeführtes Lautgesetz) geltend macht. Ist doch auch die natürliche Form der menschlichen Rede nicht der Monolog, sondern der Dialog.*

### Exkurs 2 (zu S. 10*). Zur Abgrenzung der wald. Untermundarten.

*Die hier gegebenen Grenzbestimmungen gründen sich teils auf eigene persönliche Untersuchung, teils auf Mitteilungen anderer. Da ich nicht jeden Ort zu beiden Seiten der in Betracht kommenden Grenzlinien selbst habe* besuchen können, war ich zur Ergänzung meiner persönlichen Ermittelungen auf Erkundigung bei zuverlässigen Gewährsmännern angewiesen. Ich glaube die Grenzen darnach im ganzen richtig gezogen zu haben, halte es aber für möglich, dass meine Ergebnisse im einzelnen zu berichtigen sind, und würde mich freuen, wenn andere meine Angaben nachprüfen.

Wenker's Sprachatlas (bezw. Wrede's Berichte über Wenker's Sprachatlas in den letzten Jahrgängen des Anzeigers für deutsches Altertum) habe ich nicht als Quelle benutzt, und zwar deshalb nicht, weil ich in der Lage war, mir über die hier in Betracht kommenden Lautverhältnisse direkte Auskunft zu verschaffen, während der Sprachatlas selbstverständlich nur als sekundäre Quelle gelten kann. Sollten meine Angaben denjenigen Wenker's hie und da widersprechen, so wird man von vornherein weder Wenker's Grenzlinien noch die meinigen verwerfen dürfen, sondern es wird weitere Nachprüfung erforderlich sein.

Wer mit ähnlichem Materiale hat arbeiten müssen, wie es dem Sprachatlas zu Grunde liegt, der weiss, mit welchen Schwierigkeiten ein Unternehmen wie das Wenker'sche verknüpft ist. Mir lagen aus dem Nachlasse Bauer's Sammlungen von Rätseln, Liedern u. dgl. aus verschiedenen Teilen des waldeckischen Landes für den Anhang des Wörterbuches vor. Sie sind, wie Wenker's Dialektübersetzungen, meist von Lehrern (z. T. von Schulkindern unter Leitung ihrer Lehrer) aufgezeichnet. Aber es wäre mir unmöglich gewesen, aus diesen Aufzeichnungen die Grenzen der Laute ŏ, ọ, ạn oder ẹ, ei, ại zu entnehmen. Zwar sind in Gegenden, wo ŏ, ạn, ẹ gesprochen wurden, diese phonetisch zum Hochdeutschen stimmenden Laute im ganzen richtig wiedergegeben. Aber ou ist teils ạn, teils ọ, teils sogar ạo oder uo geschrieben; ei teils mit ẹ, teils mit ại oder ei bezeichnet, und ại (da in der Schreibung des Hochdeutschen ei und ại nicht unterschieden werden) teils durch ại, teils durch ei wiedergegeben. — Durch die mangelhafte Schreibung der dem Hochdeutschen fehlenden oder in der hochdeutschen Schreibung nicht unterschiedenen Vokale wird auch der Wert der richtig geschriebenen ŏ, ạn, ẹ für die Grenzbestimmungen hinfällig. Denn wenn z. B. die Aufzeichnung ạn schreibt, bleibt es zweifelhaft, ob darunter ein ạn oder ein ou zu verstehen ist.

Allerdings hat Wenker Vorkehrungen getroffen, um in solchen Fällen den Zweifel möglichst zu beseitigen und den richtigen Laut zu ermitteln. Auch sind die Aufzeichnungen, welche für ihn angefertigt wurden, systematischer und vollständiger als die, welche mir zu Gebote standen. Aber es liegt in der Natur der Sache, dass hier bei aller Vorsicht ein beträchtlicher Rest von Ungenauigkeiten und Zweifeln übrig bleibt; freilich kaum in Bezug auf Unterschiede wie etwa zwischen t und z oder p und f, wohl aber in Bezug auf feinere Vokalnuancen. Derartige Zweifel würden sogar nicht ganz ausbleiben, wenn die Vorlagen für den Sprachatlas von geschulten Phonetikern, statt von Lehrern angefertigt wären. Denn ein und derselbe Vokal würde voraussichtlich von verschiedenen Phonetikern in verschiedener Weise gehört oder in verschiedener Weise bezeichnet sein.

Man wird also zu erwarten haben, dass zwar ein Teil der im Sprachatlas gezogenen Grenzlinien genau und endgültig festgestellt ist, dagegen ein andrer Teil nur ungefähre und vorläufige Geltung beanspruchen kann.

In jedem Falle haben wir allen Anlass, dem Herausgeber des Sprachatlas für sein mutvoll unternommenes, sorgfältig geplantes und mit unermüdlicher Tätigkeit gefördertes Werk dankbar zu sein. Denn der Sprachatlas wird überall die Grundlage der künftigen deutschen Dialektforschung bilden müssen, nicht nur da, wo er abgeschlossene, sondern auch da, wo er nur

vorläufige Ergebnisse bietet. Er wird nicht nur der Kenntnis der deutschen
Dialekte im einzelnen zu gute kommen, sondern wird der Erforschung der
deutschen Sprachgeschichte (und mit ihr der deutschen Kulturgeschichte) neue
Quellen erschliessen, und zwar für Zeiten und Gegenden, für die es an ander-
weitigen Urkunden so gut wie ganz mangelt. Er wird endlich dazu dienen
(und hat schon teilweise dazu gedient), unsere Ansichten über mundartliche
Verwantschaft und über die Entwickelung von Mundarten überhaupt zu klären.

## § 5. Die Mundarten des Roten Landes und des Upplandes.

Neben der im vorigen Paragraphen erörterten Scheidung fallen besonders
noch die Eigentümlichkeiten zweier, ihrem Namen und ihren Grenzen nach
bereits erwähnter Dialektgebiete auf, nämlich des „Roten Landes" und des
„Upplandes".

Das Rote Land (vgl. ob. S. 10*) nimmt seiner geographischen Lage entsprechend eine Art Mittelstellung zwischen der nordwestlichen und der nordöstlichen Mundart ein. Der Aussprache font und weit nach gehört es, wie
bemerkt wurde, der Adorfer Mundart an. Aber in manchen anderen Eigentümlichkeiten geht es mit Rhoden zusammen (d. h. wenigstens mit der Stadt
Rhoden; ich vermag nicht zu sagen, ob alle Orte der nordöstlichen Mundart
hierin mit der Stadt Rhoden übereinstimmen).

Man sagt im Roten Lande wie in Rhoden für „noch" nau und für
„nicht" ni, während sonst in Waldeck „noch" gewöhnlich nah und „nicht"
gewöhnlich nit lautet. — Inlautendes d schwindet, wenn ihm ein langer Vokal
oder Diphthong vorausgeht und ein kurzer Vokal folgt. Z. B. in Neudorf
brou·r Bruder und rei· bereits, in Rhoden brö·r und rē·, während die Adorfer
Mundart broud·r und reid· hat. — Für „Vater" findet man im Roten Lande
noch die alte — aus fäd·r entstandene — Form fa·r, die sonst im waldeckischen
Niederdeutsch meist durch fatr (mit t und mit kurzem a) verdrängt ist. —
Das Zeitwort für „sprechen" lautet im Roten Lande wie in Rhoden küd·rn,
während man sonst in Waldeck dafür śwat·rn gebraucht. — Für „oder" gilt
in Neudorf und sonst (z. B. auch in Herbsen) die Form or·; in Rhoden das
gewöhnliche od·r.[1]

Die Mundart des Upplandes (vgl. ob. S. 11*) lässt sich als Uebergangs-
mundart von dem südlichen (Corbacher) Zweige des Waldeckischen zum westfälischen Niederdeutsch betrachten. Und zwar nehmen die Berührungen mit
dem Westfälischen zu, je mehr man sich von Usseln aus nach Nordwesten
hin der westfälischen Grenze nähert.

Schon in Usseln spricht man śh (z. B. śhåp Schaf, śhip Schiff, śhoin
schön) statt des sonst in Waldeck üblichen śh, und weiter st (z. B. stån stehen,
strog·n streuen), sp (z. B. spil·n spielen), sl (z. B. slåp·n schlafen), sm (z. B.
smit· Schmiede) statt der sonst üblichen anl. śt, śp, śl, śm. Jedoch ist anl.
sw auch in Usseln in św übergegangen: śwait Schweiss, śwat·n sprechen,
śwer·n schwören, świl· Schwiele u. s. w. — Die Steigerung des kurzen e ist
nicht, wie sonst in Waldeck i·, sondern in der Regel kurzes offenes å; z. B.
äs·l Esel, bät·r besser, bräk·n brechen, däsk·n dreschen, kät·l Kessel, näm·n
nehmen, śhäp·l Scheffel, tän· Zähne (als Plural von tän Zahn). Vor ht hört
man å·, z. B. fā·ht gefegt. Vor g und w tritt dafür å ein, z. B. dräg·n

---

[1] Von der Mundart des Roten Landes gibt das im Anhange (S. 262—263)
abgedruckte Märchen „De gräune Hase" eine Probe.

tragen, lĭw·n leben. Als Steigerung des kurzen o dient ā nicht nur vor einfachem r, sondern auch in einigen Fällen vor l, z. B. bᵉfāl·n befohlen, ·stāl·n gestohlen (neben ku·l·n Kohlen, ᵉk ·rhu·l·n sich erholen). — Die Wörter für „Kuh“ und „Schuh“ lauten kō und shō; das Wort „als“ aᵉ (nicht oᵉ). — Im Präteritum sing, des Verbum substantivum (ᵉn) hat sich die alte (sonst durch wōr = „wurde“ verdrängte) Form was erhalten. — Dazu kommen Besonderheiten im Wortschatze, z. B. ·irn eisern, Eisen; bärn·n brennen, und sonstige Eigenheiten, z. B. der Gebrauch des Wortes wint „Wind“ als Femininum.[1])

Geht man von Usseln weiter nach Willingen[2]), so findet man zunächst, dass wo Usseln von der sonstigen walderkischen Weise abweicht, Willingen meist mit ihm übereinstimmt. Jedoch schliesst sich Willingen in Bezug auf die Aussprache des anl. ŝ mehr der Weise der Adorfer Mundart an (also ŝhₒ nicht sh), nur dass neben ŝt, ŝp auch die Aussprache st, sp vorkommt. — Dazu kommen dann eine Reihe weiterer Abweichungen. Während man in Usseln das wald. ā beibehält, spricht man in Willingen ō; z. B. ōr· ohne, ört Art, ōw·nt Abend, blō blau, blōᵉn blasen, gōn gehn, gōr·n Garten, grō grau, ŝhōp Schaf, ·stöl·n gestohlen[3]). — Waldeckischem ē (das sich ziemlich genau mit mhd. ie und westgerm. eo deckt) entspricht in Willingen ī, z. B. dĭp tief, frĭr·n frieren. — Annäherung an das Westfälische zeigt sich deutlich in der Aussprache der Diphthonge, welchen urspr. langes ī und ū zu Grunde liegt. Diese Diphthonge lauten noch in Usseln, wie sonst im Waldeckischen, ·ī und ·ū; in Willingen dagegen haben sie die westfälische Form uⁱ (d. h. betonter kurzer u-Vokal — und zwar offenes u oder auch geschlossenes o — mit nachfolgendem i) und iᵘ (d. h. kurzes, betontes, offenes i — oder geschlossenes e — mit nachfolgendem u). Z. B. bluⁱw·n bleiben, duⁱ dir, gruⁱn·n weinen, ruⁱk reich, uⁱr·n eisern, Eisen, ŝhuⁱn Schein, ŝwuⁱn Schwein; briᵘt Braut, diᵘf·nt tausend, hiᵘs Haus, miᵘs Maus. — Damit geht Hand in Hand eine eigentümlich gewundene Aussprache des Diphthongs au, und zwar sowohl des alten au, als desjenigen au, welches im südwaldeckischen Niederdeutsch urspr. ō vertritt. Dieser Laut nämlich wird zu einem Triphthong, der mit kurzem hochtonigen e beginnt, dann zu tieftonigem a übergeht und in u endet, den man also etwa durch eᵃᵘ (oder eᵃu) wiedergeben kann; z. B. breᵃᵘt Brot, eᵃᵘk auch, reᵃᵘk·n rauchen, breᵃᵘd·r Bruder, geᵃᵘs Gans, reᵃᵘp·n rufen[4]).

---

[1]) Einige der hier erwähnten Eigentümlichkeiten sind vermutlich nicht auf das Uppland beschränkt, sondern mögen auch sonst stellenweise in der südlichen Mundart vorkommen. Ich glaube aber sicher zu sein, dass sie nicht der ganzen südlichen Mundart und nicht der nordwestlichen Mundart angehören.

[2]) Rattlar und Schwalefeld habe ich nicht selbst besucht. Wenn ich recht berichtet bin, stimmt die Mundart dieser Dörfer zu der von Usseln, nicht zu der von Willingen.

[3]) Der im Niederdeutschen sehr gewöhnliche, dem Hochdeutschen aber fehlende Laut ā (d. h. langer, zwischen ä und ō liegender Vokal) wird in der „Papoltere“ und ziemlich in allen schriftlichen Mitteilungen aus dem wald. Dialekte mit o oder oh oder oo bezeichnet. Ich will daher ausdrücklich bemerken, dass ich die Aussprache ō nur in Willingen gehört habe, dagegen sonst überall ā.

[4]) Man vergleiche die unten S. 264 aus Firmenich's Völkerstimmen abgedruckte Dialektprobe, deren Schreibung freilich im einzelnen nicht gleichmässig und nicht immer genau ist. Für uⁱ z. B. ist i geschrieben in Wiwes-Deer, ie in hie und Dunnerkiele, oi in foiwe, kroigene, soide und sonst, oy in hoyr, oui in woui, Ouirenkänken; für iᵘ steht teils iu, teils eu; für eᵃᵘ sowohl eau, als iau und au, u. s. w.

## § 6. Schriftliche Quellen der heutigen waldeckischen Mundart.

*Wie in anderen niederdeutschen Ländern, hat sich in Waldeck im Laufe dieses Jahrhunderts eine — wenn auch in bescheidenen Grenzen sich haltende — Dialektliteratur herausgebildet. Sie beginnt mit dem Rube'schen Gedichte „De Hühnen upp 'er Schwaalenborgk"[1]), der Darstellung einer bekannten, hier mit den Ruinen einer waldeckischen Burg — der Schwalenburg bei Schwalefeld im Upplande — verknüpften Sage. Es folgen eine Reihe von Aug. Schumacher verfasster humoristischer Gedichte[2]), die, wie das eben erwähnte Gedicht von Rube, in Waldeck allgemein bekannt und beliebt sind.[3]) In den Jahren 1848 bis 1850 dient die niederdeutsche Mundart in Gesprächen, Ansprachen und Versen der Erörterung politischer Fragen.[4]) Ein Jahrzehnt später unternimmt Ph. Wille, Lehrer in dem nahe der hessischen Grenze bei Arolsen gelegenen Kirchdorfe Külte, die Herausgabe einer Zeitschrift in waldeckischer Mundart unter dem Titel „De Papollere", d. h. der Schmetterling. Sie sollte alle 14 Tage erscheinen, ist aber im Jahre 1859 nur 6 mal und im nächsten Jahre 12 mal (bis zum Ende des ersten Halbjahres) herausgekommen. Der Tod des Herausgebers[5]) setzte auch der von ihm begründeten Zeitschrift ein Ziel. Wir glauben der niederdeutschen Sprachkunde einen Dienst und unseren Lesern einen Gefallen zu erweisen, wenn wir die jetzt selten gewordene Zeitschrift unter den Dialektproben[6]) vollständig zum Abdrucke bringen. — Die Ankündigung der „Papollere" folgt unmittelbar auf den zweiten Band von Fr. Reuter's „Läuschen un Rimels", und es kann auf den ersten Blick scheinen als sei Wille dem Vorbilde Reuters gefolgt. Tatsächlich aber ist der Herausgeber der Papollere früher als Reuter mit einem poetischen Versuche in seinem heimatlichen Dialekte hervorgetreten. Das von Wille verfasste Gedicht „Die Kunstreise oder: De blinge Laas un sin Siunn" (Pap. 1860 S. 30/31) ist bereits im Waldeckischen Volksboten, Jahrg. 1849, Nr. 10 (unter dem Titel: Die Kunstreise oder De blinge Glas und sien Sun) erschienen. Ganz kürzlich hat die Papollere eine Art Fortsetzung in zwei ansprechenden kleinen Heften erhalten, deren Herausgeber sich Philipp Reuber[7]) nennt. Es sind dies 1) Papolleren un Kramenzen. Ollerhand Niggemüren un alle Geschichten in Plattdütschk ut dem Waldeggeschken un der Ümmegiegend, gesammelt van Philipp Reuber. Wiehnachten 1890. Arolsen, Speyer'sche Buchhandlung, 1891. (96 S., Preis 80 Pfg.) 2) De graute Klocke. Plattdütschke Chronik ram Johre 1893 mit Gedichten un Geschichten in Plattun Ederdütschk für olle Waldegger gesammelt van Philipp Reuber un Kumpenie. Ladenpreis 1 Mark. Mengeringhausen, Weigel'sche Hofbuchdruckerei, 1893. (96 S.)*

*Zu diesen mehr selbständigen Versuchen im literarischen Gebrauch der*

---

[1]) *Mitgeteilt in den Dialektproben, unten S. 256.*

[2]) *Unten S. 257—260.*

[3]) *Es gilt dies insbesondere von dem Schumacher'schen Gedichte „De Etegeck".*

[4]) *Vgl. unt. S. 253—256.*

[5]) *Er hatte die nächste Nummer vorbereitet und einen Beitrag für sie im „Briefkasten" der letzten Nummer angekündigt. Leider ist sein Nachlass an Manuskripten nach seinem Tode als Makulatur verkauft worden.*

[6]) *S. 187—252. — Die erste Nummer des Jahrg. 1859 fehlt selbst dem Exemplare der Bibliothek des Fürstl. Archivs zu Arolsen. Unserem Abdrucke liegt das aus Jac. Grimm's Nachlasse stammende Expl. der Kgl. Universitätsbibliothek zu Berlin zu Grunde.*

[7]) *Pseudonym für Pastor Koch (in Külte)*

*Mundart kommen dann die Aufzeichnungen von Märchen, Volks- und Kinderreimen, Sprichwörtern, Wetterregeln, Rätseln u. dgl. aus dem Munde des Volkes. Die reichhaltigste Sammlung von Aufzeichnungen dieser Art findet sich für das Waldeckische in den ,,Volksüberlieferungen aus dem Fürstenthum Waldeck" von L. Curtze, Arolsen, 1860. (Märchen S. 171—180; Volksreime S. 278—288; Rätsel S. 293—304; Sprichwörter S. 313—366.)[1])*

*Was die Verwertung dieser Quellen für grammatische Zwecke anlangt, so erwäge man vor allem, dass sie nicht für Sprachforscher und nicht zu dem Zwecke, den Dialekt zu lehren aufgezeichnet sind, sondern sich in erster Linie an Leser wenden, die den Dialekt bereits kennen. Für diese genügt es, wenn der Dialekt mit den Mitteln der neuhochdeutschen Schrift annähernd wiedergegeben wird. Wer für das Studium der Mundart lediglich auf Texte dieser Art angewiesen ist, wird sich von ihr notwendig ein unrichtiges Bild machen, denn, wie Wille[2]) mit Recht bemerkt: ,,einige Selbstlauter lassen sich z. B. durch die Zeichen der Schriftsprache schlechterdings nicht wiedergeben." Wichtige Lautunterschiede gehen bei Anwendung der neuhochd. Schreibung entweder ganz verloren, oder werden so unvollkommen bezeichnet, dass sie nur für den, welcher mit der Mundart vertraut ist, erkennbar sind. Z. B. das lange å (der Mittellaut zwischen a und o) erscheint in der Umschreibung als langes o;[3]) der Diphthong ʻI (der den Uebergang von dem i der nördlichen niederdeutschen Dialekte zu westfälischem ᵘi oder uˡ bildet) wird durch ie (das Zeichen des neuhochd. langen i) ausgedrückt; der Diphthong ʻü durch u, ʻü durch ü u. s. w. — Man mag bedauern, dass die Mundart auf den Leisten einer Schreibung geschlagen wird, die für sie nicht passt. Aber man wird den Dialektschriftstellern zugeben müssen, dass ihnen nichts anderes übrig blieb, als sich der neuhochdeutschen Schriftzeichen zu bedienen. Eine streng phonetische Schreibung würde den grösseren Teil der Leser von vorn herein abschrecken, und mit der Einführung einiger specieller Zeichen (wie etwa å statt ob oder oo) wäre die Sache auch für den Grammatiker nicht wesentlich gebessert.*

*Eine Anforderung aber an den Autor wird nicht unbillig sein, nämlich die, bei der Umschreibung mit neuhochdeutschen Zeichen so genau wie möglich zu verfahren; also die Eigenheiten der mundartlichen Aussprache nicht ohne Not zu verwischen, und auch nicht ein und denselben Laut willkürlich auf verschiedene Weise zu bezeichnen (wenigstens nicht in weiterem Umfange, als es in der neuhochd. Schriftsprache geschieht). Die waldeckischen Diphthonge iᵘ (oder iᵃ), uᵛ und üᵛ z. B. werden in neuhochd. Schrift am besten mit iü, uo und üö bezeichnet. Diese Umschreibung ist in der ,,Papollere" ziemlich regelmässig durchgeführt, nur dass dort für üö weniger gut üö gewählt ist; also z. B. hiät hat, siägte sagte, uoppen offen, uoben (Pap. 1860 S. 34 u. s.) oder uowen (ebd. S. 24) oder uowwen (1859 S. 9) oben, iöbber über, Füöster Förster (1859 S. 7). — Curtze schreibt in den 'Wald. Volksüberlieferungen' für iä, uo, üö der Reihe nach ä, o, ö, d. h. er ersetzt jeden der drei Diphthonge durch seinen zweiten Bestandteil; also bätt (Volksüberl.*

---

[1]) *Vgl. die Dialektproben unt. S. 260 ff.*
[2]) *Ankündigung der Zeitschrift ,,De Papollere". Vgl. unt. S. 187.*
[3]) *In Jellinghaus' Schrift über die Einteilung der niederd. Dialekte wird die waldeckische Mundart zu den Dialekten gerechnet, in welchen å in ö übergegangen sei. Der Verf. hat seine Kenntnis der Mundart anscheinend nur aus Curtze's Wald. Volksüberlieferungen geschöpft.*

*299.3) oder hät (ebd. 300, 301) statt hiät, sägde (176) statt siächte, oppen (299) statt uopen, owwen (293) statt öwwer. Das Ver-*
*fahren Curtze's ist ebenso wenig zu billigen, wie es etwa im Neuhochd. die*
*Einsetzung von Hus und Hüser für Haus und Häuser sein würde.¹) Wie*
*hierin, so ist auch sonst die Schreibung in der Papollere wohl überlegt.*
*Man kann ihr nachrühmen, dass sie im allgemeinen leistet, was sich mit den*
*Mitteln des neuhochdeutschen Alphabetes und nach den Grundsätzen der neu-*
*hochdeutschen Schrift (d. h. bei Bezeichnung der Längen teils durch Doppel-*
*schreibung, teils durch h u. s. w.) ohne Zuhülfenahme diakritischer Zeichen*
*erreichen lässt. Doch liegt es in der Natur der Sache, dass man, um die*
*Absichten des Herausgebers zu verstehen und um einigermassen richtig zu*
*lesen, eigentlich den Dialekt schon kennen muss. Dies gilt u. a. von den*
*Schreibungen iu und iü z. B. in Siunn Sohn (1860 S. 30), Diunnerkiel*
*Donnerkeil (1860 S. 34), Viugel Vogel (1860 S. 32), Schliuderfat Schluderfass*
*(1860 S. 15), Kiüke Küche (1860 S. 29), Kiünig König (1860 S. 7), Miülle*
*Mühle (1860 S. 8), Schiüttele Schüssel (1860 S. 19), siülke solche (1860*
*S. 39). Man wird es diesen Wörtern nicht ansehen, dass mit iu und iü*
*kurzes geschlossenes u und ü gemeint ist. Diese Schreibung aber ist vom*
*Herausgeber nicht konsequent durchgeführt. Neben Kiüke z. B. steht Kükken-*
*deure (1859 S. 5), neben Viügelken (1860 S. 1) Vügelken (1859 S. 1); ins-*
*besondere aber ist das häufig vorkommende Wort güt (schw. güd•) gut (das*
*genau denselben Vokal hat wie fün Sohn) stets gudd (bezw. gudde) geschrieben.*

*Es handelt sich bei der Aufzeichnung der Mundart nicht nur um*
*möglichst getreue Wiedergabe der Laute, sondern zugleich um sorgfältige*
*Beachtung des Sprachgebrauches und der eigentümlichen Formen der Mundart.*
*Auch in dieser Beziehung ist die „Papollere" — nebst den ähnlichen neuer-*
*dings von Ph. Reuber veröffentlichten Schriften — im ganzen genommen zu-*
*verlässiger als die übrigen dialektischen Texte, obwohl nicht alle Mitarbeiter*
*der Zeitschrift den Dialekt mit gleicher Sicherheit beherrschen, und mit gleicher*
*Strenge auf Reinheit der Mundart halten. Aus den vielen Beispielen, die*
*zur Verfügung stehen, greife ich die folgenden heraus.*
*Im Waldeckischen hat, wie in anderen Dialekten, die Vorsilbe g- vor*
*dem Participium des Passivs ihren konsonantischen Anlaut verloren. Das*
*übrig bleibende •- verbindet sich mit dem vorhergehenden Konsonanten zu einer*
*Silbe, und füllt nach Wörtern, die auf -• endigen, ganz aus. Demgemäss*
*heisst es in der Papollere z. B. udefluogen ausgeflogen (1860 S. 6), hüddente*
*dohn hätten es getan (ebd.), nidde tallt nicht gezählt (ebd.), wat haweke lachede,*
*grienene, sungen was habe ich gelacht, geweint, gesungen (1860 S. 46), en*
*Leidekene sungen ein Liedchen gesungen (1860 S. 28), noh'n Mäkense wiäst*
*nach den Mädchen gewesen (1860 S. 37), te enge wiäst zu eng gewesen*
*(1860 S. 10), in't Köhle bracht ins Kühle (d. h. ins Gefängnis) gebracht*
*(1860 S. 43). Aeusserst selten ist in der Papollere gegen diese Regel gefehlt²).*

---

*¹) Wie irreführend eine solche Schreibung für Grammatiker werden kann,*
*mag man daraus entnehmen, dass in der Schrift, auf welche ob. S. 18* Anm. ²) Bezug*
*genommen wurde, die von Curtze mit ü, o, ü umschriebenen Diphthonge unter die*
*kurzen Vokale gerechnet werden.*
*²) Statt auk gedohn (1860 S. 43) wäre es richtiger gewesen, auke dohn zu*
*schreiben. — Nur scheinbar liegt ein ge- vor in Fällen wie naggo kant noch*
*gekannt (1860 S. 6), naggo soihn noch gesehn (ebd.), oder wäggenuomen weg-*
*genommen (1860 S. 3); vgl. nagg en gudd Wourd (1860 S. 4). — Andrerseits ist*
*in gewunnen (1860 S. 33) das ge- am Platze, da das Präsens gewinnen lautet.*

*Dagegen finden sich eine ganze Reihe von fehlerhaften ge- in dem unten auf S. 260 f. mitgeteilten Märchen über den Wettlauf des Hasen mit dem Igel. Ferner stösst man z. B. in Curtze's Volksüberlieferungen vielfach auf un-richtige Participien (S. 173* **mügge e'west** stalt **mügge west**; S. 175 **wolf gehogget** statt **wolwe hogget**; ebd. **kaputt geschlaagen** statt **kapudde schlaagen**; S. 179 **liggen geblifft** statt **liggene blifft**; S. 180 **nitt geäaggt** statt **nidde säagt** u. s. w.).*

*Die Präpositionen „vor" und „für" lauten im Waldeckischen beide für, die Konjunktion „aber" äwer (mit kurzem ä). Auch Curtze schreibt in den Wald. Volksüberlief. meist **fürr** und **äwwer**, lässt aber daneben (S. 116. 117) die nordsächsischen oder halbnordsächsischen Formen für und öwwer einfliessen. Statt des hochd. „nur" gebraucht der wald. Dialekt die Form ok'r oder ok's. Ausnahmsweise kommt daneben in der Papollere (1860 S. 43: ik weedet nur van Hörensägen) einmal das hochdeutsche nur vor; und zwar in einer Erzählung die als Eingesandt (Inneschicket) bezeichnet ist und in der auch einige andere Ungenauigkeiten sich finden. Curtze gebraucht (Volksüberl. S. 177. 180. 295) mit Vorliebe die Form noor, die ich für eine nach dem hochd. nur künstlich geschaffene Dialektform halte.[1])*

*Der kleine Satz Sau wie hei datt öwwer geäaggd hadde bei Curtze, Volksüberl. S. 176, kann als Muster einer verunglückten Uebersetzung aus dem Hochdeutschen gelten. Er enthält in 7 Worten 3 Fehler gegen den Dialekt. In der Papollere (1860 S. 34) wird derselbe Gedanke in tadelloser Form durch die Worte Uu osse hei't kum udesäagt hadde ausgedrückt.*

*Auch die Denkmäler der Waldeckischen Mundart bestätigen die Erfahrung, die man anderswo gemacht hat, dass Prosatexte meist ein zuverlässigeres Bild der Mundart geben als Aufzeichnungen in gebundener Form. Man kann sich hiervon leicht überzeugen, wenn man Rube's und Schumacher's Gedichte auf einige der vorhin erwähnten Kriterien, also etwa den Gebrauch des Wortes nör statt ok's oder der Vorsilbe ge- bei Participien durchgeht. Gleich in dem ersten Verse z. B. des Gedichtes De Hühnen upp 'r Schwaalenborgk (unt. S. 256) findet sich die Zeile Heraffer wied geflooten, die im Dialekte nur raffer wiede fluoten lauten könnte. Schumacher gebraucht das hochdeutsche wie, wo der Dialekt entweder bu (genauer geschrieben b-ü) „wie" oder af- (so im Upplande, sonst of-) „als" erfordern würde; er gebraucht das hochdeutsche mehr (im Reime mit Deer) statt des wald. mai, u. s. w. Aehnliches gilt, mehr oder weniger, auch von den Gedichten in der Papollere. Ich will als charakteristisches Beispiel nur anführen, dass der Verfasser der Antwort von Jost (Pap. 1860 S. 14) für „Herz" die Formen Herz (im Reime mit Scherz), Hert und Hiärte verwendet; das waldeckische Niederdeutsch kennt nur die letzte dieser drei Formen.*

## § 7. Die älteren schriftlichen Quellen und die mittelniederdeutsche Schriftsprache.

*Urkunden in deutscher Sprache finden sich in Waldeck seit dem Anfange des 14. Jahrhunderts. Sie sind teils in mitteldeutscher, teils in niederdeutscher Sprache abgefasst. Jedoch ist das Niederdeutsche stets mehr oder weniger mit mitteldeutschen Worten oder Sätzen versetzt. Zuweilen ist das Gemisch so*

---

[1]) *Möglicherweise sind die Dialektdichter Rube (Me sült noor erre Gräwer, unt. S. 256) und Schumacher (nor nach en Kritzken Fauder unt. S. 258; ik will den Dummerjohn nor nemmen S. 259; Sau lango ik nor mag noch krupen S. 260) für dieses noor verantwortlich. Vgl. unt. S. 311 zu S. 75.*

gründlich, dass man die Urkunde mit demselben Rechte dem Mitteldeutschen wie dem Niederdeutschen zuweisen kann. Dies gilt z. B. von zwei der ältesten Urkunden, den beiden Schiedsbriefen aus dem J. 1321 (abgedruckt in den Dialektproben, unt. S. 297 ff.).

Ein waldeckisches Urkundenbuch — lateinische und deutsche Urkunden enthaltend — erschien im J. 1825 mit dem 1. Bande von Varnhagen's Wald. Geschichte. Die dort mitgeteilten deutschen Urkunden gehören meist dem Mitteldeutschen an, und nur wenige reichen über das 15. Jahrh. hinauf. — Wichtiger ist für sprachliche Zwecke die von L. Curtze begonnene Sammlung von „Urkunden zur Geschichte der Fürstenthümer Waldeck und Pyrmont"[1]), die als Beilage zu den beiden ersten Bänden der „Beiträge zur Geschichte der Fürstenthümer Waldeck und Pyrmont" (Arolsen 1866 ff.) erschien. Die Sammlung reicht nur bis zum J. 1463; sie bricht am Schlusse der 98. Seite mitten im Satze ab. Titel, Vorwort und Register, die nach einem Interimstitel „am Schlusse des I. Bandes" folgen sollten, sind nicht erschienen. Vermutlich wurde die Sammlung abgebrochen, als nach L. Curtze's Tode die Herausgabe der „Beiträge" in andre Hände überging. Leider ist Curtze beim Abdruck der Originale nicht immer mit der nötigen Genauigkeit verfahren; vergl. darüber unt. S. 304 Anm.

Von den in den WU. vorliegenden niederdeutschen oder halbniederdeutschen Urkunden sind besonders hervorzuheben: Nr. 24 und 25. Zwei Schiedsbriefe aus dem J. 1321; Nr. 36. Lohnordnung des Grafen Heinrich vom J. 1386; Nr. 50. Vergleich zwischen dem Grafen Adolf und dem Kloster Arolsen vom J. 1412. Diese, nebst einigen kurzen Proben von Urkunden in mitteldeutschem Dialekte, sind im Anhange dieses Wörterbuches (S. 297 ff.) abgedruckt. Dazu kommen: eine niederdeutsche Urkunde über den Turmbau der Kilianskirche in Korbach vom J. 1392 (S. 302 f.) und ein Abschnitt aus dem Stadtbuche der Stadt Korbach vom J. 1434, über die Wahl des Rathes der Stadt (S. 306 f.). Aus demselben Stadtbuche werden die beiden Aufzeichnungen aus den Jahren 1441 und 1443 stammen, die L. Curtze in seiner Geschichte und Beschreibung des Fürstenthums Waldeck S. 304 f. als Proben niederdeutscher Urkunden mitteilt.

Wer sich mit diesen Resten des waldeckischen Schrifttums im Mittelalter näher beschäftigt, dem wird es vermutlich gehen wie mir. Er wird an sie herantreten mit der Erwartung, in ihnen die Vorstufe der heutigen Mundart zu finden und daraus wichtige Aufschlüsse über die Entwickelung des Dialektes zu gewinnen. Er wird statt dessen finden, dass diese älteren Schriftstücke zu der heutigen niederdeutschen Mundart im wesentlichen nur da stimmen, wo die heutige Mundart mit dem Nordsächsischen zusammengeht; dass ihnen aber die charakteristischen Merkmale des heutigen Dialektes — mit wenigen Ausnahmen — auch da abgehen, wo noch der heutige Dialekt dem ursprünglichen deutschen Lautstande näher steht, als die nordsächsische Literatursprache, die man als „Mittelniederdeutsch" zu bezeichnen pflegt.

Das zeigt sich z. B. in folgenden Fällen.

Es wurde oben bemerkt, dass man im wald. Niederdeutsch noch heute gesteigertes („tonlanges") i, u und ü von gesteigertem e, o und ö unterscheidet, während im Nordsächsischen bei der Steigerung („Tondehnung") die extremen Vokale i, u, ü von den mittleren e, o, ö absorbiert werden. Man unterscheidet also z. B. die Stammvokale von gu·d·s- Gottes- = altsächs. godes und süm·r Sommer = altsächs. sumar, während im Mittelniederdeutschen gödes- und

---

römer *denselben Vokal haben. Der Vokal* u *ist in dem Worte* fűm*r für das Waldeckische des 14. Jahrh. durch ein Lehensregister (lateinisch mit eingestreuten deutschen Namen und Ausdrücken, aus d. J. 1332—1348: WU. Nr. 31) mit dem Namen* Sumercalf *(a. a. O., S. 42) bezeugt. Aber in der Lohnordnung des Grafen Heinrich (unt. S. 301 f.) heisst es* somerkorne *und* to myden sommere, *mit demselben Vokale wie in* godeshosen.
*Die heutige Mundart hat gesteigertes* u *ferner in dem Worte* sűu *Sohn* = altsächs. sunu; plur. sűn*r* = altsächs. suni. *Aber in dem Vergleiche zwischen dem Grafen Adolf und dem Kloster Arolsen (unt. S. 304) lesen wir* vnfer beider Son. *Ueberhaupt lautet das Wort für Sohn in den wald. Urkunden, mögen sie mittelbeutsch oder niederdeutsch sein, regelmässig* sön *oder* sőne *(geschr.* son, *Sohn,* sone, *Sohne),* plur. soene *(geschr.* soeue, soue, sohne, sonne); siehe WU. S. 52. 59. 60. 61. 65. 78. 80. 81. 87. 95. Nur einmal begegnet im Dat. sg. die echt waldeckische Form:* sime Sune *(Urk. vom J. 1333: WU. S. 51).*
*Als weitere Probe für gesteigertes* u *kann das heutige* wün*n* wohnen = altsächs. wunon *(neben* wonon) *dienen. Die wald. Urkunden kennen nur die dem Mittelniederd. entsprechende Form* wőuen, *z. B.* wonhaftich *(unt. S. 302).*
*Das Verbum mögen lautet heute* műg*n, wir mögen* w*t* műg*t. Das* ű *ist umgelautet[1]) aus dem in altsächs.* wi mugun *vorliegenden* u. *Den Vokal* o *hat die heutige Mundart nur im Präteritum* moht *und im Participium* •moht *(altsächs. Präter.* mohta, *pl.* mohtun, *neben* mahta, mahtun). *In den wald. udd. Urkunden dagegen heisst es* moge möge, mogen *mögen (unt. S. 300* § 13 = WU. S. 29; S. 305 = WU. S. 75), *wie im Mittelniederdeutschen.*
*Die Präposition mit heisst heute* mid* = altsächs. midi *(so besonders, wenn als Adverb gebraucht), oder* mit = altsächs. mit, *oder* mit. *Letztere Form wird durch Verschmelzung der Formen* mid* *und* mit *entstanden sein In jedem Falle ist der Vokal stets* i *oder* ĭ. *Die ndd. Urkunden haben, dem mittelndd. (nordsächsischen) Gebrauche entsprechend, die Formen mit (auch* myt *geschrieben) und* mёde. *Z. B.* wedegerort S. 304 *und* 305 = WU. S. 73 ff.; dar mede S. 305 = WU. S. 75; mede in gedau S. 305 = WU. S. 76; hiranne mede *gebrucken S. 306 = WU. S. 76. — Urkunden in mitteldeutscher Sprache kennen die Form* midde. *Z. B.* dar midde WU. Nr. 47 (1397).
*Der alte Diphthong* au, *der schon im Altsächsischen zu* ō *geworden ist, hat sich im Waldeckischen bis auf den heutigen Tag anscheinend unverändert erhalten. Nur in bestimmten Fällen (siehe § 13 unter* au) *ist das* au *auch hier in* ō *übergegangen und dann zu* o *verkürzt. Z. B.* daut *(pl.* daud*) tot,* grout *gross,* laun *Lohn,* dâg*laun Tagelohn.* naut *Not;* Aust*r*u *Ostern,* klaust*r Kloster; aber* koft* kaufte, •koft *gekauft. Die Urkunden haben, wie das Mittelniederdeutsche, durchweg* ō. *Z. B. in den Schiedsbriefen vom J. 1321* di doden *die Toten (S. 300* § 16 = WU. S. 30); *in der Lohnordnung vom J. 1386 (S. 301 f. = WU. S. 62 ff.)* lön *Lohn,* in to lone, mer lons, to dagelone, eyn ganz jarloyn; nöt *(geschr.* noyt) *Not, Ostern* Ostern; *in dem Vergleiche mit d. Kl. Arolsen von 1412 (S. 304 ff. = WU. S. 73 ff.)* Closter *Kloster,* grote *grosse.*
*Aus diesen und ähnlichen Tatsachen ergibt sich, dass der niederdeutschen Sprache, deren man sich in Waldeck im Mittelalter bei der Abfassung von Urkunden bediente, in erster Linie nicht der heimische Dialekt, sondern die mittelniederdeutsche Schriftsprache zu Grunde liegt. Diese Schriftsprache*

---

[1]) *Der Umlaut gehört von Haus aus nur dem Konjunktiv an (altsächs. sg.* mugi, *pl.* mugin).

*schliesst sich vorzugsweise der Sprache der leitenden Hansastädte an, ist also ihrer Grundlage nach nordsächsisch.*[1])

*Es versteht sich dabei, dass die mndd. Schriftsprache nach Waldeck nicht geradeswegs von Lübeck oder Hamburg aus gebracht ist. Vielmehr wird zunächst das Vorbild westfälischer Urkunden massgebend gewesen sein. Man kann Paderborn, Münster und Osnabrück als die Stationen ansehen, welche von Waldeck über Westfalen nach einem der Mittelpunkte hanseatischer Literatur, nämlich Bremen führen. Daneben macht sich in Waldeck der Einfluss der kölnischen und niederfränkischen Urkundensprache geltend. Besonders deutlich zeigen sich niederfränkische Spuren in der Aufzeichnung über die Rathswahl in Korbach (unt. S. 306 f.); z. B.* to bauldende *(neben* to haildende *und* halden), de aulde rait *(neben* de ailde rait), uppe der auldenstaid, ein schaultjar, *u. ä.*

*Freilich schimmert unter der fremden Hülle der heimische Dialekt gelegentlich hervor, wenigstens in einigen Fällen, wo er zum Westfälischen stimmt. Z. B. wird in dem Vergleiche mit dem Kloster Arolsen von 1412 für „hauen" nicht das nordsächsische* houwen, *sondern die wald.-westf. Form* hoggen *gebraucht. (*Men fal ouch des gerort. Clofters hochgewolte, dat in der hege ift, ane eren willen nicht hogen, *unt. S. 305 = WU. S. 75). — Das Wort für „Hafer" wird schon im 14. Jahrh. als Femininum gebraucht (Lohnordnung von 1386, unt. S. 301 = WU. S. 63:* to dagelune von der bauere VII d), *wie im heutigen Waldeckischen und Westfälischen.*

*Aber derartige Spuren sind leider sehr vereinzelt. Im ganzen lernen wir aus den älteren schriftlichen Quellen für die Geschichte des heutigen Dialektes wenig. Die Vergleichung der heutigen Mundart mit dem Altsächsischen und überhaupt mit den älteren deutschen Dialekten gibt ein zuverlässigeres Bild von dem Aussehen der waldeckischen Mundart im Mittelalter, als irgend eine schriftliche Urkunde.*

### § 8. Alphabet und Aussprache der heutigen ndd. Mundart.

*Zur Bezeichnung der Laute des waldeckischen ndd. Dialektes — und zwar nach der Adorfer Mundart (siehe ob. S. 11*) — dienen in diesem Wörterbuche die folgenden Zeichen.*

#### Schriftzeichen.

a ä ā, â ẵ, b, d, e ė ·, f, g g̣, h, ḥ χ, i ī ı̄, j, k, l, m, n n̥, · ö ō · ·,
p, r, ſ s ŝ, t, u ü ū ṻ ū̄, w.

*Diese Zeichen sind hier in derselben Reihenfolge aufgeführt, wie im Wörterbuche; und zwar gelten die hier nicht durch Kommata getrennten Zeichen für die alphabetische Anordnung als gleichwertig (z. B. auf weid-*

---

[1]) *Ich habe auf den Umstand, dass die Laute der heutigen ndd. Mundart in Waldeck zum Teil altertümlicher sind, als die der mndd., auch nach Waldeck importierten Schriftsprache, schon auf den Jahresversammlungen des Vereins f. ndd. Sprachf. im J. 1882 und 1886 hingewiesen. (Vgl. d. Korrbl. f. ndd. Sprachf. Heft 7 S. 82 u. Heft 11 S 29.). Zu ähnlichen Ergebnissen ist für das nahverwante Westfälische Jostes gelangt (J. Veghe S. XLIX—LIII; Jahrb. d. Ver. f. ndd. Sprachf. Bd. 11 S. 85 ff.). Im übrigen sei für die Frage nach dem Verhältnisse der mndd. Schriftsprache zu den Volksmundarten besonders noch auf H. Tümpel's Niederdeutsche Studien (Bielefeld 1896, Progr. Nr. 354) verwiesen.*

[2]) *Vergl. über die Sprache der rheinischen und niederfränkischen Kanzleien: W. Heinzel, Geschichte der niederfränk. Geschäftssprache. Paderborn 1074.*

*folgt w-îd-, dann* **weid·gält** *u. s. w.). Lautkomplexe (Diphthonge und Konsonantenverbindungen) sind dabei nach Massgabe ihrer Einzelelemente (z. B. ·t = e + i) eingeordnet.*

## Aussprache.

### I. Vokale.

*Die waldeckische Mundart zeichnet sich, wie überhaupt die Mundarten der waldeckisch-westfälischen Gruppe, durch ihren Reichtum an Vokalen aus. Freilich beruht dies vorzugsweise auf einer ungewöhnlich grossen Zahl von Diphthongen; zugleich aber ist auch die Zahl der einfachen Vokale grösser als in den nördlichen niederdeutschen Dialekten oder im Hochdeutschen. Das Waldeckische besitzt fast alle einfachen Vokale des Hochdeutschen (d. h. Schriftdeutschen) und der nördlichen ndd. Dialekte, daneben aber noch eine Reihe eigenartiger Vokale. Zu letzteren gehören insbesondere die drei geschlossenen Kürzen: ì, ù und ọ̀. Bekanntlich unterscheidet sich das nhd. lange i (z. B. in liegen, wieder, ihn) von dem kurzen i nicht nur in der Quantität, sondern zugleich in der Qualität. Das nhd. kurze i ist ein offener, das nhd. lange i ein geschlossener Vokal. Dasselbe gilt von nhd. kurzem o, ö, u, ü im Vergleiche mit den entsprechenden langen Vokalen. (Vgl. darüber z. B. Sievers' Phonetik⁴ S. 83.) Spricht man den Vokal des Wortes in lang, ohne die Mundstellung zu verändern, so erhält man nicht das nhd. ihn, sondern ein Wort das eher wie „ehn" lautet. Umgekehrt, spricht man den Vokal des Wortes ihn kurz, so erhält man nicht das nhd. in, sondern ein Wort, das uns noch immer wie ihn klingt, trotz der Kürze des Vokals. Dieser letztere Vokal, also der seiner Qualität nach dem nhd. langen i entsprechende kurze Vokal, liegt in dem wald. ì vor. Ebenso sind ù und ọ̀ die qualitativ unveränderten Kürzen zu nhd. ü und ọ̀. Wer an die Aussprache geschlossener kurzer Vokale nicht gewöhnt ist, spreche das wald. ì z. B. in ìqn liegen, wîd·r wieder, ñw·u sieben, das ù z. B. in küg·l· Kugel, güt (fem. güd·) gut, und das ọ̀ z. B. in lọ̀g· Lüge, ọ̀w·l übel mit derselben Mundstellung wie die entsprechenden neuhochd. langen Vokale, aber möglichst kurz abgebrochen.*

*Von den nördlichen niederdeutschen Dialekten unterscheidet sich das Waldeckische namentlich auch in der Aussprache der Endsilben auf ·n, ·m, ·r, ·l. Im nördlichen Niederdeutschland geht in diesen Endsilben der Vokal · verloren, so dass z. B. die Endsilbe ·n nach Verschlusslauten zu silbebildendem Nasal wird, und zwar der Aussprache des Verschlusslautes entsprechend zu dentalem oder gutturalem oder labialem Nasal. So lauten die Wörter für nhd. lassen, machen, offen im nördlichen Hannover (sowie in Oldenburg, Holstein, Mecklenburg) lätn, mäkŋ, ậpm. Der Verschluss des t, k, p wird hier erst während der Aussprache des Nasals gelöst, so dass der Nasal sich dem Verschlusslaute ohne Zwischenvokal anschliesst. In Waldeck dagegen spricht man lät·n, mäk·n, ọ·p·n mit deutlich hörbarem Zwischenvokal und mit Wahrung der dendalen Aussprache des n. Ein ähnlicher Unterschied besteht zwischen nordhannov. rîdn reiten, ein eigen, ñ·m sieben (mit Assimilation der gutturalen und labialen Media an den folgenden Nasal) und wald. rîd·n, eig·n, ñw·n. Es hängt dies offenbar damit zusammen, dass auslautendes · (ohne folgenden Konsonanten) im nördlichen Niederdeutschland schwindet, oder genauer gesagt in der vorhergehenden Silbe aufgeht, während es im Waldeckischen bleibt. Z. B. nordhannov. slậ'h (mit geschleiftem Vokal) Schläge, wai't (desgl.) Weide, lậ'f (desgl.) lebe, riŋ (mit silbebildendem Nasal) Ringe, tuuu (desgl.) Tonne, amm (desgl.) Amme; aber waldeckisch slậg·, weid·, li·w·, riŋ·, tun·, am·.*

*Die Aussprache der einzelnen Vokale ist folgende.*

## 1. Einfache Vokale.

a *ist kurzes offenes* a, *wie in nhd.* an, hat.

ä *wird gesprochen wie das englische* a *in* man, hat *u. dgl. Das wald.*
fät *Fett z. B. klingt genau wie das gleichbedeutende engl.* fat. *Dem Neuhochdeutschen ist dieser Laut fremd.*

â *ist langes geschlossenes* a. *Es klingt wesentlich heller, als das nhd.*
*lange* a, *und unterscheidet sich von diesem seiner Qualität nach ähnlich, wie*
*das nhd.* ê *in* Seele, Reh, *mehr von dem* ê *in* Rebe, Feder, wegen.

ä *ist langes geschlossenes* ä, *entsprechend dem nhd.* ä *in* gähnen,
Mädchen, säen.

å *ist der im Niederdeutschen sehr verbreitete, dem Hochdeutschen un-*
*bekannte Mittellaut zwischen langem* a *und langem* o.
*Anm. 1. In der* wald. *Dialektliteratur, z. B. in der Zeitschrift "De*
*Papollere" wird dieser Vokal ungenau als langes o geschrieben. Vgl. ob. S. 18*.*

ä *ist der zu gutturalem* å *gehörende palatale Vokal, und wie das* å *dem*
*Hochdeutschen fremd, aber im Niederdeutschen nicht ungewöhnlich. Es ist*
*ein* ä *mit Lippenrundung, und klingt demgemäss für das ans Neuhochdeutsche*
*gewöhnte Ohr wie ein Mittellaut zwischen langem* ä *und langem* ö.

e *ist ein kurzes offenes* e, *wie das nhd.* e *in* Feld, Endung, *oder das*
*nhd.* ä *in* Männer, Hände, Wälder.

ê *ist langes geschlossenes* e, *wie in nhd.* See, Seele, web, ewig.

° *bezeichnet ein reduciertes kurzes* e, *d. h. dieselbe Aussprache des* e
*wie in nhd.* Gabe, sage, Odem.

*In den Diphthongen* i° *und* °i *dient* ° *als Ersatz für das Schriftzeichen*
e *(bezw.* ê*). Vgl. unten Anm. 5.*

i *ist kurzes offenes* i, *wie in nhd.* in, Wirt.

í *ist kurzes geschlossenes* i: *ein Vokal der im Nhd. kein genaues Eben-*
*bild hat, aber dem nhd.* langen i *am nächsten steht. Siehe ob. S. 24*.*

í *kommt nur in dem Diphthonge* °i *vor. Vergl. darüber unt. Anm. 5.*

o *ist kurzes offenes* o, *wie in nhd.* konnte, oft.

ö *ist kurzes offenes* ö, *wie in nhd.* können, öfter.

ô *ist langes geschlossenes* o, *wie in nhd.* Sohn, rot.

ö *ist langes geschlossenes* ö, *wie in nhd.* Söhne, Röte.

° *und* ° *dienen zum Ausdrucke des* o *(bezw.* ö*) und* ö *in den Diphthongen*
u°, ü°, °u *und* °ü. *Vgl. über diese Diphthonge unt. Anm. 5.*

u *ist kurzes offenes* u, *wie in nhd.* Mutter, Stunde.

ü *ist kurzes offenes* ü, *wie in nhd.* Mütter, Sünde.

ú *ist kurzes geschlossenes* u. *Es verhält sich zu nhd. langem* u, *wie*
*das wald.* í *zu nhd. langem* i. *Siehe ob. S. 24*.*

*Anm. 2. In der Papollere ist dieser Laut meist* iu *geschrieben,*
*zuweilen* u. *Vgl. ob. S. 19*.*

ú *ist kurzes geschlossenes* ü. *Es steht zu nhd. langem* ü *in demselben*
*Verhältnisse, wie wald.* ú *zu nhd. langem* u. *Siehe ob. S. 24*.*

*Anm. 3. Der Laut* ú *ist in der Papollere meist mit* iu *bezeichnet, ent-*
*sprechend der Umschreibung des* ú *durch* iu. *Diese Schreibweise ist um so*
*mehr irreführend, als der von* ü *ganz und gar verschiedene Diphthong* ü° *in*
*der Papollere in der Regel* iö *geschrieben wird.*

ů, d. h. langes geschlossenes û, begegnet nur vor folgendem r in den Wörtern důr durch, fůr vor, für, und in dem Vornamen Jůrgen Jürgen. Die Aussprache deckt sich mit der des nhd. langen û, z. B. in fůr. Ueber û und ů in den Diphthongen -ů und -ů vgl. unt. Anm. 5.

## 2. Diphthonge.

Die Diphthonge des wald. Dialektes zerfallen zunächst in offene und geschlossene, d. h. solche die aus offenen und solche die aus geschlossenen Vokalen bestehen.

Sie zerfallen ferner in steigende und fallende, je nachdem der erste Bestandteil niedriger oder höher liegt, als der zweite. — Die geschlossenen Vokale des wald. Dialektes sind sämmtlich steigend, die offenen teils steigend, teils fallend. Darnach ergeben sich 3 Reihen von Vokalverbindungen, nämlich

1) offene steigende Diphthonge:

ai, ei; au, eu, oü.

2) offene fallende Diphthonge:

iᵉ; uᵒ, ůᵒ.

3) geschlossene (steigende) Diphthonge:

ᵉi; ᵒů, ᵒů.

Anm. 4. Die Ausdrücke 'steigend' und 'fallend' werden oft in anderem Sinne gebraucht; nämlich um bei Diphthongen zu unterscheiden, ob sie auf dem ersten oder (wie z. B. franz. oi und ui) auf dem zweiten Bestandteile betont sind. Dieser Unterschied der Betonung kommt für das Waldeckische nicht in Betracht, da alle waldeckischen Diphthonge (wie, beiläufig bemerkt, auch die 3 im Neuhochdeutschen üblichen Diphthonge¹) ei oder ai, au, und âu oder eu) auf dem ersten Bestandteil betont sind. Ueberhaupt sind Diphthonge mit Endbetonung weit seltener als solche mit Anfangsbetonung.

Anm. 5. In der Schreibung der Diphthonge der zweiten und dritten Reihe habe ich aus praktischen Gründen die Zeichen ᵉ, ᵒ und ᵒ statt e, o und ů eingeführt. Und zwar haben diese Zeichen in den offenen Diphthongen der zweiten Reihe den Lautwert offener, dagegen in den geschlossenen Diphthongen der dritten Reihe den Lautwert geschlossener Vokale. Es empfahl sich in der zweiten Reihe die Schreibung iᵉ für ie aus demselben Grunde, aus welchem z. B. in der Papellere die Schreibung iä gewählt ist, nämlich um die Verwechselung mit dem nhd. ie, d. i. langem i, zu verhüten. Der Konsequenz halber mussten für no und ůů dann uᵒ und ůᵒ eintreten. — Bei den Diphthongen der dritten Reihe soll die hier gewählte Schreibung besagen, dass diese Vokalverbindungen im ganzen genommen wie langes i mit vorklingendem e und wie langes u und û mit vorklingendem o sich anhören. Das Längezeichen aber bezieht sich auf den Diphthong im ganzen, und ich will ausdrücklich davor warnen, diese Diphthonge etwa als Verbindungen von unbetontem e bezw. o mit betontem langem i bezw. u auszusprechen; der Nachdruck ruht, wie ich schon vorhin (Anm. 4.) bemerkte, bei den waldeckischen Diphthongen stets auf dem ersten Bestandteile. Man spreche diese Diphthonge ziemlich wie eᵉi, oᵒü, oᵒů, aber so dass die beiden Bestandteile zu einer Silbe zusammenfliessen.

---

¹) Einen Diphthong ui mit Endbetonung kennt das Neuhochdeutsche in dem Namen Luise. Mit Anfangsbetonung liegt derselbe Diphthong in Louis und in der Interjektion pfui vor.

*Anm. 6. Eine Bemerkung wird noch erforderlich sein über die Diphthonge, deren zweiter Bestandteil uns als offenes i oder u gilt. Es wird heutzutage vielfach behauptet, daß neuhochd. ai (oder ei) setze sich nicht aus a und i sondern aus a und e zusammen. Ich halte diese Ansicht für einen Irrtum, der wahrscheinlich durch den Umstand veranlasst ist, dass man bei der Aussprache des neuhochdeutschen Alphabetes die Vokale e und i als lange geschlossene Vokale zu sprechen pflegt. Dass der zweite Bestandteil des ai in der üblichen Aussprache kein geschlossenes i ist, sondern eher wie geschlossenes e klingt, ist ganz richtig. Aber dies beruht darauf, dass offenes i überhaupt seinem Klange nach für unser Ohr dem geschlossenen e näher liegt als dem geschlossenen i. In meiner Aussprache deckt sich der zweite Teil des neuhochd. ai, wenn ich ihn länger anhalte, genau mit dem Vokale, den ich hervorbringe, wenn ich das neuhochd. kurze i verlängere (natürlich, ohne in die Aussprache des neuhochd. langen geslossenen i zu verfallen). Dieser Vokal klingt dem neuhochd. langen geschlossenen e (wie in Ehre, See) ähnlich, ist aber trotzdem langes offenes i, kein e. — Ebenso setzt sich das neuhochd. au meiner Ansicht nach aus offenem a und offenem u zusammen, nicht aus a und o. Auch hier liegt der zweite Bestandteil, wenn man ihn länger anhält, anscheinend dem langen o näher als langem u; aber wieder nur deshalb, weil das Neuhochdeutsche langes offenes u nicht kennt, und das kurze offene u, wenn verlängert, dem geschlossenen o (wie in ohne, Boden) ähnlich klingt. — Zu dem Resultate, dass in neuhochd. ai und au offenes i und offenes u gesprochen wird, führen auch folgende Erwägungen. Erstens. Im Niederdeutschen sind die Diphthonge ei und ou sehr verbreitet (z. B. in hei er, ein ein, boun Huhn, hout Hut), deren zweiter Bestandteil sich mit dem der neuhochd. ai und au deckt. Bestände das nhd. ai aus a + e, und au aus a + o, so müsste demnach der Diphthong ei aus e + e bestehen, und ou aus o + o. Man mag hier wieder zugeben, dass man mit der Aussprache offenes e + geschlossenem e und offenes o + geschlossenem o nahezu die Aussprache der niederd. ei und ou erreicht. Aber wiederum nur, weil das geschlossene e mit dem offenen i und das geschlossene o sich dem offenen u nähert. Man erhält die richtige Aussprache besser, wenn man offenes e mit offenem i und offenes o mit offenem u als Diphthong spricht. — Zweitens. Der Satz, dass in der Regel offene Vokale mit offenen Vokalen und geschlossene Vokale mit geschlossenen Vokalen sich zu Diphthongen verbinden, gilt meines Erachtens nicht nur von den waldeckischen Vokalen, sondern für die Phonetik überhaupt. Ich halte es darnach für natürlich, eine Verbindung von offenem a mit offenem i und offenem u anzunehmen, als von offenem a mit geschlossenem e und geschlossenem o. Da nun wol allgemein zugestanden wird, dass das a in den neuhochd. ai und au offenes a ist, so folgt weiter, dass der zweite Teil mit Wahrscheinlichkeit als ein offener Laut, also i, bezw. u, anzusehen ist. Man kann hierzu die Gegenprobe machen, indem man die Aussprache der neuhochd. ai und au mit geschlossenem i und u analysiert, die allerdings nicht in der üblichen Aussprache, sondern dialektisch (man hört sie z. B. gelegentlich in Berlin) vorkommt. Man wird finden, dass in solchen Fällen nicht nur der zweite, sondern auch der erste Bestandteil zu geschlossener Aussprache neigt.*

*Im Einzelnen sei über die Aussprache der genannten Diphthonge (in alphabetischer Reihenfolge) folgendes bemerkt.*

*ai wird ausgesprochen wie der neuhochd. Diphthong, welcher in der Schrift als ai (z. B. Kaiser, Haide) oder häufiger als ei (z. B. mein, Heide) erscheint. Er besteht, wie dieser, aus offenem a und offenem i. Vgl. ob. Anm. 6.*

**au** *wird ausgesprochen wie nhd.* **au**, *und besteht, wie dieses, aus offenem* **a** *und offenem* **u**. *Vgl. Anm. 6.*

**ei** *besteht aus offenem* **e** *und offenem* **i**. *Dem Hochdeutschen ist dieser Vokal fremd, wenigstens in der üblichen Aussprache; er kommt dialektisch, z. B. im Schwäbischen, an Stelle des Diphthongs vor, der im Nhd.* **ai** *oder* **ei** *geschrieben wird. Im Niederdeutschen ist das* **ei** *sehr verbreitet.*

**•i** *besteht aus geschlossenem* **e** *mit geschlossenem* **i**. *Man erreicht die Aussprache annähernd, wenn man nhd. langes e und langes i zu einem Diphthonge verbindet. Vgl. ob. Anm. 5.*

**iᵉ** *ist offenes* **i** *mit nachklingendem offenen* **e**. *Man spreche diesen Diphthong so, wie in der üblichen Aussprache des Mittelhochdeutschen das* **ie** *in Wörtern wie* dienen, miete, lieb.

**ou** *besteht aus offenem* **o** *mit offenem* **u**. *Dem Hochdeutschen fehlt dieser Diphthong; jedoch kommt er in dialektischer Aussprache des Hochd. vor, und zwar in denselben Gegenden, in welchen man ei für ai spricht. (Vgl. ob. unter ei). Im Niederdeutschen ist ou weit verbreitet.*

**oü** *besteht aus offenem* **o** *mit offenem* **ü**. *Der Vokal klingt ähnlich wie das nhd.* **eu** *oder* **äu**, *unterscheidet sich von ihm aber dadurch, dass der zweite Bestandteil gerundet ist, während das nhd.* **eu** *wie* **oi** *ausgesprochen wird.*

*Anm. 7. Während sich die Aussprache des* wald. **ou** *mit der des nordsächs.* **ou** *deckt (z. B. in* fout *Fuss), ist die des* wald. **oü** *(z. B. in* foüt‑ *Füsse,* foüt‑ *süss) von der im Nordsächsischen üblichen verschieden, da man im Nordsächs. dafür* **öü** *(mit offenem* **ö** *und* **ü***) spricht, z. B.* föüt *Füsse,* föüt *süss. — Uebrigens beschränkt sich das* oü *in Waldeck auf die Adorfer Mundart. In Korbach, wo* **ou** *durch* **au** *ersetzt wird (z. B.* faut *Fuss) lautet der zugehörige Umlaut* **oi** *(ganz wie nhd. eu), z. B.* foit‑ *Füsse,* foit‑ *süss. Dies* oi *dient in Korbach dann auch als Umlaut des allgemein walderkischen* **au**, *z. B.* baum, *pl.* boim‑ *(in Adorf* baum, *pl.* baim‑*). In Rhoden spricht man* **ö** *an Stelle von* ou *und* **ü** *an Stelle von* oü. *Vgl. ob. S. 10* f.

**•u** *besteht aus geschlossenem* **o** *mit geschlossenem* **u**. *Man kommt der Aussprache nahe, wenn man langes nhd. o und langes nhd. u zu einem Diphthonge verbindet.*

**•ü** *besteht aus geschlossenem* **o** *mit geschlossenem* **ü**. *Man spreche es wie einen aus langem nhd. o und langem nhd. ü bestehenden Diphthong.*

*Anm. 8. Das* wald. **•ü** *unterscheidet sich von dem ihm etymologisch entsprechenden westfälischen* **uï** *besonders dadurch, dass der zweite Bestandteil im Wald. ein gerundeter und geschlossener Vokal ist, während er im Westfäl. nicht gerundet und offen ist. In Einklang damit ist der erste Bestandteil in Waldeck ein geschlossener, in Westfalen ein offener Vokal; jedoch tritt der Unterschied zwischen dem Klange eines geschlossenen o und eines offenen u in Diphthongen wenig hervor.*

*Anm. 9. In der* wald. *Dialektliteratur, z. B. in der Papollere, wird das* •ü *teils mit* **ü** *bezeichnet (z. B. in* Dreidüwelsnamen *1860 S. 6; de leibhaftige* Düwel *ebd. S. 10;* Düwelsbänner *ebd. S. 12), teils durch das westf.* **uï** *wiedergegeben (z. B.* deu Duiwel *ebd. S. 38,* tem Duiwele *ebd. S. 46). Die beiden Schreibungen berichtigen sich gegenseitig. Man hüte sich aus der Umschreibung mit* uï *etwa den Schluss zu ziehen, die westfälische Aussprache sei auch in Waldeck üblich; vielmehr leidet diese Umschreibung an demselben Mangel, wie die in der Papollere übliche Schreibung* iᵛ *(z. B.* iöbber) *statt* üᵈ *(ü*ᵘ*w*ᵉ*r).*

29\*

*u*° *ist offenes* u *mit nachklingendem offenen* o. *Das Nhd. kennt diesen Diphthong so wenig wie ein* i° *oder* u°*; dagegen findet sich* u° *in süddeutschen Dialekten und im Mittelhochdeutschen (nach der üblichen Aussprache mhd. Wörter wie* guot, muoter*).*

u° *ist offenes* u *mit nachklingendem offenen* ö. *Es unterscheidet sich von der üblichen Aussprache des mhd.* üe *(z. B.* küene) *nur unwesentlich, nämlich dadurch, dass auch der zweite Bestandteil gerundet ist.*

## II. Konsonanten.

*Die waldeckische Mundart weist im ganzen genommen dieselben Konsonanten auf, wie die meisten niederdeutschen Mundarten. Als abweichend von dem allgemein niederdeutschen Lautstande ist besonders die Aussprache des* r, š *(vor Kons.) und* šh, w *hervorzuheben.*

*Im einzelnen ist die Aussprache folgende:*

b, d, f *wie die entsprechenden nhd. Laute.*

g *ist gutturaler Verschlusslaut wie nhd. anlautendes* g*, mit demselben Unterschiede der Aussprache vor folgendem gutturalen Vokale (z. B.* guust*) und folgendem palatalen Vokale (z. B.* gift*), wie im Nhd.*

q *ist gutturaler Spirant, wie das nhd.* g *in* Frage, Säge.

h *wie nhd.* h.

ḥ *bezeichnet den sog.* „ach"-*Laut, d. h. den gutturalen stimmlosen Spiranten, der im Nhd. durch* ch *(z. B. in* ach, Nacht) *ausgedrückt wird.*

χ *bezeichnet den sog.* „ich"-*Laut, d. h. den palatalen stimmlosen Spiranten, der im Nhd. gleichfalls durch* ch *(z. B. in* ich, nicht) *ausgedrückt wird.*

j, k, l, m, n *wie die entsprechenden nhd. Laute.*

ŋ *ist der gutturale Nasal, der im Nhd. durch* n *(vor folgendem* k *oder* g*; z. B.* Onkel, eng) *oder auch durch* ng *(z. B.* Finger, Engel) *bezeichnet wird.*

p *wie nhd.* p.

r *ist gutturales (uvulares)* r*, also identisch mit dem* r *der üblichen nhd. Aussprache, aber verschieden von dem dentalen* r *der meisten niederdeutschen Dialekte.*

f *ist stimmhaftes (weiches)* s*, wie in nhd.* lesen, Sohn.

s *ist stimmloses (scharfes)* s*, wie in nhd.* lassen, Ast.

š *hat denselben Laut wie nhd.* sch. *Man beachte, dass sich auf.* š *im Waldeckischen etwa in demselben Umfange findet, wie im Neuhochdeutschen, und zwar im Nhd. nach mitteldeutscher Aussprache (nicht nach der norddeutschen Aussprache, die in dieser Beziehung eine Mittelstellung zwischen dem Niederdeutschen und dem Mitteldeutschen einnimmt). Man spricht also* š *sowohl in den Lautgruppen* šl, šm, šn, šw*, wie auch in* št, šp.[1]) *Bekanntlich wahren die meisten ndd. Dialekte in allen diesen Fällen das alte* s.

*Eine eigentümliche Mittelstellung zwischen dem Westfälischen und den übrigen deutschen Dialekten nimmt das Waldeckische in der Aussprache der ursprünglichen Anlautgruppe* sk *ein. Während* sk *im Westfälischen zu* sk*, im Hochdeutschen und in den meisten niederdeutschen Mundarten zu* š *geworden ist, lautet es im Waldeckischen* šh *(das wäre in hochdeutscher Schreibart* „schch")*. Z. B. westfälisch* skau*, nords.* šou*, hochd.* šū *(geschrieben* Schuh)*, wald.* šhou; *oder westf.* sḳāp*, nordsächs.* šāp*, hochd.* šāf *(geschr.* Schaf)*, wald.* šhāp. *Dies gilt jedoch nur von altem anlautenden* sk. *Das inlautende* sk *bleibt im Waldeckischen, z. B.* fisk *Fisch, pl.* fiske *(aber nordsächs. und hochd.* fiš).*

[1]) *Ueber die abweichende Aussprache in einzelnen Gegenden von Waldeck vgl. ob. S. 15° f.*

*w ist, wie das hochdeutsche w in mitteldeutscher Aussprache, ein stimm-hafter bilabialer Spirant (nicht ein labiodentaler Spirant, wie in den meisten niederdeutschen Dialekten und im Nhd. nach norddeutscher Aussprache). w also wird mit derselben Mundstellung gesprochen wie das nhd. b oder p, und mit andrer Mundstellung als nhd. f.*

### § 9. Phonetische Uebersicht der Laute.

*Das folgende phonetische System der waldeckischen Laute wird nach den Bemerkungen über die Aussprache im vorigen Paragraphen ohne weiteres verständlich sein. Bei der Anordnung der Vokale bediene ich mich des Bell'schen Systems (am leichtesten zugänglich in Sweet's Handbook of Phonetics und in den neueren Auflagen von Sievers' Phonetik), das vor den früheren Systemen in mehr als einer Beziehung den Vorzug verdient.*

#### Vokale.

| | | Nicht gerundet. | | Gerundet. | |
|---|---|---|---|---|---|
| | | offen | geschlossen | offen | geschlossen |
| Guttural: | Hoch | — | — | u | û, (ü) |
| | Mittel | a | ā | o | ö |
| | Niedrig | — | — | — | å |
| Gutturo-Palatal: | Mittel | • | — | — | — |
| Palatal | Hoch | i | ī, (ï) | ü | û, ü |
| | Mittel | e | ē | ö | ō |
| | Niedrig | ä | ä̤ | | ä̤ |

*In bestimmten Klassen von Diphthongen (vgl. ob. S. 26*) sind die Zeichen ·, ·, · als gleichwertig mit e (oder ë), o (oder ö), ü gebraucht.*

#### Konsonanten.

| | Verschlusslaute. | | Spiranten. | | Liquidae. | Nasale. |
|---|---|---|---|---|---|---|
| | tonlos | tönend | tonlos | tönend | (tönend) | (tönend) |
| Guttural | k | g | h | q | r | w |
| Palatal | — | — | χ | j | — | — |
| Alveolar | — | — | š | — | — | — |
| Dental | t | d | s | f | l | n |
| Labiodental | — | — | f | — | — | — |
| Labial | p | b | — | w | — | m |

*Dazu h als Kehlkopfreibelaut[1]).*
*Für l müsste streng genommen eine besondere Klasse, nämlich die eines halben („lateralen") dentalen Verschlusslautes angesetzt werden.*

### § 10—13. Zur Geschichte der Vokale.

#### § 10. Der mittelwestfälische Vokalismus.

*Wie verwickelt der Vokalismus der waldeckischen Mundart mit seinen vielen einfachen Lauten und Diphthongen auf den ersten Blick erscheinen mag: er ist seinen Hauptzügen nach nicht weniger durchsichtig und nicht weniger folgerichtig als der an Lauten ärmere Vokalismus des Nordsächsischen. Nur muss man nicht versuchen, das waldeckisch-westfälische Vokalsystem in*

---

[1]) *Vgl. Hugo Pipping "Zur Definition des H-Lautes", Mémoires de la Soc. néo-philologique à Helsingfors II (1897) p. 1—18.*

*das Prokrustesbett des mittelniederdeutschen Vokalismus zu zwängen. Es würde das zu der Annahme einer ganzen Reihe unmotivierter Spaltungen führen, wobei die heutigen wald.-westf. Mundarten auf unerklärliche Weise eine Reihe alter Unterschiede wiederhergestellt haben müssten, die dem Mittelniederdeutschen abhanden gekommen sind.[1] Tatsächlich steht der Vokalismus dieser Mundarten in vieler Beziehung dem Hochdeutschen näher als dem Mittelniederdeutschen oder Nordsächsischen. Daraus folgt nicht, dass ihr Vokalismus von dem hochdeutschen beeinflusst sei oder dass sie etwa von jeher eine Mittelstellung zwischen Niederdeutsch und Hochdeutsch eingenommen hätten. Sie sind rein niederdeutsch und es steht ihnen da, wo sie mit dem Hochdeutschen gegen das Mittelniederdeutsche gehen, fast immer das Altsächsische zur Seite. Aber allerdings muss man, um ihre Abweichungen vom Nordsächsischen zu verstehen, auf das Altsächsische zurückgehen, oder wenigstens auf eine dem Mittelniederdeutschen gleichaltrige Zweigform des Niederdeutschen, in welcher die Besonderheiten des Waldeckisch-Westfälischen sich erhalten hatten. Eine solche Zweigform des Niederdeutschen, die man als Mittelwestfälisch bezeichnen kann, ist freilich nicht unmittelbar in schriftlichen Denkmälern überliefert. Jedoch ist es möglich, sie mit Hülfe des Altsächsischen einerseits, des heutigen Waldeckisch-Westfälischen andrerseits, unter Vergleichung des Mittelniederdeutschen (und weiterhin der heutigen ndd. Mundarten und des Hochdeutschen) ihren Hauptzügen nach zu rekonstruieren.[2]*

*An kurzen Vokalen besass das Mittelwestfälische zunächst, wie das Altsächsische, die 5 Laute a, e, o, i, u.*

*An Stelle des e sind vielleicht noch zwei verschiedene Laute, nämlich einerseits die von Grimm sog. Brechung des i (= mhd. ë), andrerseits der i-Umlaut des a (= mhd. ę anzusetzen, obwohl beide schon im Altsächsischen mit e bezeichnet werden.[3]*

*Zu diesen Vokalen kommen ö und ü als i-Umlaute des o und u.[4]*

*In offenen (d. h. auf Vokal auslautenden) Silben und vor folgendem r erlitten die genannten Vokale eine Veränderung, die wir Vokalsteigerung*

---

[1] *Holthausen* (Die Soester Mundart, S. 12 ff.; vgl. dazu ob. § 2 S. 5* ff.) nimmt an, das Mittelniederdeutsche habe in der Aussprache mehr Laute unterschieden als in der Schrift. Das ist bis zu einem gewissen Grade vollkommen richtig, berechtigt uns aber nicht, das Mnd. mit waldeckisch-westfälischem Vokalismus zu sprechen. Mit dem Laute o z. B. müsste der mnd. Schrift, wenn H. Recht hätte, bezeichnet haben 1) ö = got. ö, alts. ö 2) dessen Umlaut 3) ö = got. au, alts. ö 4) dessen Umlaut 5) gesteigertes o 6) dessen Umlaut 7) gesteigertes u 8) dessen Umlaut. Im Nordsächsischen werden heute noch 6 von diesen Vokalen unterschieden. Die Vertreter jener 8 Vokale sind z. B. im nördl. Hannover: 1) ou 2) oü 3) ö 4) ö 5) å 6) ǟ 7) å 8) ǖ. Wie man sieht ist 7) mit 5) und 8) mit 6) zusammengefallen, und alles weist darauf hin, dass in der nordsächsischen Aussprache schon zur Zeit des Mittelniederdeutschen gesteigertes u und ü von gesteigertem o und ö nicht mehr unterschieden wurde. Es wäre ja auch eigentümlich, wenn man im Mnd. für gesteigertes („tonlanges") u und ü das Zeichen o verwendet hätte, während ja die mnd. Schrift das Zeichen u besass und es regelmässig für langes u und ü anwandte.

[2] So wenig wie das heutige Waldeckisch-Westfälische oder das Altsächsische, war das Mittelwestfälische ein streng einheitlicher Dialekt. Es handelt sich hier für unsre Zwecke speciell um die Rekonstruktion derjenigen Varietät des Mittelwestfälischen, in welcher die alten langen Vokale î û î diphthongische Aussprache angenommen hatten.

[3] Vgl. unten § 11 Anm. 1.

[4] Val. den Exkurs am Ende dieses Paragraphen.

*nennen wollen. Diese Veränderung erstreckte sich über das ganze Gebiet des Niederdeutschen, und zwar erscheinen die davon betroffenen Vokale im Nordsächsischen (und Mittelniederdeutschen) als lange Vokale, im Waldeckisch-Westfälischen teils ebenfalls als lange Vokale, teils als offene Diphthonge, teils als geschlossene Kürzen. Wir bezeichnen diese Vokale als*

$$\hat{\text{a}} \quad \hat{\text{e}} \quad \hat{\text{o}} \quad \hat{\text{ö}} \quad \hat{\text{i}} \quad \hat{\text{u}} \quad \hat{\text{ü}},$$

*oder als gesteigertes a, gesteigertes e u. s. w. Im Nordsächsischen wird i später zu ê, ü zu ö und ö zu ő, während im Waldeckisch-Westfälischen die verschiedenen Vokalnuancen getrennt bleiben. Es scheint das Einfachste, anzunehmen, dass die Steigerung zunächst nur in geschlossener Aussprache des kurzen Vokals bestand. Wenigstens würde sich bei dieser Annahme am besten erklären, weshalb im Nordsächsischen gesteigertes i zwar mit gesteigertem e, aber nicht mit altem langen î zusammenfällt, und gesteigertes u und ü zwar mit gesteigertem o und ö, aber nicht mit altem langen u und seinem Umlaute ü.*

*Von diesen gesteigerten Vokalen, die jetzt z. T. als Längen erscheinen, sind die alten langen Vokale im Wald.-Westfälischen bis auf den heutigen Tag im wesentlichen getrennt geblieben. Zur Auseinanderhaltung der beiden Klassen trug der Umstand bei, dass die Mehrzahl der ursprünglichen langen Vokale frühzeitig zu Diphthongen geworden war. Letzteres gilt zunächst von dem altsächs. ö (im Cottonianus des Heliand uo) = got. ô, das wahrscheinlich schon in mittelwestfälischer Zeit ou lautete. Der i-Umlaut dieses Diphthongs ist ou. — Auch dem altsächs. ô = got. au entsprach im Mittelwestfälischen ein Diphthong, nämlich au, welchem als i-Umlaut ein aü zur Seite stand. Man wird in diesem Falle aber den mittelwestfälischen Diphthong vielleicht unmittelbar dem gotischen au gleichsetzen und einen uralten Dialektunterschied zwischen dem Westfälischen und dem Altsächsischen annehmen müssen. Näheres § 13 unter au. — Zu Diphthongen waren im Mittelwestfälischen ferner die alten langen Vokale î und u (nebst dem Umlaut des letzteren, dem langen ü) geworden. Vermutlich hatten diese Diphthonge in der mittelwestf. Epoche annähernd oder genau dieselbe Aussprache, wie heutzutage in Waldeck, nämlich °i, °u, °ü. — Mit dem letztgenannten dieser Vokale, dem °ü, ist der altsächs. Diphthong iu zusammengefallen, der offenbar zunächst zu langem ü geworden war.[1]) — Der altsächs. Diphthong eo (oder io) ist anscheinend zu einfachem langen Vokale, ê, geworden, z. B. alts. thionou, liof zu dênen, lêf.[2]) Dagegen entspricht altsächsischem ê = got. ai der Diphthong ei, z. B. alts. têkan, got. taikns = teiken.[3]) — Das alts. lange a = got. ê wird durch den langen Vokal â vertreten; sein Umlaut ist langes æ̂.*

---

[1]) *Daraus dass Notker für den i-Umlaut des langen u das Zeichen des alten Diphthongs iu verwendet, folgt, dass im Ahd. oder genauer, im Alemannischen, beide im Anfange des 11. Jahrh. ganz oder nahezu zusammengefallen waren. Danach wird anzunehmen sein, dass der Zusammenfall beider Laute im Niederdeutschen etwa im 10. oder 11. Jahrh. stattgefunden hat; also vor dem Beginne der Epoche die wir Mittelwestfälisch nennen.*

[2]) *Die westfäl. Mundarten haben an Stelle des alten eo meist ai oder oi, das zunächst wol auf ei und weiterhin auf das im Waldeckischen vorliegende ê zurückgeht. Doch muss dieses ê von der Steigerung des kurzen e verschieden gelautet haben, da beide in den heutigen wald.-westf. Mundarten getrennt bleiben. Möglich, dass entweder der dem alten eo entsprechende Vokal (= mhd. ie) oder die Steigerung des kurzen e im Mittelwestfälischen ie lautete.*

[3]) *Wahrscheinlich bestand neben ei in anderen Wörtern der Diphthong ai. Vgl. § 13 unter ei.*

*Das Verhältnis des mittelwestfälischen Vokalismus zum altsächsischen stellt sich darnach etwa folgendermassen.*

## I. Altsächsische kurze Vokale.

| Altsächsisch | Mittelwestfälisch | |
|---|---|---|
| | nicht gesteigert | gesteigert |
| a | a | ä |
| e | e | ě |
| o | o | ö |
| o *mit i-Umlaut* | ö | ô |
| i | i | î |
| u | u | ü |
| u *mit i-Umlaut* | ü | ü |

## II. Altsächsische lange Vokale und Diphthonge.

| Altsächsisch | Mittelwestfälisch |
|---|---|
| â | å |
| â *mit i-Umlaut* | æ |
| eo (io, ie) | ê (?) |
| ê | ei |
| ô = *got.* û | ou |
| ô „ *mit i-Umlaut* | oü |
| ô = *got.* au | au |
| ô „ *mit i-Umlaut* | aü |
| î | •î |
| û | •û |
| û *mit i-Umlaut* | } •û |
| iu | |

*In bestimmten Fällen sind die alten Längen und Diphthonge im Waldeckischen und Westfälischen durch Kürzen ersetzt. Auch diesen Vorgang darf man wol bereits der mittelwestfälischen Epoche zuweisen. Da die durch Verkürzung entstandenen Vokale mit den alten (nicht gesteigerten) Kürzen zusammenfallen, so erleidet dadurch der Bestand des Vokalismus im ganzen keine Aenderung.*

### Exkurs zu S. 31*. Zur Frage nach dem Alter des Umlautes.

*Nach der üblichen Ansicht fehlten dem Altsächsischen die Umlaute ö und ü. Ich möchte glauben dass sie (namentlich das ü, das kurze ö ist, aus bekannten Gründen, in der älteren Sprache selten) nur der Schrift, nicht der Sprache gefehlt haben. Denn das Altsächsische kannte ja den i-Umlaut des a, und dass dieser älter sei als der i-Umlaut des u ist zwar nicht unmöglich, aber doch wenig wahrscheinlich. Die Gleichmässigkeit, mit der sämmtliche i-Umlaute schliesslich in sämmtlichen westgermanischen Sprachen durchgeführt sind, spricht dafür, dass der i-Umlaut als solcher schon der Zeit angehört, in welcher die westgermanischen Sprachen noch einen Dialekt bildeten; einer Epoche also, die wesentlich älter ist als die schriftliche Aufzeichnung des Althochdeutschen und des Altsächsischen. Die herrschende Ansicht führt zu der ungereimten Auffassung, i-Umlaut finde im Mittelhochdeutschen da statt, wo im Althochdeutschen ein i in der Endsilbe stand, und im Mittelniederdeutschen da, wo im Altsächsischen ein i in der Endsilbe stand; während im Mittelhochdeutschen und Mittelniederdeutschen die betr. Endsilben nicht mehr i, sondern e aufweisen, und das e andrer Endsilben keinen Umlaut hervorruft. Wir hätten also eine Art posthumen Umlautes anzuerkennen. Andre sind noch*

weiter gegangen, und haben das Bestehen des Umlautes sogar noch für das
Mittelniederdeutsche bestritten. Der nachgeborene Umlaut also wäre erst im
Neuniederdeutschen wirklich ins Dasein getreten. Ueber diese letztere Ansicht
weitere Worte zu verlieren halte ich für überflüssig; ich verweise auf die
kurze, aber treffende Erörterung von Holthausen, Die Soester Mundart S. 12 f.

Was man heute die allmähliche Entwickelung des Umlautes nennt,
erklärt sich leichter als allmähliche Einführung besonderer Schriftzeichen für
die Umlaute.[1]) Man bediente sich zur Aufzeichnung althochdeutscher und altsächsischer Denkmäler des lateinischen Alphabetes, das für die Umlaute ä
und ü keine besonderen Zeichen hat (oder wenigstens damals noch nicht hatte).
Für ä, einen Mittellaut zwischen a und e, gebrauchte man anfangs entweder
a oder e, später vorzugsweise das letztere; das ü wurde durch u vertreten.
Das kurze ü blieb im Althochdeutschen auch dann noch unbezeichnet, als man
für langes Umlauts-ü schon das Zeichen iu verwendete (nämlich nachdem zu
Notkers Zeit der alte Diphthong iu zu langem ü geworden, also in der Sprache
mit dem langen Umlauts-ü zusammengefallen war).

Ich glaube also, dass wir dem Altsächsischen nicht nur die Umlaute ä
(geschrieben e oder a) und ä (geschrieben e oder a, vgl. dazu z. B. Behaghel
in Paul's Grundriss I 563 und Roediger im Anz. f. dt. Alt. 1894 S. 238 f.)
sondern auch ü, ö und ü zuzuerkennen haben. Diese Ansicht wäre zulässig,
auch wenn es an jeder ausdrücklichen Spur eines ü oder ö im Altsächsischen
fehlte. An solchen Spuren aber fehlt es tatsächlich nicht. Ich habe hierbei
Schreibungen wie die von i statt u, oder e statt o im Auge, auf die man
gelegentlich schon hingewiesen hat (vgl. Gallée, Altsächs. Gramm. § 33 Anm. 2,
§ 39 Anm. 2; Schlüter im Jahrb. f. ndd. Sprachf. Bd. 17 S. 153), die aber
in ihrer Bedeutung für unsere Frage noch nicht hinreichend gewürdigt sind.
Jene Schreibungen nämlich treten nur für umgelautetes u und o ein. Die
Fälle sind: andouirdi Hel. 4040 (Cott.) = ags. andwyrde; drihtnes ebd. 264
(Cott.) = ags. dryhten; firiston ebd. 4874 (Cott.) = ags. fyrstan; gifrimid ebd.
43 (Cott.) (partic.), vgl. mhd. gevrümede (subst.); githismod ebd. 5627 (Cott.),
vgl. ags. äprysman; uuirđi ebd. 835 (Cott.) und uuirthi ebd. 2625. 3936 (Cott.)
= mhd. würde.

Aus dem Umstande, dass man gewohnt war, den Laut ü mit u zu
bezeichnen, erklären sich auch die Fälle, in welchen u statt i geschrieben ist,
z. B. furin-uuere Hel. 743 (Cott.) statt firin-uuere, huldi ebd. 5049 (Cott.) statt
bildi, und baruuurdig ebd. 4597 (Cott.) statt baruuirdig. Es sind hier streng
genommen nicht die Laute u und i sondern die Laute ü und i verwechselt.
— e ist an Stelle des üblichen o geschrieben in Hel. 1364 (Mon.) betien neben
sonstigem botian = ags. bētan[2]); ebd. 1230 (Cott.) freknean von frōkan = ags.
frēcne[3]); ebd. 2489 (Cott.) temig statt tomig. Gallée bezeichnet dieses e als
„die ags. Umlautsform‟, und meint, das alts. ō erleide keinen Umlaut. Mir
scheint die Verwendung der ags. Schreibung des Umlautes vorauszusetzen, dass

---

[1]) Ich pflichte also ganz und gar der Anschauung bei, welche Wilmanns in
seiner Deutschen Grammatik Bd. I § 211 zunächst in Bezug auf das Althochdeutsche vertritt: „Die Bezeichnung des Umlautes in der Schrift bekundet nicht
sowohl eine Neubildung der Sprache als eine Verbesserung der Orthographie.‟

[2]) So mit Recht Gallée § 39 A. 2 in Einklang mit der Lesart buotean im
Cott.; in Heyne's Ausgabe wird für diese Stelle ein sonst nicht vorkommendes Verbum
betjan (mit kurzem o) angenommen.

[3]) Auf diesen Beleg ist allerdings nicht viel Gewicht zu legen, da frecnean
blosse Verschreibung für frocnean in Folge des ähnlich klingenden fecnean sein
könnte; der Mon. hat tatsächlich fegnien.

*auch die betr. altsächsischen Wörter umgelauteten Vokal hatten. So wird man auch die Schreibungen* stroidūn *(Cott.) und* streidūn *(Mon.) Hel. 3674 (vgl. Gallée § 46) beurteilen müssen. Gemeint ist* strŭidūn *oder* strŭüidūn. *Die Schreibungen des Cott. und Mon. verhalten sich zu einander wie* froude *und* freude *mittelhochdeutscher Handschriften.¹) — Der Umlaut des langen u ist i geschrieben in Hel. 2353 (Cott.)* ûsid, *vgl. ags.* fysan; *weniger Gewicht ist auf die Schreibung* ui *in ebd. 1723 (Cott.)* euiliuuat *(gegenüber* euliad *im Mon.) zu legen, da diese Schreibung auch sonst fehlerhaft zu sein scheint.*

Vom Standpunkte der neuhochdeutschen Rechtschreibung aus mag es naheliegend scheinen, die Umlaute der Vokale a o u mit ä ö ü zu bezeichnen. Aber man vergesse nicht, dass diese Bezeichnung des Umlautes zur Zeit der Aufzeichnung des Heliands noch nicht üblich war, und dass sie auch heute noch sich auf Deutschland und diejenigen Länder beschränkt, welche von der deutschen Schrift beeinflusst sind. Im Französischen schreibt man noch heute das ü einfach mit u und behilft sich lieber für den Laut u mit der Vokalgruppe ou. Im Englischen drückt das u eine Reihe von Lauten aus, die weiter von einander abstehen, als der Umlaut von seinem Grundvokale (vgl. engl. 1) put, push, sugar, 2) but, dust, 3) further, burn, 4) tune, pure u. s. w.). Auch haben ja die Schreiber des Heliand wol nicht beabsichtigt, den Grammatikern des 19. Jahrhunderts eine korrekte phonetische Umschrift ihrer Sprache zu hinterlassen; es genügte für ihre Zwecke, das Altsächsische mit Hülfe des lateinischen Alphabetes so aufzuzeichnen, dass sie selbst, und wer sonst der altsächsischen Sprache und der lateinischen Schrift kundig war, es lesen konnten.

## § 11—13. Der waldeckische Vokalismus.

### § 11. I. Die alten Kürzen.

Die altsächsischen kurzen Vokale sind im Waldeckischen in der Regel in geschlossenen Silben (ausser vor folgendem r) bewahrt. Mit diesen alten Kürzen fallen ihrem Klange nach diejenigen kurzen Vokale zusammen, welche durch Verkürzung alter langer Vokale und Diphthonge entstehen. Diese beiden Klassen von kurzen Vokalen werden hier zusammen behandelt; sie bleiben getrennt von den geschlossenen Kürzen 1, ū, ū, die stets auf Steigerung beruhen. Der Bestand an offenen Kürzen ist im wesentlichen derselbe, wie wir ihn im vorigen Paragraphen für das Mittelwestfälische angenommen haben. Ueber die einzelnen Vokale ist folgendes zu bemerken.

**a.**

Wald. a entspricht altem kurzen a, z. B. in naht *Nacht*, fahte *leise*, dat *das*, wat *was*, fast *fest*, af *ab*, draf *darf* (Infin. dröw·n), kalf *Kalb*, half *halb*, hab·n *hängen*, gank (*iang*), an *an*, fan *von*, wan *wann, wenn*, granf·n *weinen*, ähamp·r *schlimm* (= mndd. schamper). — äpas *Spass* (= ital. spasso) hat kurzes a.

a bleibt auch erhalten vor den Lautgruppen ld und lt, wo es in den nördlichen ndd. Mundarten meist in o oder ö übergeht: bal· *bald*, hal·n *halten*, alt *alt* (fem. al· z. B. d· al· frug·; dagegen heisst nhd. 'alle' im Wald. ol·),

---

¹) Die Herausgeber mittelhochdeutscher Texte schreiben frŏude (oder vrŏude). Streng genommen müsste man aber frŏüde (und öügelîn, rŏüber u. s. w.) schreiben, denn der Umlaut erstreckte sich offenbar nicht nur auf den ersten, sondern auch auf den zweiten Bestandteil des Diphthongs.

**kalt** *kalt (fem.* **kal·**), *falt Sal:. Dazu* **walm·** *Gemeindeweide aus* **wald·m·**
(= *mndd.* woldemeine).

*Langes* a *ist — wie überall im heutigen Nild. und Hochdeutschen —
vor folgendem* h *zu* a *verkürzt in* braht·, ·braht *(prt. u. ptc. zu* brewn *bringen),*
daht·, ·daht *(prt. u. ptc. zu* dewk·n *denken),* daht *Docht,* faht· *leise. Dem
Walderkischen eigentümlich ist das kurze* a *in* falh *(fem.* falg·) *selig.*

*Die Lautgruppe* aq· *in* Klaqs *Klaus geht auf* äj· *(Kläj·s = Nicolaius)
zurück.*

*In* nah *'noch' ist* a *aus* o *hervorgegangen.*

**e.**

*Wald.* e *entspricht altem* e *und dient vorzugsweise als i-Umlaut des* a,
*z. B.* dek·l *Deckel,* wek·n *wecken,* fet·n *setzen,* wed· *Wette,* bed· *Bett,* fed·r
*Vetter,* fles·n *flächsen,* rew· *Rabbi,* el·rn *Eltern,* hel· *Hölle,* helt *hält (zu* hal·n),
felt *fällt (zu* fal·n), *·rtel·n erzählen,* ew· *Ende,* ew·l *Engel,* few·t *(3. sg. zu*
faw·n) *fängt,* hew·t *(zu* haw·n) *hängt,* brew·n *(aus* brangjan) *bringen,* mew·n *mischen,*
wew·n *wenden,* dewk·n *denken,* mewsk· *Mensch. Hierher gehört auch wol*
lesk·n *löschen.*

*Dagegen steht* e *für die sog. Brechung des* i *z. B. in* kel·r *Keller,* welt
*Welt,* nest *Nest.*

*Mehrfach beruht* e *auf Verkürzung des Diphthongs, der sonst im Wald.*
ei *(dialektisch auch* ai) *lautet, z. B.* ext *echt,* led·r *Leiter,* en *ein,* entsl·n
*einzeln,* ken *kein,* Hendr·k *Heinrich,* elw·n· *elf,* let *leitet und ·let geleitet (von*
leid·n), klet *kleidet und ·klet gekleidet (von* kleid·n), ment *meinte und ·ment
gemeint (von* mein·n). *Hierher gehört auch* ej·r· *(plur. von* ei) *Eier.*

*Zu dem Inf.* meid·n *mieten lautet das Prät.* met *und das Partic. ·met.*
*Aus* ë (= *alts.* io) *ist* e *verkürzt in* lext *Licht,* fewk *fing, pl.* few·n *(zu*
faw·n).

**ü.**

*Wald.* ü *entspricht ebenfalls altem* e. *Es steht zunächst regelmässig
dem mittelhochd.* ë *zur Seite, vertritt also die alte "Brechung" des* i, *z. B. in*
špäk *Speck,* räxt *recht,* šläxt *schlecht,* füs· *sechs,* wäs·l *Wechsel,* fäst *fest,* wäst·n
*Westen,* ŝwäst·r *Schwester,* häl· *hell,* fäl *Fell,* mäl·n *mehlen,* mälk *milch (adj.),*
fülg· *Radfelge,* fält *fell,* gält *Geld. Hierher gehören ferner die Worte* äf
(= *alts.* ef) *ob und* äw·r *aber·), die sich in ihrem Vokalismus mit den entsprechenden nhd. Wörtern nicht decken.*

*Daneben dient* ä, *wie* e, *als i-Umlaut des* a, *z. B. in* mäs *Messer,* gäst·
*(pl. von* gast) *Gäste,* bäst· *beste,* t· läst *zuletzt,* läp·k·n *Läppchen,* häl·r *Heller,*
kälw·k·n *Kälbchen,* Däw·l *Daniel,* dän· *Tanne (= ndl.* den), läm·k·n *Lämmchen.*

*Das aus* ä *verkürzte* a *ist zu* ä *umgelautet in* bräxt· *brächte,* däxt· *dächte.*

*Die Lautgruppe* äj *vor folgendem Vokal steht an Stelle von älterem* äj
(= *alts.* äi): bäj·n *bähen,* mäj·n *mähen,* mäj·r *Mäher, Maier,* näj·n *nähen,
fäj·n säen,* wäj·n *rechen,* dräj·n *drehen,* kräj· *Krähe. Dieses* äj *ist zunächst
wol auf* eij *oder* äij *zurückzuführen, wie* oq *vor Vokal aus* ouw *oder* auw
*entsteht (s. unter* o). *Im Nordsächsischen entspricht diesem* äj *jetzt der
Diphthong* ai.

*In* ät·r *Eiter (mndd.* etter) *und* wän·h *wenig liegt dem* ä *der Diphthong*
ei *(urspr.* ai) *zu Grunde.*

*Anm. 1. Angesichts der Tatsache, dass z. B. dem mhd.* hël *'hell' wald.*
häl·, *dem mhd.* helle *'Hölle' wald.* hel· *entspricht, möchte man annehmen, dass*

---

·) *Vgl. üb. d. Herkunft des Wortes* äw·r *W. Horn, P.-B. Beitr. 25 (1899)
S. 404 f.*

e als Brechung zu k, dagegen als Umlaut zu e geworden ist. Allerdings widerspricht dem gleich das Wort hälr 'Heller' = mhd. hęlr; aber es fällt, als Lehnwort, weniger ins Gewicht. Der Regel, dass wald. e lautgesetzlich nur dem alten Umlauts-e, nicht der alten Brechung entspricht, würde sich immerhin die Mehrzahl der vorhandenen e fügen.

In Wörtern wie welt, kelr, nest müsste man das e dann wol auf Rechnung des Hochdeutschen setzen. Diese Annahme wird freilich, so viel ich sehe, sonst durch keinerlei Gründe unterstützt, aber man wird nicht behaupten dürfen, dass sie unmöglich sei, und könnte sie vielleicht einstweilen gelten lassen.

Dagegen lässt sich das wald. k nicht ausschliesslich an das alte Brechungs-e anknüpfen. Das wald. k ist als Umlaut des a in so vielen Füllen bezeugt, dass hier von einer nur ausnahmsweisen Vertretung nicht die Rede sein kann. Will man also daran festhalten, dass die Scheidung zwischen e und k im Waldeckischen mit der zwischen altem Umlaut und alter Brechung zusammenhänge, so wird man sich zu der Annahme verstehen müssen, dass in zahlreichen Füllen das zu erwartende e ohne erkennbaren Anlass in k übergegangen ist.

Man berücksichtige hierbei noch Folgendes.

Erstens. In den westfälischen Mundarten, deren Vokalismus im ganzen dem waldeckischen parallel geht, ist das Umlauts-e mit der Brechung e zusammengefallen. Vgl. Holthausen, D. Soester Mundart, §§ 47. 51.

Zweitens. Als Steigerungen entsprechen den Vokalen e und k die Laute k und ir. Da der Unterschied zwischen Umlaut und Brechung älter ist, als der zwischen kurzen Vokalen und Steigerungen, so erwartet man, dass Umlaut und Brechung bei den gesteigerten Vokalen ebenso behandelt sind, wie bei den alten Kürzen. Bei den Steigerungen nun liegt die Sache so, dass sich die Ursache des Unterschiedes zwischen k und ir einstweilen unserer Kenntnis entzieht; aber die alte Verschiedenheit von Brechung und Umlaut bleibt dabei allem Anscheine nach ausser Spiel. Vgl. unten S. 43* u. 48* ff.

Drittens. Dass sich die beiden Vokale e und k in den Umlaut des alten a teilen, ist an sich nicht auffälliger, als die allgemein anerkannte Tatsache, dass sich heute die Vokale ö und ü in den Umlaut des alten u teilen. Der Theorie nach sollte der Umlaut zu o stets ü lauten, da ja u regelrecht zwar vor folgendem a, nicht aber vor folgendem i, zu o wird. Wenn es richtig ist, dass dem o zu Liebe das ü vielfach zu ö geworden ist, so wäre principiell nichts gegen die Annahme einzuwenden, dass dem a zu Liebe der Umlaut e vielfach durch k ersetzt sei. Ob die Sache wirklich so liegt, möchte ich dahin gestellt sein lassen.

ᵉ.

Der Vokal ᵉ findet sich nur in unbetonten Silben.

Er steht zunächst in der Regel da, wo das Hochdeutsche in Vorsilben oder Endsilben unbetontes e hat, z. B. in den Präfixen bᵉ, gᵉ, fᵉr, ᵉr, ᵉnt, und in den Endungen ᵉ, ᵉr, ᵉl, ᵉn.

Weiter aber begegnet ᵉ in Endungen und unbetonten Silben vielfach, wo das Hochdeutsche die älteren vollen Vokale bewahrt. So steht der hochd. Endung ig wald. ᵉg (Nom. ᵉh) gegenüber, z. B. flⁱtⁱh (flektiert flⁱtⁱgᵉr) fleissig, âwᵉlfᵉh (mnd. awisich) eigensinnig, bᵉütᵉwänᵉh auswendig, wⁱtlöftᵉh weitläufig. Hochd. lich ist wald. lⁱk, z. B. ärlⁱk ehrlich, gäntslⁱk gänzlich, gᵉfêrlⁱk gefährlich. Hochd. ich = wald. ᵉk, z. B. estrᵉk Estrich. Hochd. isch = wald. ᵉsk, z. B. balstⁱårᵉsk widerspenstig, oder einfach sk ᵉr B katolsk katholisch.

38*

*Die Wörter für Fuss und Schuh sind im Ndd. schon in alter Zeit im zweiten Teile von Zusammensetzungen zu vt (aus fet) und sk· verkürzt; daher wahl. barw·s (= mndd. barvot·s) barfuss, hansk· Handschuh, holsk· Holzschuh.*

*Jüngeren Datums scheint die Kürzung in anf·r·n antworten, år·n (aus åh·rn) Ahorn, för·l statt fördeil (wie nhd. Viertel), br·üm· Bräutigam (= altn. brüdigumo), nåw·r Nachbar, něm·s niemand, hamf·l· Handvoll, mumf·l·n in kleinen Brocken (eigentl. 'mundvoll') essen, ki·sp·l Kirchspiel, ki·sp·r (aus ki·rebår·) Kirsche, walm· Gemeinderasen (= mndd. woldemeine).*

*Wie in -sk· neben khou, -sp·l neben spll u. ä., so hat sich auch sonst in Stammsilben neben der Form mit -· die Form mit vollem Vokal erhalten. Dies gilt vorzugsweise von Pronominalformen und Partikeln. So begegnen beim Pronomen der 1. Person die Doppelformen ·k, m·, m·k, w· und ik (ik), m·i, mik (mik), m·i; beim Pronomen der 2. Person d· (nach t einfach ·, z. B. hi·st·, wit·, dat·), d·k, j· neben d·ü, dik, j·i; beim Pronomen der 3. Person h·, f·, ·t, ·m, ·n, ·r neben hei, fei, i·t, i·m·, i·n, i·r. Beim Artikel und Demonstrativpronomen d· neben dei, d·t (oder ·t) neben dat, d·m (oder ·m) neben di·m, den (oder ·u) neben di·n. Ferner z. B. m· neben man, ·n neben ein, t· neben tou, ·n neben un, f·r (z. B. f·raf vorab) neben für.*

*Der Dialekt macht sich Fremdwörter dadurch mundgerecht, dass er unbetonte Vokale in · verwandelt. Die Fremdwörter erhalten auf diese Weise den Vokalismus deutscher einfacher Wörter oder deutscher Zusammensetzungen. Z. B. at·kěren attakieren, bast·rt Bastard, dik·ton· Dukaten (mit volksetym. Umdeutung), kum·děren kommandieren, t·bak Taback; äks·jōn· Auktion, äst·měr·n estimieren, mäj·ts·tu Medizin, mu·kant· Musikant, ru··nör·n ruinieren; uf·kåt· Advokat, aw·teik· Apotheke, fij·t·lu· Violine, fij·let violet, hiw·těk· Hypothek, p·rtskå· Prozess, p·rwěr·n probieren; dåt·u Datum, houk·spouk·s Hokuspokus, p·tälj· Bouteille.*

*Dasselbe gilt von fremden Eigennamen, z. B. Aw·m·rij· Anna Maria, Aw·rbam Abraham, Bårt·lmei Bartholomäi, Jåp·k Jakob, Jēf·s Jesus, Jol·r·n Joachim, Kärl Karl, L·tf·bet Elisabet, Mi·rt·n Martin, Mr·ik·tr·in· Maria Katharina, Tiȥ·s (oder Tij·s) Matthias, R·ik·s Henricus.*

*Alter Vokal ist in Endungen oft als · bewahrt, wo er im Hochdeutschen und in den nördlichen ndd. Mundarten abgefallen ist, z. B. åd·r· Ader, ör· q·l· Orgel; mensk· Mensch, hän· Hahn, bi·rt· Herz; nlm·st nimmst, nlm·t nimmt, lt·t isst, f·öp·t säuft; nå·q·st nächst; shåp·skop Dummkopf, wulw·smilk Wolfsmilch; i·m· ihm, im· (aus in d·m·) in dem; hln· hin, mld· mit, üm· um, of· als, bal· bald; nij· neu, r·ik· reich, r·ip· reif, fou·t· süss, wou·st· wüst; man·h, fem. man·q·, manch. — Das hochd. Deminutivsuffix chen lautet ·k·n, z. B. män·k·n Männchen, fät·k·n Fässchen, khåp·k·n Schäfchen. Hochd. -ei ist wald ij·, z. B. fri·rij· das Heiraten. mäj·rij· Maierei, kwi·l·rij· Quälerei, man·q·rlij· mancherlei. Die Endungen hochd. eln und ern lauten ·l·n, ·r·n, z. B. drüp·l·n tröpfeln, el·r·n Eltern, hölt·r·n hölzern. In der Kompositionsfuge ist alter Vokal als · erhalten z. B. in bak·h·üs Backhaus, dants·plats Tanzplatz, dog·wid·r Tauwetter, flits·ba·q·n Flitzbogen, f·üst·dik· faustdick, puts·stein feiner Schleifstein, ktop·nåt·l· Stopfnadel, wask·ku·rf Waschkorb. Vgl. d·üm·lisk Däumling.*

*Bemerkenswert ist das auf altem vollen Vokal beruhende · ferner in Substantiven wie ak·s Axt, aw·t Amt, an·bout· Amboss[1]), aurst Angst, äw·gunst Abgunst (= mhd. abegunst), fåy·t Vogt, hlm·t Hemd, kri·w·t Krebs, måy·t Magd, märk·t Markt, mün·k Mönch, fam·t Sammt, wam·s Wams.*

---

[1]) *Das o in mnd. anebot wird demnach als langer Vokal zu gelten haben.*

*Freilich setzt das • nicht immer älteren Vollvokal voraus. Es ist zuweilen aus dem Stimmtone von Liquiden entwickelt, besonders in Endungen mit rn, z. B. ·ĭ⸱rn eisern (= mnd. isern). Jedoch reicht es auch hier zum Teil in ziemlich alte Zeit zurück. In Wörtern wie kå⸱rn Korn, tå⸱rn Turm kennt schon das Mittelniederdeutsche neben korn, torn die Formen koren, toren, und ferner korne, torne. Im Waldeckischen ist mnd. korn zu ku⸱rn geworden, mnd. koren = korne zu kå⸱rn. Aehnlich twå⸱rn Zwirn = mnd. twern, twerne. — Vor gutturaler Spirans ist • nach r entwickelt in är⸱h (Komparativ i⸱rg⸱r) arg. Selten ist • synkopiert, wo es im Hochd. erhalten ist, z. B. åm Atem, fåm Faden, ŭwåm Schwaden. Vgl. băsm• Besen, balsm• Münzkraut (= Balsam), bosm• Busen.*

*Als eine Art Nebenform des • erscheint der Vokal i in tieftoniger Silbe von Zusammensetzungen, z. B. Meŭ⸱rkif⸱u Mengeringhausen, Dĕrn⸱kif⸱n Deringhausen, Il⸱ün⸱kif⸱n Hünighausen (neben Beok·f⸱n Benkhausen, Dĕf⸱n Dehausen). Aehnlich ist vielleicht das i in entlits⸱h 'einzeln' zu erklären.*

**o.**

*Wald. o entspricht altem o, z. B. in ok·r und ok·s nur (= mnd. ock·rs), ŭtok Stock, roq·u Roggen, loh Loch, froh⸱t• Furcht (alts. forhta), od·r oder, fos Fuchs, kop Kopf, top Zopf, hoq·n Hopfen, droft• durfte (alts. thorfta), holt Holz. In ol· alle, sowie of• (aus olf· = mnd. alse) als, olts immerfort (= mnd. altes) geht o auf a zurück.*

*Auf Kürzung des Diphthongs ou beruht das o in Fällen wie foh⸱t• suchte (zu foůk·u), gⁿoh genug, ·flot geflossen (zu floůt·u), ·hut gehütet (zu hoůd·n), ·utmot begegnet (zu ·ntmoůt·n), mot muss, wos wuchs und ·wos·n gewachsen (zu was·n), wosk wusch und ·wosk·n gewaschen (zu wask·n), bosm• Busen.*

*Als Kürzung des Diphthongs au dient o z. B. in hoh⸱t·tt Hochzeit, koft• kaufte und ·koft gekauft (zu kaip·n), doft• taufte und ·doft getauft (zu daip·n), gloft• glaubte und ·gloft geglaubt (zu glaiw·n). ŭtot stiess und ·ŭtot gestossen (zu ŭtaut·n).*

*Die Lautgruppe oq vertritt älteres auw vor folgendem Vokal in Fällen wie doq• (engl. dew) Tau, droq·n drohen, froq·u freuen, hoq·n hauen, koq·n kauen, moq• Aermel, f·k moq·n bereuen, gⁿoq• genau, ŭtroq·n streuen.*

**ö.**

*Wald. ö dient, wie ö im Mhd. und in den nördlichen ndd. Dialekten, als Umlaut des o, z. B. ŭtök• Stöcke, löχ·r• Löcher, fröχt·n fürchten, fö· Füchse, köst·r Küster (mnd. kost·r d. i. köst·r), köpek·n 'Köpfchen' d. i. Oberlasse, töp·k·n Zöpfchen, dröw·n dürfen, höll·r·n hölzern.*

*Aus oü, dem Umlaute des ou, ist es verkürzt in möst• (prt. co.) müsste. wös• (desgl.) würhse, höd• (desgl.) hütete, nöχt·r·n nüchtern u. s. w.*

*Als Kürzung des Umlautes zu au, welcher heute durch ai (oder in andren Gegenden oi) vertreten wird, steht ö z. B. in höd· Höhe, höd·r (comp.) u. höd·st• (sup.) zu hau hoch¹), grö·r (comp.) u. gröt·st• (sup.) zu graut gross, döft• (prät. comp.) zu daip·n, glöft• (desgl.) zu glaiw·n, köft• (desgl.) zu kaip·n, ŭtöst, ŭtöt (2. u. 3. sg.) zu ŭtaut·n stossen, löft• Geläufigkeit, w·ĭtlöft·h weitläufig zu laup·n. Vgl. gös·l·n Gänschen neben gaus.*

---

¹) Nach dem Muster dieser Formen sind wol zu ŭwår 'schwer' die auffälligen Komparationsformen ŭwöd·r und ŭwöd·st• gebildet. Uebrigens wird auch in höd·r und höd·st• das d auf Analogiebildung (etwa nach w·ĭd·r weiter?) beruhen: man erwartete ⁎höj·n, ⁎höj·st .

*Die Lautgruppe* öj (*oder, mit geringer Verschiebung der Aussprache,* öŋ) *steht für älteres* öj (*bezw.* öŋj) *oder* ö (*bezw.* oö) *vor Vokalen. Z. B.* blöj·n (*oder* blöŋ·n) *blühen,* bröj· *Brühe,* küj· *Kühe* (*plur.* zu koŋ), möj· *Mühe,* möj·rl·k *bekümmert,* genöj· *Genüge,* šhröj·l·n *sengen* (zu mnd. scroien). *Für e* (*als Kürzung von* ei) *ist* ö *eingetreten in* öm·r *Eimer.*

*Anm. 2. Es wurde schon oben* (*S. 37\**) *bei Gelegenheit des* ů *bemerkt, dass als Umlaut des* o *nicht* ö *sondern* ů *zu erwarten wäre. Tatsächlich aber dient* ö *im Ndd. wie im Hochd. in der Regel als Umlaut zu* o. *Nur ausnahmsweise ist* ů *im Wald. an Stelle des* ö *oder neben* ö *noch erhalten, z. B. in* růj·n- *Roggen-* (růj·nmål *u. s. w.*) *zu* roŋ·n, dröp·l·n *tröpfeln neben* dröp·k·n *Tröpfchen,* gůl·n *golden zu* golt. *Dies gilt natürlich nur von einfachem, nicht von dem aus Diphthongen verkürzten* ö.

## i.

*Wald.* i *entspricht meist älterem* i, z. B. bid· *Bitte,* mid· *Mitte,* wis· *fest,* fisk *Fisch,* frist *First,* gist·rn *gestern* (got. gistra-)[1]), klip· *Fels,* riw· *Rippe,* wil· *Wille,* wilt *wild,* hilp·n *helfen,* kint (*pl.* kin·r) *Kind,* wint *Wind,* hin·r *hinter,* bi·n *binden,* štim· *Stimme.*

*Das* i *in* hilp·n *entspricht streng genommen nicht dem nhd.* e *in* helfen, *sondern dem* i *in* hilfst, hilft. *Ebenso* milk·n *melken neben* mälk *melk.*

*Langes* i *ist zu* i *verkürzt in Fällen wie* bixt· *Beichte,* dixt· *dicht,* lixt· *leicht,* bit *beisst* (zu b·it·n), lit *leidet* (zu l·id·n), wit *weiss* (engl. white), lilj· *Lilie* (*lat.* lîlia), lin·n *Leinen. Fast in allen diesen Wörtern ist übrigens der kurze Vokal jetzt allgemein niederdeutsch.*

*Für* î *vor Vokalen tritt* ij *ein, z. B.* dij·n *gedeihen,* frij·n *freien,* Mrij· *Marie,* nij· *neu,* šij·n *seihen,* šnij·n *schneien,* špij·n *speien,* šhrij·n *schreien. Der hochd. Endung* ei *entspricht wald.* ij·, *vgl. ob. S. 38\**.

*Anm. 3. Statt* ij· *findet sich gelegentlich die Aussprache* iŋ·.

## u.

*Wald.* u *entspricht meist altem* u, z. B. uht·n *Zehntabgabe,* luht *link,* up *auf,* haft *Hüfte,* luft *Luft,* dul *toll,* ful *voll,* šhul·r· *Schulter,* wul· *Wolle,* wulf *Wolf,* un·r *unter,* un *und,* und·rt·lt *Zeit der Mittagsruhe,* uul· *unser,* fuu· *Sonne,* krum *krumm,* bump·l·n *hinken,* kump·s (= mnd. kumpest) *Kopfkohl,* lum·r *Lendenbraten* (= mnd. lommel).

*An Stelle von* o *steht* u *in dem Lehnworte* unk·l *Onkel.*

*In* fufts·h *50 wird es — wie* ts — *auf Entlehnung beruhen.*

*Verkürzung aus langem* u *liegt vor z. B. in* lust·r·n *lauschen* (mnd. lûst·r·n), lut *läutete,* ·lut *geläutet* (zu l·üd·n), ·tut *geblasen* (zu t·üt·n).

*Vor folgendem Vokal tritt* uŋ *(aus* uw) *für* ů *ein:* buŋ·n *bauen,* bruŋ·n *brauen,* fruŋ· *Frau,* gruŋ·l·n *grauen,* juŋ· *euer,* kluŋ·n *Knäuel,* ruŋ· *Ruhe,* fuŋ· *Sau,* šhuŋ·n *scheuen,* wäršhuŋ·n *warnen* (mnd. warschuwen), truŋ·n *trauen.*

## ů.

*Wald.* ů *dient als Umlaut des kurzen* u *und entspricht in dieser Rolle dem* mhd. ü *und dem* ů *der nördlichen* ndd. *Dialekte. Z. B.* štük· *Stück,* düxt·h *tüchtig,* brüj· *Brücke,* můj· *Mücke,* růŋ· *(oder* růj·) *Rücken,* růj·n- *Roggen-,* lůt·k *klein,* hüp·n *hüpfen,* knüp·l *Knittel,* drüp·k·n *Tröpfchen,* fůl *Schwelle,* wůl·n *wollen,* šhül·h *schuldig,* wülw· (*pl.*) *Wölfe,* hülp· *Hülfe,* hüŋ·k·n *Hündchen,* dün· *dünn,* ům· *um.*

---

[1]) *Mnd.* gisteren, gisterne *belegt* Tümpel, Ndd. Studien *S. 17 f. mit mehreren Beispielen.*

**41\***

*Nicht ganz klar ist die Herkunft des ü in den Formen dût dieser, diese, und dût dieses (nebst dündäl̦ heute), die das Waldeckische mit den heutigen ndd. Dialekten und dem Mnd. teilt.*

*Auf Verkürzung aus langem û beruht das ü in lüχt Leuchte, lüχt-n leuchten, frûnt Freund, jüm-r immer, tût bläst (zu t-üt-n), b-dût bedeutet (zu b-d-ûd-n), lût läutet (zu l-ûd-n) u. ä.*

*Vor Vokalen tritt ûj oder üq für û (= heutigem -û) ein, und zwar sowohl für dasjenige û, welches den alten Diphthong in vertritt, z. B. trüj-treu, Treue, wie für den Umlaut des alten ü, z. B. g-bûj- Gebäude, q-šḫüj-l- Scheuche, šḫüj-l-ḫ wie eine Vogelscheuche aussehend.*

*Anm. 4. Wie statt ij auch iq und statt ôj auch ôq gesprochen wird (vgl. ob. S. 40\*), findet sich für ûj gelegentlich die Aussprache ûq.*

**§ 12. II. Die Steigerungen.**

*In ursprünglich offener Silbe und vor folgendem r erlitten die alten kurzen Vokale — wenn sie betont waren — eine Veränderung, die wir als Steigerung bezeichnen. Durch diese Steigerung wurden im Waldeckischen*

*1) a und ä zu einfachen langen Vokalen, ā und ä,*

*2) e, o und ö zu offenen Diphthongen, i-, u- und ü-,*

*3) i, u und ü zu geschlossenen Kürzen, ī, ū und ǖ.*

*Die gesteigerten Vokale heben sich — mit wenigen Ausnahmen — in der heutigen wald. Mundart deutlich von den alten langen Vokalen und Diphthongen ab. Es fällt also z. B. das aus a gedehnte a nicht — wie im Hochdeutschen und in den nördlichen ndd. Dialekten — mit dem alten langen a (wald. ā = alts. ā = got. ē) zusammen, und man unterscheidet daher zwischen Wörtern wie mäl-n mahlen (molere) = alts. malan und mäl-u malen (pingere) = ahd. mālōn (vgl. got. mēljan); zwischen f-k wärn sich wahren (alts. warôn) und wār wahr (alts. wār); zwischen wâq-n Wagen und wâq-u wagen; zwischen šḫ̦ûp Anrichte, Gesimse (vgl. alts. skap Gefäss, gi-skap Ordnung) und šḫ̦ûp (= alts. skäp) Schaf.*

*Eine Ausnahme erleidet diese Regel insofern, als ā vor folgendem r nicht nur als gesteigerter Vokal sondern zugleich als Ersatz für den Diphthong ei gilt.[1] Von dieser Ausnahme abgesehen ist man bei jedem der genannten 8 Vokale immer sicher, dass man es mit einem ursprünglich kurzen Vokale zu tun hat, der in offener Silbe oder vor r stand. Nur muss man dabei berücksichtigen, dass die gesteigerten Vokale zuweilen zum Ersatze fremder Vokale in Lehnwörtern dienen, und dann besonders, dass in der Flexion der Wechsel zwischen gesteigerten und ungesteigerten Formen fast immer ausgeglichen ist, und zwar meist zu Gunsten der ersteren (also z. B. däl̦ Tag, statt \*dah, nach dâq-s, dâq-; q-t Gott, statt \*got, nach gu-d-s, gu-dc).*

**a) Die langen Vokale ā und ä.**

**ā.**

*Wald. ä ist in offener Silbe für a eingetreten in Wörtern wie läk-n Laken, mäk-n machen, klâq-n klagen, mâq- (f.) Magen, däl̦, dâq-, Tag, sät satt, kät-r Kater, wät-r Wasser, šḫ̦üd- Schaden, wäf- Base, häf- Hase, näf- Nase,*

---

[1] *Jedoch greifen in einigen Fällen die regelrechten Vertreter alter langer Vokale oder Diphthonge (insbesondere ā, ǟ, ē, ö, ō und ai) in das Gebiet der Steigerungen über. Vgl. die Bemerkungen zu den genannten Vokalen. Sonstige Ausnahmen beschränken sich auf einzelne Unterdialekte, z. B. ü statt i- in der Korbacher Mundart (vgl. S. 15\* u. 44\*)*

băf·l·n *blind drauf los laufen,* băf·l·h *und* f·rbăf·lt *verwirrt (zu mnd.* băseu *unsinnig reden und handeln,* băseln *kopflos handeln)[1])* ăp· *Affe,* ăwăl· *Schwalbe,* făl *Saal,* kăw·l *Kiefer, Gaumen (mndd.* kav·l)[2]), *hăw·r Hafer,* răw· *Rabe,* tău *Zahn,* hăn· *Hahn,* brăm· *Bremse (abweichend von mhd.* brĕme), *hăm·r Hammer.*

*Nur selten dient* ă *zur Wiedergabe des langen* a *in Lehnwörtern, z. B.* păp· *Pfaffe,* făw·l *Säbel. In der Regel tritt für langes* a *in Lehnwörtern* wald. ă *ein. Vgl. § 13 unter* ă.

ă *ist vor folgendem* r *aus* a *gedehnt, z. B. in* ăhăr *Pflugschar,* băr· (= *mndd.* bare) *Bär,* ătărk *stark,* ăwărt *schwarz,* wărt·l· *Warze,* hărt *hart,* ăhărp *scharf,* ărweit .*Arbeit,* nărw· *Narbe,* ăhărw·n *scherben (mndd.* scharven), ărn· *Ernte,* ărm *Arm,* wărm *warm.*

*Anm. 1. Der Unterschied zwischen langem und kurzem Vokal ist vor* r + *Konsonant bei* a *nicht so deutlich ausgeprägt wie bei i und u. Zwar wird in dieser Stellung meist langes* a *gesprochen, aber man hört zuweilen kurzes* a.

*Anm. 2.* a *wird im Wald. vor folgendem* r *in der Regel nur da zu* a *gesteigert, wo ihm in den nördl. ndd. Dialekten kurzes* a *zur Seite steht (z. B. wald.* ăwărt = *hannov.* swart). *Wo im Nordsächsischen der lange Vokal* ă *vorliegt, hat auch das Waldeckische meist* ă (z. B. ăwăr· *Schwarte* = *hannov.* swă'r). *Vgl. § 13 unter* ă.

## 3.

*Den kurzen Vokalen* ă *und* e *stehen als Steigerungen die beiden Vokale* ă *und* i· *zur Seite. Beide Steigerungen haben in sprachgeschichtlicher Hinsicht anscheinend ein und dieselbe Funktion, wenigstens dienen beide als Steigerungen sowohl des i-Umlautes zu* a *als der Brechung des alten i. Der phonetischen Beschaffenheit nach wird man* ă *als Steigerung von* ă *und* i· *als Steigerung von* e *ansehen müssen.*

*Wald.* ă *steht in offener Silbe an Stelle eines kurzen* ę (d. h. des i-Umlautes von a) z. B. in ăy· *Egge,* drăy·u *tragen,* flăy·l *Flegel,* hăy·n *hegen,* kăy·l *Kegel,* lăy·n (pt. ·li·ht) *legen,* făy·u (pt. ·fcht) *sagen,* ălăy· *Schläge,* ŭnăy·l *Schnecke,* făt·k·n *Fässchen,* glăf·r·u *gläsern,* năsk·u *Näschen,* ăp·k·n *Aeffchen,* ăhăp·k·n *kleines Gesims,* răw·k·u *kleiner Rabe,* hăn·k·n *Hühnchen.*

*Es steht in offener Silbe an Stelle eines kurzen* ĕ (d. h. der Brechung des i) z. B. in făy·u (pt. ·fcht) *fegen,* g·lăy·n *gelegen,* plăy·n *pflegen,* wăy·n *wegen,* brăt, pl. brăd·r, *Brett,* frăd· *Frieden,* băd·n (pt. ·bi·t) *beten,* lăf·n (pt. ·li·st) *lesen,* wăf·n *Wesen,* ăw·n *eben,* năw·n *neben.*

*In einzelnen Fällen bleibt zweifelhaft, ob* ę *oder* ĕ *zu Grunde liegt, z. B.* b·wăy·u *bewegen,* f·k răy·n *sich regen.*

ă *vertritt vor* r *älteres* ę *z. B. in* ăr· *Achre,* băr· *Beere (alt. ·bęri,* got. basi), kăr·l *Kerl,* năr·u *nähren,* ăs *aus* *ărs = *mnd.* ers (*Nebf. zu* ars), f·k wăr·u *sich wehren,* f·k ăhăr·u *sich scheren,* ăwăr·u *schwören.*

---

[1]) *Mit mnd.* baseln, wald. băf·l·n *deckt sich nhd.* faseln. *Daneben im Nhd. dialektisch auch* baseln, baselig. *Das nhd. Wort wird aus dem Niederdeutschen stammen; anl.* f *statt* b *wie in* Fibel (aus Bibel).

[2]) *Das* ă *in* wald. kăw·l *lehrt, dass altsächs.* kafl (*undar them* kaflon *Hel.* 3201. 3313) *kurzes* a *hatte; wäre das a lang, wie Kluge (Etymol. Wtb. s. v.* kiefer) *annimmt, so wäre dafür ein im Waldeckischen* ă *zu erwarten. Dem altsächs.* kafl *entspricht* ags. ceafl, *das man in der Regel (Grein, Bosworth-Toller, Hall) mit kurzem Vokal ansetzt, während Kluge und Sweet* ēā *schreiben. Mein Kollege James D. Bruce macht mich darauf aufmerksam, dass das heutige* chavel (s. Wright's Dialect Dictionary) *auf älteren kurzen Vokal weist.*

*Es vertritt in derselben Stellung älteres ë (oder auch i) z. B. in* ûr
*Erde,* ûrⁿ *irden,* ûrnst *Ernst,* bûr *Birne (mnd.* bere, *mhd.* bir) *gärnᵉ gerne,*
bûr *her,* bärt *Herd,* ŝmûr *Schmeer,* ŝmûrⁿ *schmieren,* ŝtûrⁿ *Stern,* ŝtûrt *Schwanz,*
twûrⁿ *Zwirn (mnd.* twern, *mhd.* Zwirn), wûrⁿ *werden (3. sg.* wûrt = *wird),*
wûrt *wert.*

*Anm. 3. Ueber* û *in* lûrⁿ, bûr *u. s. w. vgl. § 13 unter ei.*

### b) die fallenden Diphthonge iᵉ, uᵉ, üᵇ.

### iᵉ.

*Wald.* iᵉ *teilt sich mit* û *in die Vertretung der beiden alten e-Laute,*
*wo diese in offener Silbe oder vor r standen.*

iᵉ *steht in offener Silbe als Steigerung des Umlauts-e z. B. in* hiᵉkᵉlᵉ
*Hechel,* kiᵉtᵉl *Kessel,* biᵉfᵉlbusk *Haselstrauch,* biᵉtᵉr *besser,* ŝĥiᵉdlᵉk *schlecht*
(= *nhd.* schädlich, *mnd.* schedelek), hiᵉst *hast,* hiᵉt *hat (:u* hawⁿn), liᵉpᵉl *Löffel,*
iᵉlᵉ *Elle,* twiᵉlwᵉ (= twiᵉlwᵉ, *vgl. S. 48*) *zwölf,* tiᵉnᵉ *Zähne (pl.* :u tän),
wiᵉnᵉn *gewöhnen (mnd.* wenen).

*Es steht in offener Silbe als Steigerung des Brechungs-e z. B. in*
ŝtiᵉkᵉn *stechen,* wiᵉkᵉ *Woche,* riᵉgᵉn *Regen,* ŝiᵉgⁿn *Segen,* wiᵉh. *pl.* wiᵉgⁿ, *Weg.*
ŝtiᵉh *Steg,* iᵉtᵉn *essen,* miᵉtⁿn *messen,* liᵉdᵉh *ledig, leer,* liᵉdᵉr *Leder,* fiᵉdᵉr *Feder,*
piᵉpᵉr *Pfeffer,* liᵉwⁿn *leben,* liᵉwⁿh *lebendig,* liᵉwᵉr *Leber,* giᵉl *gelb,* iᵉmᵉ *ihm*
(:u hei), niᵉmⁿn *nehmen.*

iᵉ *dient als Steigerung des Umlauts-e vor r z. B. in* miᵉrkⁿn *merken,*
iᵉrgⁿrⁿn *ärgern,* hiᵉrbiᵉrgᵉ *Herberge,* iᵉrwᵉ *Erbe,* iᵉrwᵉtᵉ *Erbse,* hiᵉrwⁿst *Herbst,*
iᵉrlᵉ *Erle,* Hiᵉrmⁿn *Hermann,* liᵉrm *Lärm,* ŝwiᵉrmⁿn *schwärmen.*

*Es dient in gleicher Stellung als Steigerung des Brechungs-e (oder auch*
*des Vokals i) z. B. in* iᵉr *ihr,* iᵉr *ihre,* wiᵉrk *Werk,* biᵉrkᵉ *Birke,* biᵉrh *Wald*
(= *Berg),* twiᵉrh *Zwerg,* hiᵉrtᵉ *Herz,* ŝmiᵉrtⁿn *schmerzen,* piᵉrlᵉ *Perle,* ŝtiᵉrwⁿn
*sterben,* kiᵉrn *pl.* kiᵉrnᵉ *Kern, Korn. Hierher gehören auch (mit nachträglich*
*ausgestossenem r)* twiᵉs *quer,* fiᵉrsᵉ *Ferse,* kiᵉrsᵉ *Kresse,* diᵉskⁿn *dreschen,* biᵉstⁿn
*bersten,* giᵉstᵉ *Gerste,* kiᵉrspᵉr *Kirsche,* kiᵉrspᵉl *Kirchspiel.*

*Anm. 4. Die Erklärung des Unterschiedes zwischen* û *und* iᵉ *stösst*
*bei der Steigerung in offener Silbe auf ähnliche Schwierigkeiten, wie sie uns*
*bei den entsprechenden kurzen Vokalen* ä *und* e *begegneten. Hält man z. B.*
wiᵉgᵉ *Wege und* wûgⁿ *wegen neben einander, oder* lûgⁿ *legen,* gᵉlûgⁿ *gelegen*
*und* ᵉliᵉht *(aus* *liᵉgᵉt) gelegt, oder* ŝûgⁿ *sagen und* ᵉŝiᵉht *(aus* *ᵉŝiᵉgᵉt) gesagt,*
*so gewinnt man den Eindruck, dass beide unter gleichen lautlichen Bedingungen*
*an Stelle ein und desselben Vokals stehen. Es bliebe dann nur die Annahme*
*regelloser Dialektmischung übrig. Zu dieser Annahme aber entschliesst man*
*sich ungerne, und es ist zu hoffen, dass es künftiger Untersuchung noch*
*gelingen wird, in der in Frage stehenden Lautvertretung eine ratio nach-*
*zuweisen. Tatsächlich liegen ja z. B. in* ŝûgⁿ *und* ᵉŝiᵉht *nicht genau dieselben*
*lautlichen Bedingungen vor, indem das* û *hier in offener Silbe, das* iᵉ *in*
*geschlossener (wenn auch ursprünglich ebenfalls offener) Silbe steht. Wie in*
*westfälischen Mundarten eine Dehnung tonlanger Vokale vor* g *und* w *vor-*
*kommt (vgl. Holthausen, u. a. O., § 99—102) so könnte hier* û *auf nach-*
*träglicher Umgestaltung des* iᵉ *beruhen. Ferner wird man mit der Möglichkeit*
*zu rechnen haben, dass verschiedene Formen innerhalb desselben Paradigmas*
*durch Ausgleichung beseitigt sind. Es wäre also z. B. möglich, dass in* wûgⁿ
*die regelrechte Entwickelung des* iᵉ *vor* g *vorliegt, das* iᵉ *in* wiᵉgᵉ *dagegen*
*durch den Nominativ* wiᵉh *beeinflusst ist. Jedoch lassen sich auf diese Weise*
*Wörter wie* riᵉgⁿn *Regen und* ŝiᵉgⁿn *Segen nicht bewältigen. — Die Vergleichung*

*der nahverwanten westfälischen Mundarten hilft in dieser Frage leider nicht viel weiter. Vgl. den Exkurs unten S. 48\*.*

*Anm. 5. Im wesentlichen klar dagegen ist das Verhältnis zwischen i· und å bei der Steigerung vor r. Zunächst steht in Wörtern, die auf einfaches r auslauten oder die Verbindung r + Vokal enthalten, i· nur dann, wenn altes i zu Grunde liegt, sonst å. Also i·r, i·r, aber bår, bår, nåru. Andrerseits steht niemals å, sondern stets i· in der Verbindung r + Guttural oder r + Labial, einerlei ob altes e oder altes i zu Grunde liegt.[1]). Vor r aus rd findet sich stets å, z. B. år Erde. Folgt auf r einer der Dentale t, s, l, n, so steht in einsilbigen Formen å, in zweisilbigen Formen i· (wobei r vor s schwindet und die Lautgruppen ru, rl in einsilbigen Worten zu ru, l·n werden). Also hårt, ås, kårl, stårn, aber hi·rt·, fi·s·, i·rl·, ki·ru·. Man wird dabei annehmen müssen, dass gårn· für gårn, gårn (= mnd. gern, geren) und der Singular ki·rn für ki·rn· (= ahd. kerno, mnd. kerne neben kern) steht. twi·s setzt entweder eine Form \*twirrhs (= mhd. twerhes) voraus, oder es ist von Zusammensetzungen wie twi·skop, twi·swint beeinflusst.*

*Anm. 6. Im waldeckischen Upplande spricht man in der Regel kurzes å an Stelle des i·. Vor g und w tritt dafür å ein. Vgl. ob. S. 15\*. Vor r wird ebenda ö an Stelle von å gesprochen, z. B. gårn gerne, ätört Schwanz, smärn schmieren, kårn kehren, swärn schwören. So auch lörn lehren (wo ē auf ai zurückgeht).*

## u·.

*Wald. u· ist in offener Silbe stets Steigerung eines alten kurzen o, z. B. ku·k·n kochen, knu·k·(n) Knochen, tru·h Trog, ·flu·g·n geflogen, ·su·g·n gesogen, bu·g·n Bogen, gu·t Gott, wu·t etwas, ·šhu·t·n geschossen, štru·t· Luftröhre (mnd. stroto), bu·d· Bote, u·p·n offen, hu·f Hof, u·w·u· oben, u·w·n Ofen, hu·l hohl, hu·l·n holen, ku·l· Kohle, u·l·h Oel (mnd. oley, olige), fu·l· Sohle, ·nu·m·u genommen.*

*Vor r + Konsonant tritt u· sowohl für altes o wie für altes u ein. Das Waldeckische folgt hier der allgemein niederdeutschen Weise, während im Hochdeutschen u von o getrennt bleibt. Beispiele: šnu·rk·n schnarchen (mnd. snorken), šu·rg·n sorgen, mu·rg·n morgen, bu·rh Borg, Darlehen, bu·rh Burg (alts. burg), ku·rt kurz, wu·rt·l· Wurzel (alts. wurt), du·rp Dorf, tu·rf Torf, ku·rf Korb, hu·rn Horn, ko·rn Korn (alts. korni u. kurni), bu·rn Born, Brunnen, štu·rm Sturm (alts. storm), wu·rm Wurm (alts. wurm).*

*Wenn auf r ein s folgte, ist das r nach dem Eintreten der Steigerung unterdrückt. Z. B. fu·sk 'forsch', stark (mnd. fors), fu·sk·n forschen, ·du·sk·n gedroschen, bu·st Brust, ·bu·st·u geborsten (v. bi·st·n), du·st·rh oder du·st·rh durstig, fu·st Frost, fu·st Forst, ku·st· Kruste, wu·st Wurst.*

*Anm. 1. Vor einfachem r steht å an Stelle des u·. Vgl. § 13 unter å 3. Unregelmässig sind furt fort, wört Wort und wör wurde.*

## uå.

*In demselben Verhältnisse wie u· zu kurzem o steht ü· zu dessen Umlaute, dem kurzen ö. Es steht zunächst in offener Silbe als Steigerung des ö, z. B. kuü·k·rn knöchern, trü·g· Tröge, hü·w· Höfe, ü·w·r über (aus \*obir = alts. obar, fries. ovir).*

---

[1]) *Ebenso wenn das e auf älteren Diphthong zurückgeht: hår Herr, aber hi·rgu·t Herrgott.*

*Es entspricht vor* r + *Konsonant sowohl hochdeutschem* ö *wie* ü, *z. B.*
ü‧rg‧l‧ *Orgel,* gü‧rg‧l‧ *Gurgel,* bü‧rg‧n *bürgen,* bü‧rg‧r *Bürger,* gü‧rt‧ *Gürtse,*
kü‧rt‧r *kürzer,* ŝtü‧rt‧n *stürzen,* ttü‧rw‧ *unfruchtbare Aecker,* kü‧rw‧ *Körbe,*
kü‧rw‧t‧ *Kürbis,* bü‧rn‧n *zum Brunnen treiben,* ŝtü‧rm‧n *stürmen,* wü‧rm‧ *Würmer.*
ü‧ *bleibt vor folgendem* s, *dem früher ein* r *vorherging, z. B.* bü‧st‧
*Bürste,* fü‧st‧r *Förster,* wü‧st‧ *Würste.*

*Anm. 8. Während vor* r + *Konsonant* ü *zu* ö *geworden und dann,
wie dieses, zu* ü‧ *gesteigert ist, bleiben die Steigerungen des* ö *und* ü *vor einfachem* r *und vor* r + *Vokal getrennt.* ö *geht in diesem Falle in* ŝ, ü *in* ü .
*oder* ü *über.*

### c) Die geschlossenen Kürzen ī, ū, ü.

### ī.

*Wald.* ī *steht nur in ursprünglich offener Silbe, und ersetzt in dieser
Stellung regelmässig das kurze* i. *Z. B.* īk‧r *sicher,* ŝtīk *Stich,* līg‧n *liegen.*
īg‧l *Igel,* ŝīg‧l *Siegel,* krīg‧l *munter* (= *mnd.* krēgel *'pertinax', zu nhd.* Krieg,
kriegen), ŝtīg‧lk‧n *kleiner Ueberstieg in der Hecke,* tŝīg‧ *Ziege,* rīt *riss,* ‧rīt‧n
*gerissen,* ŝmīt *Schmied,* nīt‧ *pl. Nisse,* wīt‧n *wissen,* wītfruy‧ *Wittwe,* ŝrīt,
*pl.* ŝrīd‧, *Schritt,* glīt, *pl.* glīd‧r‧, *Glied,* wīd‧r *wieder,* fīl *viel,* bīlt *Bild* (= *alts.*
bilid), mīlk *Milch* (= *ahd.* miluh), ŝtīlt *stiehlt* (*zu* ŝtī‧l‧n), ŝhīp *Schiff,* fīf *Sieb.*
fīw‧n *sieben,* ŝtīw‧l *Stiefel,* hīn‧ *hin* (= *mhd.* hine), nīm‧t *nimmt* (*zu* nī‧m‧n),
hīm‧l *Himmel.*

*Während in den genannten Worten und in manchen anderen dem wald.*
ī *im Hochdeutschen kurzes oder langes* i *entspricht, stehen sich zuweilen wald.*
ī *und hochd.* e *gegenüber. Die einzelnen Fälle sind nicht gleichartig.*

*Die Priorität des* ī *ist deutlich in Worten wie* nīg‧n‧ *neun* == *alts.*
nigun, *mhd.* niun, bīw‧n *beben* = *alts.* bibon, *mhd.* biben, pīk *Pech* = *mnd.*
pik (*aber schon ahd.* peh), bīk‧r *Becher* = *altndd.* bikeri (*aber ahd.* behhar),
fīmp *Senf* = *got.* sinap (*aber ahd.* senaf). *Ferner* hwīlk *welcher* = *alts.*
hwilik, *wo der Vokal im Hochd.* (*mhd.* wel(i)ch) *anscheinend von Formen wie*
wes, wen *beeinflusst ist. Bemerkenswert ist* ī *in* jīn‧r *'jener' gegenüber ahd.*
jenēr, *got.* jains *u. s. w.*[1]

*Von diesen Fällen lassen sich nicht immer bestimmt diejenigen scheiden,
in welchen* i *und* e *gleichberechtigt neben einander liegen, und zwar meist so,
dass der Wechsel zwischen* e *und* i *in Stammsilben ursprünglich von dem
wechselnden Vokale der Endung abhing, dann aber ausgeglichen wurde. In*
īt‧ : īt‧t *oder* nī‧m‧ : nīm‧t *zeigt das Waldeckische denselben Wechsel, wie er
in hochd.* ease : *isst oder* nehme : *nimmt vorliegt. Aber dem hochd.* geben, gibt,
*imper.* gib (*alts.* geban : gibu, gibis, gibid, gib) *steht wald.* jīw‧n, jīt, jīf *gegenüber. Das* ī *in* jīw‧n *stammt hier aus den Formen, in welchen* ī *dem hochd.*
i *entspricht.*[2] — *Wald.* nīw‧l *Nebel* (*mit demselben Vokal wie mhd.* nibelunc,
altnord. nifl *Dunkelheit, ags.* nifol *dunkel*) *verhält sich zu ahd.* u. alts. nebul
*etwa wie* jīw‧l *'Giebel'* = *mhd.* gibel, *ahd.* gibil, *got.* gibl-in- *zu mhd.* gebel,
*ahd.* gebal *'Schädel'. Aehnlich wald.* dīm‧r‧n *dämmern,* dīm‧ruŋ‧ *Dämmerung*
(*zu alts.* thimm *dunkel, Hel.* 5627) *neben ahd.* demar, *mhd.* demerunge.

---

[1] *Die verschiedenen Formen dieses Pronomens sind zuletzt eingehend
behandelt von F. Hoffmann-Krayer, Ztschr. f. vgl. Sprachf. 34 H. 1 (1895) S. 14 ff.*

[2] *Die Ausgleichung wird in die Zeit zurückgehen, als die 1. sg. (in Uebereinstimmung mit alts.* gibu) *noch* i *hatte, ebenso wie die 2. und 3. sg. Dafür spricht
insbesondere auch die Form* givan *der Freckenhorster Heberolle* (Z. 481). *Es hatte
sich also hier der Infinitiv der 1. sg. angeschlossen, während später umgekehrt die
1. sg. in ihrem Vokalismus dem Infinitiv folgt.*

*Dagegen gebührt dem e der Altersvorrang in Fällen wie* blk⁻ *Bach*
= *alts.* -beki *aus* *baki, jlŋ⁻n *gegen* = *alts.* gegin *aus* *gagin, nlt⁻l⁻ *Nessel*
= *ahd.* nezzila *aus* natila, ĕtĭd⁻ *Stätte* = *alts.* stedi, *nom.* stad.[1]) *Wahrscheinlich hat sich in diesen Wörtern das (aus* a *umgelautete)* e *dem suffixalen*
i *der folgenden Silbe assimiliert. Vergleichen liesse sich etwa ahd.* wimizzen
= **wamezzen** *(Graff I 852) wimmeln, oder uhd.* Imse *(Goethe's Faust, 2. Teil.
Classische Walpurgisnacht), älter* Emse = **Ameise**.

*Anm. 9.* 1 *steht nur in urspr. offener Silbe, nicht vor* r. *Vor letzterem
wird es vertreten durch* ē *(z. B.* bēr *Hirt,* bēr⁻n *Hirn),* i⁻ *(z. B.* i⁻r *ihr,* bi⁻rk⁻
*Birke) und* ä *(r. B.* bär⁻ *Birne,* twär⁻n *Zwirn).*

### û.

*Wald.* û *dient als Steigerung des* u *in offener Silbe. Z. B.* bük⁻n *Flachs
klopfen (nhd. pochen, mhd. bochen, puchen, vgl. Holthausen § 65),* kûg⁻l⁻ *Kugel,*
fûg⁻l *Vogel (= alts.* fug(a)l, *fûg⁻ Schwein,* tûh *Zug,* nût *Nuss,* bût⁻r *Butter,*
stût⁻r⁻n *stottern (engl.* to statter), *fût cunnus (vgl. nhd.* Hundsfott), *slûd⁻r⁻n
schlottern (mhd.* slattern, slotern), *mûd⁻ Schlamm (mnd.* mudde, mode, *rgl. uhd.*
Moder), *sûd⁻l⁻h schmutzig (uhd.* sudelig, *smûd⁻l⁻h schmutzig,* fûf⁻l *Fusel,* hûn⁻h
*Honig (= ags.* hunig), *sûn Sohn (= mhd.* sun, *alts.* sunu), *dûn⁻ dicht, straff,*
*(= mnd.* don *straff, rgl.* donen *strotzen),* dû(n)näg⁻l *grosser eiserner Nagel
(= mnd.* donnagel)*), *dûn⁻r Donner (alts.* thunar), *wûn⁻n wohnen (alts.* wunon
*und* wunon), *sûm⁻r Sommer (alts.* sumar), *frûm fromm (mhd.* vrum).

*Anm. 10. Auffällig ist das* û *in* gût *(flektiert* gûd⁻), *gut. Das waldeckische
Wort, wie das ihm entsprechende westf.* ĥu⁻t *(fl.* ĥu⁻d⁻) *weist auf älteres* *gut,
*gud⁻, während man nach altsächs.* gōd, gōdo *dieselbe Form erwartet, welche
im Nordsächsischen vorliegt, nämlich* gout, goud⁻. *Auch das Mittelniederdeutsche
hat* gut, gud⁻ *neben* gōt, gōde. *Aber das* u *ist im Mnd. ebenso rätselhaft,
wenn nicht noch rätselhafter, wie im Waldeckisch-Westfälischen, da altes
(d. h. altniederdeutsches) kurzes* u *im Mnd. in offener Silbe der Regel nach
in* ō *sollte übergegangen sein (und zwar in das später mit* å *wechselnde* ō,
*wie in* gōdes-, *später auch* gådes- = *Gottes-). Es lohnt sich nicht, für das
Waldeckisch-Westfälische (mit Holthausen, § 240 Anm.) Entlehnung aus ndl.*
**goed** *anzunehmen, wenn man nicht zugleich das regelwidrige* u *in mnd.*
**gude** *erklärt.*

*Anm. 11. So wenig wie* 1 *findet sich* û *vor folgendem* r. *Kurzes* u
*war in dieser Stellung wahrscheinlich schon vor dem Eintreten der Steigerung
zu* o *geworden oder fiel bei der Steigerung mit ihm zusammen. Jedenfalls
wird es, wie* o, *teils zu* u⁻ *(z. B.* bu⁻rh *Burg,* wu⁻rm *Wurm) teils zu* å
*(z. B.* tûr⁻n *Turm,* får⁻ *Furche) gesteigert.*

---

[1]) *Die Form* stidde *kommt auch im Mittelniederdeutschen vor, und zwar
nach Schiller-Lübben, Mndd. Wtb. und Lübben-Walter, Mndd. Handwörterbuch
„im Braunschweigischen". Vgl. Tümpel, Ndd. Studien S. 17, der Belege aus
Goslar und Magdeburg hinzufügt. Wenn das Waldeckische in diesem Worte das
i schon aus älterer Zeit überkommen hat, so wird dasselbe für die übrigen Worte
anzunehmen sein. Dass* 1 *erst innerhalb des Waldeckischen für* i⁻ *eingetreten sei,
ist nicht wahrscheinlich.*

²) *Wald.* û = *westf.* uə (duəne *bei Woeste) lehren, dass das* o *in mnd.* dou,
donnagel *lang war.*

# ü (und ü̂).

*Wald.* ü *tritt zunächst in offener Silbe für* û *ein,* z. B. brük *Bruch,*
kük· *Küche,* lüg· *Lüge,* büg·l *Bügel,* flüg·l *Flügel,* tüg·l *Zügel,* düg·nt *tüchtig,*
müg·n *mögen,* nüt·busk *Haselstrauch,* küt·l *Kot (der Tiere),* rüt·l·n *rütteln,* büd·
*Bütte,* küd·r·n *sprechen* (= *mnd.* koderen *d. i.* köderen *schwatzen*), rüd· *grosser
Hund,* füd· 'Sud' *d. i. gebrühtes Viehfutter,* nüf·l *Lichtschnuppe* (*vgl. mnd.*
noseken), krüp·l *Krüppel,* klüf *Kluft, Spalte,* üw·l *übel,* hüw·l *Hügel* (*mhd.*
hübel), pül *Pfühl,* bül *Bühl, Hügel,* mül· *Mühle,* fül·n *Füllen,* fülk *solch* (*alts.*
sulik), bün· *Bühne,* fün· *Söhne* (*alts.* suni), kün·h *König* (*alts.* kuning, *mhd.*
künec), mün·k *Mönch* (*mhd.* münech). — früm·d· (= *mnd.* vromede) *deckt sich
lautlich nicht genau mit nhd.* fremd (= *ahd. u. alts.* fremidi, *mnd.* vremede).
*Die Formen verhalten sich zu einander wie alts.* frummian *vollbringen zu*
fremmian (*aus* *framjan*) *vollbringen, oder got.* fruma *der erste, mhd.* frum
*tüchtig zu got.* fram *vorwärts, altn.* framr *vorzüglich.*

ü *dient als Steigerung des* ü, *wenn zur Zeit der Steigerung einfaches*
r *folgte. Z. B.* mür *mürbe* (*mhd.* mür, müre = mürwe), füst· *Fürst aus*
*fürst· (alts.* furisto).

*Von diesem* ü *unterscheidet sich nur unwesentlich das lange* ü, *das
heute in* für *für, vor,* fürn· *vorne,* dür *durch gesprochen wird.* für *entspricht
dem alts.* furi. fürn· (*aus* *fürn·*) *lässt sich mit mndd.* vorne, voren *vereinigen,
falls man diese* vorne, voren *lesen darf; dazu stimmt nordsächsisch* fürn
(vörn). *Es scheint altes* *furina *zu Grunde zu liegen: möglicherweise eine
von der Präposition* furi *beeinflusste Umbildung aus* *foruа. Der auffallende
Umlaut in* dür *erklärt sich am leichtesten, wenn man annimmt, dass eine
dem alts.* thuru (*Cott. des Hel.*) *entsprechende Form nach dem Muster von*
furi *zu* thuri *umgestaltet wurde. Auf Entlehnung oder Entstellung beruht
anscheinend das* ü *in dem Vornamen* Jürg·n (*verglichen z. B. mit* bü·rg·r
*Bürger*) *und das* ü *in* würmöj· *Wermut* (*vgl. westf.* würmai *bei* Woeste, Westf.
*Wtb.*). *Vor* r + *Konsonant ist* ü *bei regelrechter Lautentwickelung zu* ü̂
*geworden, und wie dieses zu* ü̂· *gesteigert, siehe die Beispiele unter* ü̂·.

*Anm. 12. (Zu den Steigerungen im allgemeinen.)*

*Die Steigerung vor* r *unterbleibt regelmässig, wenn das* r *auf Doppel-r*
(*oder wenn man will, langem* r) *beruht. Also* blar·n *plärren,* nar *Narr,*
šnar·n *schnarren,* ir *irre,* ir·n *irren,* wir *wirr,* burē *Porree,* bur·n *mit
Geräusch auffliegen* (*mhd.* burren *sausen*), dur·n *verkümmern* (= *dorren*),
gur·n *girren* (*mhd.* gurren), knar·n *knurren* (*vgl. mnd.* gnarren *knurren*), knur·
*Knorren,* knur·n *knurren,* pur·n *stochern, reizen* (*mnd.* purren), šnur·n *schnurren,*
štur *störrisch* (*vgl. mhd.* storren).

*Wo sonst kurzer Vokal vor folgendem* r *in betonter Silbe erscheint*
(*abgesehen von dem nach § 11 Anm. 1 sporadisch eintretenden kurzen* a)
*handelt es sich fast immer um Worte, die den Stempel der Entlehnung (sei
es aus benachbarten Dialekten oder aus dem Hochdeutschen) mehr oder weniger
deutlich an sich tragen, z. B.* burš· *Bursche,* serts·h *vierzig,* gurk· *Gurke,*
heršḫaft *Herrschaft,* knirw·s *Knirps,* afmurk·n *morden,* murts·l·n *mit stumpfem
Messer schneiden,* purts·l·n *fallen,* purts·lbaum *Purzelbaum,* šnurbárt *und*
šnurw·s *Schnurrbart* (*westf.* snurrwix, snurrwitz, *bei* Woeste). *Auch das oben*
S. 44* *erwähnte* furt *muss vielleicht zu den Lehnwörtern gerechnet werden.*

*Die Steigerung in offener Silbe erstreckt sich natürlich nicht auf Fälle
wie* štük· *Stück,* set·n *setzen,* tel·n *zählen, da zur Zeit der Steigerung hier
noch* (*in Einklang mit alts.* tellian, settian, stukki) *Doppelkonsonant (bezw.
langer Konsonant) vorlag.*

*Andrerseits findet die Steigerung in geschlossenen Silben statt, wenn diese zur Zeit der Steigerung offen waren, z. B.* ŝtĭlt *stiehlt,* ꞏfiꞏht *gesagt,* ꞏwirst gewesen, ꞏwŭnt *gewohnt. Das gesteigerte* i *in* llꞬⁿ *liegen gegenüber alts.* liggian *erklärt sich aus der 2. und 3. sing. (alts.* ligid = *wald.* llꞬ·t), *entsprechend dem* l *statt* i· *in* jlwⁿⁿ = *alts.* gĕban (*rgl. ob S. 45°*).

*Von besonderem Interesse sind in diesem Zusammenhange die folgenden Worte:* twi·lwꞏ *zwölf (alts.* twelibi), i·nt· *Ente (ahd.* enit)[1], mĬlk *Milch (alts.* wiluk, got. miluks), wĬlk *welch (alts.* hwilik), twĬlk *Lolch,* bĬlt *Bild (alts.* bilidi), ꞓmp *Senf (got.* sinap, ahd. senaf). *Man beachte, dass neben* mĬlk *das Adjektiv* mĂlk *milch und das Verbum* milk·n (*rgl. ob. S. 40°*) — *ohne alten Zwischenvokal* — *stehen, wie im Althochd.* melch *und* melchan *neben* milub.

### Exkurs zu S. 43*. Zu den Steigerungen des e-Lautes im Westfälischen.

*Auch in den westfälischen Mundarten stehen dem kurzen* e *zwei Steigerungen zur Seite, z. B. im Ravensbergischen (vgl. Jellinghaus, Westf. Gramm. S. 35—37) ia* und *ie, in der Soester Mundart (vgl. Holthausen, a. a. O., S. 16 f.)* ꞓᴀ *und* iᵉ. *Aber die Sache liegt im Westfälischen wesentlich anders. Der westf. Diphthong* iᵉ *(Ravensb.* ie) *dient in der Regel als Steigerung des kurzen* i, *entspricht mithin der Steigerung, die wir im Waldeckischen mit* l *bezeichnen. Während also das Waldeckische zu e zwei Steigerungen hat, die von der Steigerung des i — von unwesentlichen Ausnahmen abgesehen — getrennt bleiben, hat das Westfälische eine Steigerung für e, und eine zweite für e und i. Bemerkenswert ist dabei aber, dass, so viel ich sehe, westf.* iᵃ (ie) *zwar waldeckischem* l *und* i·, *aber nicht waldeckischem* ᴴ *entspricht, während westf.* ꞓᴀ (ia) *teils an Stelle von wald.* i·, *teils an Stelle von wald.* ᴀ *steht. Man vergl. z. B. folgende Entsprechungen:*

1) (*Gesteigertes* l *in beiden Dialekten); wald.* hlm·l *Himmel,* mlt *mit, westf.* hiᵉml, miᵉt.
2) (*Gesteigertes* e *im Wald., gesteigertes* i *im Westf.); wald.* ki·rt·l *Kessel,* i·ꞓᵉl *Esel, westf.* ki·tl, iᵉzl.
3) (*Gesteigertes* e *in beiden Dialekten; wald.* i·) *wald.* bi·t·r *besser,* ti·n· *Zähne,* gi·rl *gelb, westf.* bᵉᴬtᴬ (*biader in Ravensberg*), tᴄꞈn· (tiaⁿ·), ꞓꞓ·ꞏl (gial).
4) (*Gesteigertes* e *in beiden Dialekten; wald.* ᴴ) *wald.* ᴀw·n *eben,* ŝlꞬ· *Schläge, westf.* ꞓᴬbm (iabon), slꞓ·z· (sliage).

*Unter diesen Umständen scheint mir Holthausen (a. a. O.) nicht im Rechte zu sein, wenn er westf.* iᵉ *für die eigentliche Steigerung („Tonlänge") des e erklärt und annimmt, dieses* iᵉ *habe sich in isolierten Wörtern erhalten, während es da, wo der e-Vokal in der Flexion oder Wortbildung noch mit a wechselte, zu* ꞓᴀ *(Ravensb.* ia) *umgewandelt sei. Die Rechnung stimmt ja auch bei H. nicht ganz, da* ꞓᴬ *mehrfach ohne danebenliegendes* a *vorkommt (z. B.* ꞓᴬlᵉ *Elle,* tvꞓᴬlvᵉ *12). Vielmehr wird man das* ꞓᴬ (ia) *als regelrechte Steigerung des e ansehen müssen, die in einer Reihe isolierter Wörter zu Gunsten des* ia, *d. i. der Steigerung des i, aufgegeben ist.*

---

[1] *Daneben nordsächs.* ȧnk (*wol aus* ⁎ŭnd-·k, *worin* ȧnd- = ahd. anut). *Wenn das* t *in* wald. i·nt· *auf Entlehnung aus dem Hochdeutschen beruhte, so müsste die Entlehnung in die Zeit des Althochd. zurückreichen, denn im Mittelhochd. heisst es schon* ente. *Jedoch findet sich im Waldeckischen nach* n, r, l *zuweilen* t, *wo man* d *erwartet, z. B.* kont· *konnte,* härt· *hart,* laut, talt· *zählte. Es könnte dabei das Suffix* -t· *in Tier- und Pflanzennamen (s. B.* westf. brummelte *Bremse,* brummerte Hummel, *wald.* brum·lt· Brombeere, *him·rt·* Himbeere) *mitgewirkt haben.*

*Näher als bei der Steigerung in offener Silbe stehen sich Waldeckisch
und Westfälisch bei der Steigerung vor folgendem r. Hier entsprechen den
wald. ä und ï auch im Westfälischen zwei verschiedene Vokale; nämlich in
der Soester Mundart (Holthausen, a. a. O., S. 24 f.) ę̈ und ę̈, im Ravensbergischen (Jellinghaus, Westf. Gramm. S. 24 u. 36 f.) ai und ia. Also z. B.*

1) *wald.* gärnᵉ *gern* = *Ravensb.* gairn = *Soest.* cę̈ᴧn
   *wald.* twärn *Zwirn* = *Ravensb.* twairnt = *Soest.* tvę̈ᴧn
2) *wald.* irwᵉtᵉ *Erbse* = *Ravensb.* iarfte = *Soest.* ę̈ᴧftə
   *wald.* ir *ihr* = *Ravensb.* iar = *Soest.* ę̈ᴧ
   *wald.* kirkᵉ *Kirche* = *Ravensb.* kiarke = *Soest.* kcᴧkə.

*Im Einzelnen freilich fehlt es nicht an Abweichungen. Z. B. stehen
den wald. firᵉ Ferse und kirᵘ Kern in Soest fę̈sə und kę̈ᴧn gegenüber. Andrerseits lauten die wald. Wörter här her, šmär Schmeer, tär Teer, nären nähren
in Soest hę̈ᴧ, šmę̈ᴧ, tę̈ᴧ, nę̈ᴧrə und entsprechend in Ravensberg hiar, šmiar,
tiar, niaren. Aber von diesen und einigen andren Ausnahmen abgesehen ist
die Scheidung der e-Laute vor r in Waldeck und in Westfalen im wesentlichen dieselbe.*

*Bemerkenswert ist dabei, dass weder in Waldeck noch in Westfalen
altes e und altes i vor folgendem r bei der Steigerung scharf geschieden werden.
Es erklärt sich dies wahrscheinlich so, dass i vor folgendem r zu der Zeit,
als die Steigerung eintrat, durch e ersetzt wurde oder schon vorher zu e
geworden war.*

*Holthausen hat versucht, die Scheidung zwischen ę̈ und ę im West-
fälischen auf bestimmte Regeln zurückzuführen. Sie soll vorzugsweise ab-
hängen 1) von der alten Scheidung zwischen ę und ë, 2) davon, ob auf die
Gruppe* er *ein Dental oder ein Labial oder Guttural folgt (wobei dann weiter
zwischen einzelnen Dentalen ein Unterschied gemacht wird), 3) von der
Scheidung zwischen Silbeninlaut und Silbenauslaut (oder — was in den
meisten Fällen auf dasselbe herausläuft — zwischen einsilbigen und zweisilbigen Formen). Ich halte es für möglich, dass H. hierbei mehr oder weniger
auf dem richtigen Wege ist, und ich habe mich oben (§ 12 Anm. 5) seiner
Erklärung teilweise angeschlossen. Aber ich glaube nicht, dass seine Regeln
in ihrer jetzigen Form genügen. Zunächst schliesst seine Rechnung auch
hier, trotz allen Unterabteilungen, mit einem unerklärten Reste ab (kcᴧse
Kirsche und pę̈ᴧt Pferd). Sodann ist seine Scheidung zwischen Silbeninlaut
und Silbenauslaut nicht immer einleuchtend. Z. B. in fę̈sə Ferse (aus *ferzua)
soll das r inlautend sein, dagegen in cę̈ᴧstə Gerste, tvę̈ᴧs quer (mnd. dwers,
mhd. dwerhes), bę̈ᴧstə bersten, dę̈ᴧskn dreschen auslautend. Vor allem aber
fordert die Annahme zum Widerspruche heraus, es sei zwar vor r das
Umlauts-e mit altem i zusammengefallen, beide aber verschieden von dem
Brechungs-e behandelt. Das Umlauts-e (mit Einschluss des i) erscheint nach
H. in fünffacher Gestalt. Von den 5 Unterabteilungen, die er demgemäss
bei e macht, ist aber nur eine (nämlich die vierte) durch eine grössere Anzahl
von Beispielen vertreten; und gerade in dieser Reihe ist* er *zu ę̈ᴧ geworden,
so dass es mit* ēr, *das nach H. in derselben Stellung* eᴧ *wird (§ 86, 3) zusammenfällt. Die übrigen 4 Unterabteilungen enthalten je zwei bis drei Wörter,
und zwar steht in diesen dem er überall — mit einer Ausnahme — hoch-
deutsches* ir *zur Seite, d. h. es zeigen sich Spuren einer Trennung des i von
e, nicht aber einer Verschiedenheit der beiden Arten des e. Die Ausnahme
betrifft das Wort* ēs = *mnd.* ers; *aber auch hierauf lässt sich ein Unterschied
zweier e nicht gründen, da das Brechungs-e in ähnlicher Stellung (§ 86, 1)
dieselbe Entwickelung zeigt, z. B.* stęt, fęsə.

4

*Ich glaube hiermit gezeigt zu haben, dass der Unterschied zwischen Umlauts-e und Brechungs-e weder für die Steigerung in offener Silbe noch für die Steigerung vor r in Betracht kommt.*

*Damit stimmen die Wahrnehmungen, welche wir bei der Steigerung des o machen. Auch dort teilen sich — im Waldeckischen und im Westfälischen — in die Fortsetzung des o mindestens zwei Laute; und zwar scheint sich wald. å zu u² ähnlich zu verhalten wie ä zu i². Ton zwei ursprünglichen kurzen o aber kann nicht die Rede sein.*

## § 13. III. Die alten Längen und Diphthonge.

*Es empfiehlt sich die Vokale, welche alten Längen und Diphthongen entsprechen, zusammen zu behandeln, da die Grenze zwischen beiden im Niederdeutschen von jeher fliessend ist.*

### å.

*1. Wald. å entspricht zunächst altsächsischem und überhaupt westgermanisch-nordischem langem a, das in der Regel auf germanisches langes e (= got. ē) zurückgeht.[1] Im Niederdeutschen wurde dieses å, wie im Nordischen, schon in verhältnismässig früher Zeit mit Lippenrundung, also als å gesprochen. Jedoch ist dieser Wandel jünger als die Zusammenziehung der Lautgruppe aha (z. B. ahar .åhre, slahan schlagen) in å, da auch das durch Zusammenziehung entstandene ä zu å wird.*

*Als Beispiele mögen dienen: då da (alts. thär)[2], blå wo (alts. hnuar), blå blau, grå grau; nå nach, nahe, trå träge, frågn fragen, swågr Schwager, wåg Wage, wågn wagen, fåt Saat, måt Mass, låtn lassen, rådn raten, brådn braten, måsk Masche, shåp Schaf, slåpn schlafen, åwnt Abend, gåwholt Gabelholz, bår Bahre, hår Haar[3], jår Jahr, swår schwer, ål Aal, mål Mal, måln malen, shål Schale, Tasse (= alts. skula)[4], strål Strahl, ån ohne, mån Mohn, mån Mond, mänt Monat, spån Span; gån gehen, stån stehen, åm Atem (= alts. aðom), kråm Kram.*

*Aus urgerm. auh- ist das altnd. å vielleicht entstanden in tå zähe und årn (aus *ärn, åhrn) Ahorn.*

*å aus abå in är .Åhre, slån schlagen, stål Stahl, trån- Trähne (vgl. ahd. trahan, altsächs. trahni, mndd. trän).[5]*

*Wie altes langes a ist auch meist das lange a in Lehnwörtern alten und jungen Datums behandelt: af-kåt- Advokat, ak-råt genau, åmn Amen,*

---

[1] Man pflegt jetzt das got. ē auf germanisches å zurückzuführen. Aber angesichts der Tatsache, dass dem got. ē griechisches und lateinisches ē zur Seite steht (z. B. got. wēr- in tuzwērjan = lat. vērus) und dass auch für die ältesten westgermanischen Namen (z. B. Suēvi) das ē direkt bezeugt ist, erscheint diese Annahme nicht glaubhaft.

[2] Vgl. über thär und thar in den altsächs Handschriften G. Ilench, Mod. Lang. Notes IX (1894) Sp. 493.

[3] Germanisch *hēza- Haar gehört zu lat. caesaries, falls man letzteres als volksetymologische Umbildung aus *cēsaries ansehen darf.

[4] Siehe Holthausen in P.-B. Beitr. 11 (1886) S. 551 u. 566. Man beachte den historisch begründeten Unterschied (vgl. Kluge, Et. Wtb. ⁶ unter Schale) zwischen wald. shål- Trinkschale (= mhd. schåle) und shal- (mit kurzem a) Schale einer Frucht (= mhd. schal).

[5] Die Herausgeber des mndd. Handwörterbuckes sind in Zweifel, ob mndd. tran mit Cirkumflex oder mit dem Zeichen der Tonlänge zu schreiben sei. Wald. trån- und westf. trån (bei Woeste) entscheiden zu Gunsten des Cirkumflexes.

åw·rglauw· *Aberglaube*, pål *Pfahl*, påw·st *Pabst*, plåg· *Plage*, plån *Plan*, plåst·r *Pflaster*, plåt· *Platte*, fåg· *Sage*, faldåt· *Soldat*, tsalåt *Salat*, fåtan *Satan*, ståt·

*Strasse*.

2. *Wie altes langes* a *ist ferner in einer Reihe von Wörtern kurzes* a *vor folgendem* r *behandelt. Hierher gehören:* årt *Art*, år·n *arten*, årts·n *den Arzt gebrauchen*, bår *Barte*, bårt *Bart*, går·n *Garten*, gårn *Garn*, gårt *ein Viertelmorgen* (= *nndd*. gart, jart), kår· *Karre*, kårt· *Karte*, ǻwår· *Schwarte*, tårtlap·(n) *Zärtling*. *Es handelt sich, wie man sieht, um* a *vor altem* rr, rd *und* rt. *Jedoch ist* a *vor diesen Lautverbindungen keineswegs überall zu* å *geworden; vielmehr bleibt es wie oben* (S. 47*) *bemerkt wurde, vor altem* rr *sonst kurz, und vor altem* rd *und* rt *liegt in Fällen wie* hårt *hart*, ǻwårt *schwarz die regelrechte Steigerung des* a *zu* å *vor. Man wird annehmen müssen, dass in den Wörtern mit* å *der kurze Vokal im Niederdeutschen schon früh* (*das heisst vor der Epoche der Steigerung) gedehnt ist. Für diese Annahme spricht besonders der Umstand, dass auch in den nördlichen* ndd. *Dialekten eine ganz ähnliche Scheidung vorliegt. Im nördlichen Hannover entspricht dem wahleckischen* a *oder* ä *vor folgendem* r *kurzes* a, z. B. nar *Narr*, hart *hart*, swart *schwarz; aber langes* ä *haben* ärn *Ernte*, ärs = *nndd*. ars, ärt *Art*, bårs *Barsch* (perca)[1], bårt *Bart*, fårt *Fahrt*, gå'rn *Garten*, gårn *Garn*, hårts *Harz* (resina), kå'r *Karre*, kårl *Karl* (*Vorname*), kårt *Karte*, ǻwå'r *Schwarte. Mit dem Hannöverschen stimmen die übrigen nordsächsischen Mundarten; ich verweise z. B. für das Mecklenburgische auf Nerger's Grammatik* § 155.[2]) — *Dass dem nordsächs.* ärs wald, ǻs *und dem nordsächs.* kårl wald, kår·l *gegenübersteht, lässt die Uebereinstimmung beider in dem* å *der übrigen Wörter nur noch stärker hervortreten. Weshalb aber das* a *sich vor* rd, rt u. s. w. teils erhalten hat, teils zu å geworden ist, wüsste ich nicht zu sagen.*

3. *Wald.* å *hat vor folgendem* r *noch eine dritte Geltung, nämlich die eines älteren kurzen* o *oder* u. *Während letztere vor* r *in der Regel zu* u r *gesteigert werden* (ob. S. 44*), *tritt* å *ein vor einfachem* r; *also vor auslautendem* r *und vor* r, *dem ein Vokal folgt. Z. B.* dår *Tor* (porta), ǻhår *schor* (prt. *zu* ǻhärn), bår·n *bohren*, får· *Furche* (nndd. vôre, vgl. ndl. voor), kår·n *Korn* (nndd. kören = korne, korn), tår·n *Turm* (nndd. tören = torne, torn), ·frår·n *gefroren* (pt. *zu* frêrn), frlår·n *verloren* (pt. *zu* frlêrn). ·ǻwår·n *geschworen* (pt. *zu* ǻwärn).

*In Lehnwörtern kann* å *überhaupt für kurzes* o *vor* r + *Konsonant oder für langes* o *eintreten, z. B.* årtpot *Schoppen* (årt = nhd. Ort), åw·st *Obst*, få·t *Vogt*, ǻråtfåg· *Schrotsäge*.

Anm. 1. *Das* å *in* hårt· *hörte*, ·hårt *gehört ist wol zunächst durch Einfluss des* r *aus* o *entstanden, und letzteres, wie in den oben S. 39* *angeführten Beispielen, aus* an *gekürzt.*

---

[1]) *Dagegen lautet das Adj.* barsch *im nördl. Hannover* baǻ (z. B. baǻ·n påp·r schwarzen Pfeffer).

[2]) *Nerger schreibt* öǻn, öǻt u. s. w., *und bezeichnet den Vokal als „ein wirkliches* ö". *Er gibt aber zugleich an, dieses* ö *falle mit dem tonlangen* a *und dem alten langen* a *zusammen. Letztere aber werden nach* § 166 *und* 171 *nur mit „dumpfem nach* o *klingenden Timbre" oder „mit einer Beimischung von* o" *gesprochen. Mit* ȯ *schreibt Nerger ferner den Vokal, welcher heute dem alten* an *entspricht, z. B. in* rȯk *Rauch; dieser wird nach seiner Angabe* (§ 174) *als „reiner* ȯ-Laut" *gesprochen. Die Sache also wird in Mecklenburg ebenso liegen wie in Hannover, nämlich dass nur der aus* an *entstandene lange Vokal als wirkliches* o *gesprochen wird, dagegen der aus älterem* ä *oder* a *entstandene als* å; *von beiden unterscheidet sich der aus altem* ö (= ahd. uo) *entstammende Diphtong* öu.

*Anm. 2. In Willingen (und nur dort) ist â zu ö geworden, also dö da, bö wo, grö grau; slöp·n schlafen; ön· ohne, hör Haar u. s. w. — Ebenso ört Art, görn Garten; ·swörn geschworen, frlörn verloren.*

## ̊ê.

*Wald.* ̊ê *ist in jedem Falle Umlaut des* â, *und zwar kann jedes* â, *ohne Rücksicht auf seine Herkunft, in* ̊ê *umlauten. Also*

1. nêq·r *näher*, ̊šhäp·k·n *Schäfchen*, ̊šlä·p·r *Schläfer*, rê·ts·l *Rätsel*, bund·brê·d·r *pl.* (zu brâd·n), hê·rk·n *Härchen*, fuljä·r·l<u></u> *volljöhrig*, ̊šhä·l·k·n *kleine Tasse*, mê·n·k·n *Demin. zu* mân *Mond*, ̊špä·u· *pl. zu* ̊špân, g·krê·m· *wertloser Kram*. — ̊šlä·r *Schläger*, ̊štê·l·rn *stählern*, trê·n·k·n *Tröpfchen*. — pê·l·, *pl. zu* pâl, plä·n· *pl. zu* plân.

2. bê·rd· *pl. zu* bârt, gê·rd·n·r *Gärtner*.

3. bê·rl *Bohrer*, fê·rn *Furchen ziehen*.

*Anm. 3. Den in Anm. 1 erwähnten Formen* hârt· *und* ·hârt *stehen die umgelauteten Formen* hê·rn *hören*, hêrt· (co. prt.) *hörte zur Seite. Statt des Infinitivs* hê·rn *erwartet man* hairn (aus *haûrn, vgl. unter ai, S. 64*), das sich in Usseln als* hoirn *erhalten hat.*

*Anm. 4. Ueber* ö *in* dör *Tür (neben* dâr *Tor) vgl. unter* ö (S. 59*).

*Anm. 5.* â *in* ̊swârl·k, ̊swârmoûd·h, ̊swârnaut *u. ä. (neben* ̊swâr) *erinnert an mundartliches* nêq·r *für* nâq·r *oder* ̊šhäp·r *für* ̊šhaip·r. *Vgl. unter* ai (S. 65*).

*Anm. 6. Das alte lange* â *hat neben* ̊ê *noch eine zweite Umlautform, die sich im Waldeckischen zu dem Diphthonge* ai *entwickelt hat, z. B.* ̊šhaip·r *Schäfer,* naim· *nähme. Wir kommen auf diesen Umlaut und sein Verhältnis zu* ̊ê *unter* ai (S. 64*) *zurück.*

## ê.

*Wald.* ê *steht in der Regel da, wo das Altsächsische die Diphthonge* eo (io, ia) *und* ie *oder das Mittelhochdeutsche den Diphthong* ie *hat. Im Neuhochdeutschen entspricht meist langes* i.

*Beispiele:* drê *drei* (= alts. thrie, thria), knê *Knie*, b·drêq·n *betrügen*, flêq·n *fliegen*, lêq·n *lügen*, tên *ziehen*, gêt·n *giessen*, g·nêt·n *geniessen*, ̊šhêt·n *schiessen*, bêd·n *bieten*, fêd·n *sieden*, bêst *Biest*, dêp *tief*. dêf *Dieb*, lêf *lieb*, stêfkint *Stiefkind*, lêw·n *lieben*, bêr *Bier*, dêr *Tier*, dêr *Dirne*, Mäd·h·n, fêr·ier, frêr·n *frieren*, f·rlêr·n *verlieren*, nêm·s *niemand*, dên·n *dienen*. — *Hierher gehören die Präterita* fêl *fiel* (zu fal·n), hêl *hielt* (hal·n), lêp *lief* (laup·n), blê·s *blies* (blâs·n), lêt *liess* (lât·n), ̊šlêp *schlief* (̊šlâp·n), hêt *hiess* (heit·n), rêp *rief* (roup·n). *Ferner Lehnwörter wie* brêf *Brief*, papê·r *Papier*, plafê·r *Pläsier*, ̊spêg·l *Spiegel, und die zahlreichen Verba auf* -ê·r·n = nhd. *ieren, wie* kst·mêr·n, f·k f·rdef·udêr·n, üf·ntêr·n, flatêr·n, hantêr·n, kap·rnêr·n, pasêr·n, p·rwêr·n, ̊spatsêr·n, ̊študêr·n.

*Anm. 7. In einigen wenigen Worten erscheint* ê *als Steigerung eines kurzen* i *vor* r + *Dental, also in einer Funktion, in welcher man sonst* â *oder* i· *findet. Es sind die Wörter* bêr (r *aus* rd) *Hirt*, wêrt *Wirt und* hêr·n *Gehirn. Vergleicht man* hârt *Herd und* wârt *wert, so scheint es, als werde* i *vor* r + *Dental zu* ê, *und* e *vor* r + *Dental zu* â. *Aber Wörter wie* êr·n *irden*, wârt (3. sg.) *wird*, twêrn *Zwirn würden diese Regel hinfällig machen. Man wird in* ê *eine dialektische Nebenform des* â (vgl. ob. S. 44* Anm. 6) *sehen müssen, die in den angeführten Wörtern ausnahmsweise weitere Verbreitung gefunden hat (etwa wie* i *statt* ü *in nhd. Kissen, Bimsstein, Pilz u. ä.). — Ueber das* ê *in* êst· *erste aus* *ērst· *vgl. unter* ei *Anm. 14.*

## 53*

*Anm. 8. ē habeu auch ŭnē Schnee und fēn sehen (pl. ·fēn). Das Verbum fēn folgt im Präsens schon im Mittelniederdeutschen der Flexion von tēn ziehen.*

*Anm. 9. In der Papollere findet sich an Stelle dieses ē, von vereinzelten Ausnahmen abgesehen[1]), der Diphthong ei. Z. B. drei (1860 S. 6), knei (ebd. 22), Fleigen (ebd. 4), verbeiden (1859 S. 17), Beist (1860 S. 6), deip (ebd. 34), leiwer (ebd. 28), scheiv (ebd. 6), Beir (ebd. 46), Deir (ebd. 15) und Deier (ebd. 18), veir (ebd. 12), neinues (ebd. 18), Duorpesdeiner (ebd. 3). — feil (ebd. 40), heil (ebd. 22), leip (ebd. 21), leit (ebd. 26), heit (ebd. 21), reip (ebd. 29). — Breiv (ebd. 46), Papeir (1859 S. 1), Plaseirreise (1860 S. 22), Speigel (1859 S. 9); lstemeirt (1860 S. 14), viseuteire (ebd. 2), verdiffeudeirt (ebd. 12), flatteiren (ebd. 19), handteiren (ebd.), kapperneiren (ebd. 3), passeirt (ebd. 15), perweirt (ebd. 46), spatzeiren (ebd. 2), studeirt (ebd. 21). — Ileire Ilirt (ebd. 26); eist erste (ebd. 4), eist erst (ebd. 14); seihn sehen (ebd. 28). Abweichend ist nur der Vokal in dem Worte für Wirt behandelt (Wierth 1859 S. 6, Wirthsfrugge 1859 S. 2, Wierthshus ebd. und 1860 S. 20—22). — Es geht daraus hervor, dass in Külte statt des ē der Diphthong ei gesprochen wird. Wie weit sich die diphthongische Aussprache etwa über Külte hinaus erstreckt, vermag ich nicht anzugeben. Sie ist mir in denjenigen Teilen des waldeckischen Landes, die ich besucht habe, nicht begegnet, weder in der Adorfer noch in der Corbacher oder der Rhodener Mundart. Das ei dürfte sich also auf einen kleinen Bezirk nahe der östlichen Grenze des Landes beschränken.*

*Anm. 10. In Willingen gilt ā für ē, z. B. gāt·n giessen, šhāt·n schiessen, bād·n bieten; lāp lief, šlāp schlief, hāt hiess, rāp rief u. s. w.*

### ei.

In dem ei der Adorfer Mundart sind zwei verschiedene Laute zusammengefallen, die man in einigen waldeckischen Orten noch als ai uml ei oder als ē und ei unterscheidet. Beide gehen meist auf den allgermanischen Diphthong ai zurück, der in Gotischen bewahrt, im Altsächsischen zu ē geworden ist. Ausserdem steht ei zuweilen an Stelle eines älteren ō (oder ie?), das teils aus kurzem e gedehnt (z. B. hei er), teils durch Zusammenziehung entstanden ist (z. B. teine zehn), teils in anderen germanischen Dialekten zu diphthongischem ie wird (z. B. weig· Wiege).

1) Z. B. twei zwei, eik·n cichen, teik·n Zeichen, bleik·n bleichen, eig·n verdienen, heit heiss, heit·n heissen, ik weit ich weiss, eit (pl. eid·) Eid, -heit (z. B. dumheit) -heit, šheid·l· Scheitel, beid·n warten, leid·n leiten, fleisk Fleisch, seip· Seife, heil heil, deil Teil, ein ein, bein Bein, heim heim, t· heim· zu Hause. — Wie der auf altes ai zurückgehende Diphthong der genannten Wörter wird das ei behandelt in hei er, dei der, wei wer, fei sie; fei Vieh; weig· Wiege (mndd. wēge, weige, wīge).

In diesen — und überhaupt in den meisten — Fällen steht dem ei der nordwestlichen Mundart in der südlichen Mundart der Diphthong ai, in der nordöstlichen Mundart der lange (übrigens oft zweigipflig, fast wie ē gesprochene) Vokal ē zur Seite. Also in Usseln und Corbach twai zwei, taik·n Zeichen, bain Bein, t· haim· zu Hause, hai er, waig· Wiege u. s. w.; in Twiste und Rhoden twē zwei, tēk·n Zeichen, bēn Bein, t· hēm· zu Hause, hē er, wēg· Wiege.

---

*[1]) Insbesondere in einigen mit „Inneschicket" bezeichneten Stücken im Jahrg. 1860 S. 14, 32 und 41—43.*

Dass in dem ai der südlichen Mundart nicht das ursprüngliche ai erhalten ist, sondern eine jüngere Abart des ei vorliegt, ergibt sich daraus, dass der Diphthong ou (= altsächs. ô) in dieser Mundart zu au geworden ist. Zwischen dem ei der nordwestlichen und dem ê der nordöstlichen Mundart ist die Entscheidung schwieriger. Da dem Adorfer Diphthonge ou in Rhoden das anscheinend ältere ô zur Seite steht, und ê und ô der nordöstlichen Mundart genau zum Altsächsischen stimmen, so scheint ja zunächst alles für die Annahme zu sprechen, es sei in dem ô die altniederdeutsche Form erhalten, und ei erst nachträglich aus diesem ê entstanden. Erwägt man aber, 1) dass das Schwanken zwischen ê, ô und ei, ou sich heute so ziemlich über das gesammte Gebiet des Niederdeutschen erstreckt, 2) dass wir nicht sicher sind, ob die Schriftzeichen e und o im Heliand überall reines langes e und o ausdrücken, 3) dass den e (wenigstens bestimmten Arten des ê) und o des Monarensis im Cottonianus häufig die Diphthonge ie und uo zur Seite stehen, 4) dass dem mld. ei im Ahd. und Mhd. ein gleichlautendes ei entspricht (ausser vor Dentalen und w, wo dieses ei sich weiter zu ê entwickelt): so wird man, denke ich, die Möglichkeit offen halten müssen, dass die diphthongische Aussprache mindestens eben so alt ist wie die monophthongische, und dass das ndd. ei, wie das ahd.-mhd. ei, unmittelbar an das alte ai anknüpft und nicht notwendig durch ein ê als Zwischenstufe hindurchgegangen ist. Wir werden auf die Frage nach dem Verhältnisse zwischen ê und ei weiter unten (Anm. 16) zurückkommen.

2) Anders steht es mit dem ei in einer beschränkten Zahl von Wörtern, z. B. heid· f. Heide, heid· m. Zigeuner, beid· beide, weid· Weide (pascua), inwweid· Eingeweide, reif· Kreise, reif·n reisen, geist Geist, rein· rein. Ferner ei Ei; geist gehst, geit geht (zu gân), äteist stehst, äteit steht (zu ätân); tein· 10; feit· Sense. Dieses ei wird in den meisten waldeckischen Mundarten nicht von dem vorigen unterschieden; man spricht also z. B. in Corbach, Berndorf, Willingen haid· Heide, baid· beide, faite· Sense. Wohl aber unterscheidet man die beiden Laute in Usseln (süd. Mundart) sowie in Twiste und Mühlhausen (nordöstl. Mundart), wo die Wörter heid·, beid·, feit· u. s. w. ebenfalls mit ei (nicht mit ai oder ê, wie ain·, twai in Usseln oder êa·, twê in Twiste) gesprochen werden.

Anm. 11. Im Einzelnen bestehen auch sonst noch örtliche Verschiedenheiten. Zunächst hat die Adorfer Mundart an Stelle des ei der ersten Gattung mehrfach das ai der südlichen Mundart, z. B. rai Reh, klai Klee, älai stumpf, nai nein, mai mehr, äwait Schweiss, äwai·n schwätzen, lait leid, klait Kleid, klaid·n kleiden, fraid·l m. Reitel. Drehstange (mndl. wrêd·l)[1], äwaid·l f. grosse Rocktasche (mndl. sweideler, swêdeler), maist meist, graip· Mistgabel, laiw·rk· Lerche, fail·n fehlen, fail·r Fehler, tain Zeh, äwain Sauhirt (ahd. swein, engl. swain), alain· allein, laiw·n leihen, älaiw· Schlehe, laiw·n Lehm. — Das Reh heisst in Usseln regelrecht rai, in Berndorf aber (wo man dieselbe Form erwartet) rê, in Mühlhausen (wo man rê erwartet) rai. Dasselbe unregelmässige ê, wie in rê, findet sich in Berndorf und Corbach in dem Zahlworte tên· 10 und in den Formen stêst stehst, stêt steht (dagegen i in gist gehst, slist schlägst). — Schnee heisst in Usseln und Willingen snê, mit derselben Abweichung von

[1] Die im mndl. Handwörterbuch offen gelassene Frage, ob wrêd·l mit tonlangem oder mit urspr. diphthongischem ê anzusetzen sei, darf auf Grund der heutigen Mundarten wie des hochd. Reitel zu Gunsten der letzteren Alternative entschieden werden.

den übrigen Mundarten (z. B. in Adorf ánei) wie in ehö Schuh und kö Kuh
(in Adorf ŝhou, kou; dem Adorfer on entspricht in Usseln und Willingen
sonst au). Usseln und Willingen gehen in diesen Wörtern ausnahmsweise
mit der nordöstlichen Mundart zusammen.

Anm. 12. Es handelt sich bei den beiden Gattungen des ei um einen
Unterschied, der sich nicht auf den wald. Dialekt beschränkt, sondern mehr
oder weniger deutlich auf dem Gebiete des Niederdeutschen überhaupt hervor-
tritt. So entspricht im nördlichen Hannover dem ei der ersten Gattung der
gleiche Diphthong, z. B. in twei, eiku, teika, ein, bein, dei, fei, und so durchweg, ausser in fēp Seife, wē'χ Wiege, në nein, mēr mehr, awēt Schweiss,
swētn schwitzen, brēt breit, lēt leid, klēt Kleid, klēdn kleiden, tōn Zehe,
lēnn leihen, alēn allein, lēm Lehm (sowie ēkļ Ekel, speçļ Spiegel, rē'χ Reihe).
Dem ei der zweiten Gattung dagegen entspricht im nördl. Hannover der
Diphthong ai: bai't Heide, d· haidn die Heiden, haidnlarm grosser Lärm, bai't
breide, wai't Weide, inwai't Eingeweide, rai's Reise, gaist Geist, rain rein, ai
Ei, gaist gehst, staist stehst, tain 10. (sowie mai Mai, kaifr Kaiser, haistr
Elster; kophaistr kopfüber, maistr Meister, slaist schlägst, rai'r Reiher, mai'r
(Eigenname); und Wörter wie krai Krähe, fai'n säen, mai'n mähen, wai'n
wehen). Nur in laidn leiten, malst meist und fē·sl Sense ist die Verteilung
der Laute eine andre. — Ueber den mecklenburgischen Dialekt bemerkt Nerger,
Gramm. S. 138: „In den Wörtern heil salus, heilant salvator, geist animus,
weid pascuum, scheid fines agri, beid ambo, reif iter, rein purus, der Bildungs-
silbe -heit, -cheit wird das ei dem möglichen ē fast überall vorgezogen." —
Damit halte man Lübben's Angaben (Mndd. Gramm. S. 35) über mittelndd.
ei und ē zusammen: „ei findet sich meist zu ē verdichtet; nur in einigen
Wörtern findet es sich ausschliesslich oder doch nur in äusserst seltenem
Wechsel mit ē, z. B. rein (dagegen wohl nnrene), keiser, sei (Malzträber), leio
(Schiefer), reie (Tanz), heide, heidene, weide, reise, leiden, beiden (warten),
iugeweide, meier, arbeit (nebst den Ableitungen), geil, geile, geisseleu."
Für die Soester Mundart stellt Holthausen a. a. O. § 71 und 72 die
Regel auf, westgerm. ai werde, wenn unamgelautet, zu ōē (nach unsrer
Schreibung oi), wenn durch folgendes i oder j umgelautet, zu aē (d. i. ai),
z. B. ōēn ein, aber raēna rein. Darnach würde das ei der zweiten Gattung,
soweit es auf altes ai zurückgeht, im Niederdeutschen überhaupt auf i-Umlaut
beruhen. Mir scheint mit dieser Regel das Richtige getroffen zu sein, wenigstens wird man zugeben müssen, dass sich ihr die meisten Beispiele ohne
weiteres fügen, und dass bei den übrigen die Schwierigkeiten wol nicht un-
überwindlich sind. Freilich weicht das Westfälische in der Verteilung der
beiden Diphthonge mehrfach sowohl vom Waldeckischen wie vom Nordsächsischen ab. Z. B. in den Formen für nhd. stehst, steht hat die Soester
Mundart den Diphthong, welcher dem ei in ciu, eiçu u. s. w. entspricht,
während diese Formen in Usseln staist, stait lauten, und entsprechend im
nördl. Hannover staist, stait. Umgekehrt hat die Soester Mundart in den
Wörtern für nhd. klein, meinen, Bleiche, Weizen, Scheitel den Diphthong,
welcher dem ei in rein, Heide u. ähnl. entspricht. Im nördl. Hannover
dagegen spricht man kleiu (z. B. in kleiugelt; gewöhnlich heisst klein lütr),
meinu, blēk, weitu, seitl; und in Usseln z. B. blaik bleich, saidrl Scheitel.

Anm. 13. Dem ei der ersten Reihe gehörte früher auch der Singular
des Präteritums der sog. i-Reihe an, also in Verben wie b·ltru beissen. In
Usseln und Willingen sagt man noch bait biss, graip griff, rait riss, shain
schien; ausserhalb des Upplandes aber ist hier meist (wie im Hochd.) der

*Vokal des Plurals in den Singular eingedrungen, so dass diese Formen z. B. in Adorf blt, grlp, rlt, ș̌lu lauten.*

*Anm. 14.* Vor folgendem **r** wird **ei** durch **ä** vertreten in **är** Ehre (aber in Rhoden air), **här** Herr, **lär** Lehre, **lärr** Lehrer (nebst kärn kehren, falls dies hierher gehört); durch **ë** in **ö** (aus *ër) ehe, cher und **ëst** (aus *ërst) erste. Wahrscheinlich gehört **ä** zu dem **ei** der ersten Reihe, **ë** zu dem **ei** der zweiten Reihe.[1] — Auffällig ist neben dem **ä** das **ai** in **bair** nebst **wats•bair** Eber (vgl. alts. bër u. biersutu, engl. boar) und in **mai** mehr. Der Unterschied wird damit zusammenhängen, dass in der nordwestl. Mundart das **ei** der ersten Reihe sich in **ei** und **ai** spaltet: **mai** stimmt zu **maist**. — **ë•** und **ëw•h** ewig sind wol aus dem Hochd. entlehnt.

*Anm. 15.* **ei** ist mehrfach zu **e** verkürzt, s. ob. S. 36*.

### ou.

*Wald*. **ou** entspricht altsächsischem und gotischem ō (= ahd. uo, nhd. ū), z. B. **kou** Kuh, **ș̌hou** Schuh, **bouk** Buch, **b•ș̌wouɣu** ohnmächtig werden, **plouɦ** Pflug, **fout** Fuss, **blout** Blut, **hout** Hut, **mout** Mut, **broud•r** Bruder, **mous** Gemüse, bes. Kohl, **roup•n** rufen, **ätoul** Stuhl, **doun** thun, **houn** Hukn, **bloum•** Blume; ferner fon so. — Wie got. ō ist das **o** in Lehnwörtern wie **kroun•** Krone, **rouf•** Rose, **ș̌houl•** Schule, **fijoul•** 'Viola' (= alte Jungfer) behandelt.

Der Diphthong **ou** ist auf die nordwestliche Mundart beschränkt. In der nordöstlichen Mundart spricht man langes o (**bōk, fōt, fō** u. s. w.); in der südlichen Mundart ist der Diphthong **ou** zu **au** geworden (**bauk, faut, fau** u. s. w.). Nur die Wörter **kö** Kuh und **ș̌hō** Schuh haben auch in Usseln, Willingen, Berndorf (und wol überhaupt in der südlichen Mundart) den Vokal ō.

*Anm. 16.* Die Verteilung der drei Laute **ou, ö, au** ist, wie man sieht, in den waldeckischen Mundarten ganz analog der, welche bei **ei, ë, ai** herrscht. Wo man **ei** spricht, spricht man auch **ou**, und ebenso gehen **ai** und **au** zusammen, sowie **ë** und ō. Wie wir oben (S. 54*) das **ai** für eine verhältnismässig junge Umgestaltung des **ei** erklärten, so nehmen wir auch hier an, dass in der Aussprache **au** eine jüngere Entwickelung der Lautverbindung **ou** vorliegt. Dass das **ou** seinerseits in letzter Linie auf langes o zurückgeht, ist nicht zu bezweifeln. Fraglich aber ist mir, ob das ō der Rhodener Mundart als unveränderte Fortsetzung des gemeingermanischen ō gelten darf, und ob das anscheinend mit dem gotischen ō identische o der altsächsischen Schrift wirklich noch reines ō war. In dem o der altsächsischen Schrift fallen — von dem kurzen o abgesehen — zwei Laute zusammen, die in den meisten ndd. Mundarten noch heute unterschieden werden, und ohne Zweifel auch in altsächsischer Zeit verschieden ausgesprochen wurden, nämlich altes **au** und altes ō. Nur einer dieser beiden Vokale kann also im Altsächsischen reines ō gewesen sein, und zwar spricht — wie sich unten bei der Behandlung des Diphthongs **au** zeigen wird — alles dafür, dass es das aus altem **au** entstandene ō war. Dem altsächs. ō = german. ō wird man demgemäss die Aussprache zuschreiben müssen, welche es heutzutage in den meisten ndd. Mundarten hat, nämlich die des Diphthongs **ou**. Gibt man dies zu, so liegt es am nächsten, unter den drei Lauten **ou, ö, au** dem ersteren den Altersvorrang zuzuerkennen

---

[1] *Im Nordsächsischen werden die beiden **ei** vor **r** meines Wissens nicht unterschieden. Im nördl. Hannover z. B. lauten die obigen Worte: **ë'r, bor** (mit kurzem e, wol aus d. Hochd.), **lē'r, lërr, ë'r, ërst**. Ebenso mër mehr.*

und anzunehmen, dass die ö, welche sich in der Rhodener Mundart an Stelle von altem ö finden, erst durch ou hindurch wieder zu ö geworden sind. Findet sich doch auch in nordsächsischen Mundarten vielfach, als örtliche Eigenheit, ein scheinbar altes ö, welches aber doch nicht uralt sein kann, sondern zunächst auf ou beruhen muss, weil die im Nordsächsischen anderswo übliche Scheidung zwischen ou aus altem ö und ö aus altem au offenbar nicht neueren Datums, sondern von alter Zeit her bewahrt ist. — Man kann nun freilich einwenden, dass an das Waldeckisch-Westfälische hier nicht derselbe Massstab gelegt zu werden braucht, wie an das Nordsächsische. Denn im Wald.-Westfälischen liegt ja der germanische Diphthong au heute nicht als ö sondern als au vor, und wenn wir annehmen dürfen, dass dieses au sich von Alters her erhalten hat (siehe darüber unter au), so fällt die Nötigung fort, den Uebergang des ö in ou im Waldeckisch-Westfälischen für ebenso alt zu halten, wie im Nordsächsischen. Trotzdem möchte ich daran festhalten, das ö auch hier als spätere Verengung des Diphthongs ou zu erklären. Denn tatsächlich stimmt ja heute das wald.-westfäl. ou (oder das daraus entstandene au) zu dem nordsächsischen ou. Da die beiden Dialektgebiete sich berühren, so wird man die Diphthongisierung des alten ö zu ou als eine — sei es vom Norden oder vom Süden ausgehende — zusammenhängend verlaufende und also im wesentlichen derselben Zeit angehörende Lautneuerung ansehen dürfen. Diese Auffassung gewährt zugleich den Vorteil einer einheitlichen Erklärung der beiden, offenbar parallelen Reihen ei, ē, ai und on, ō, au. Auszugehen ist in beiden Fällen von den Lauten der Adorfer Mundart, also von ei und ou. Durch Senkung der Zunge bei der Aussprache des zweiten Bestandteils der beiden Diphthonge entstehen daraus die Lautverbindungen eᵃ und oᵃ, die dann weiter zu langem e und langem o zusammengezogen werden. Andererseits entwickeln sich ei und ou zu ai und au, indem im ersteren Falle die Palatalisierung, im zweiten Falle die Rundung des ersten Bestandteils aufgegeben wird, oder — anders ausgedrückt — indem in beiden Fällen der erste Bestandteil des Diphthongs sich der Normalstellung der Sprachorgane nähert.

Anm. 17. In Willingen wird für au ein eᵃᵘ gesprochen, d. h. kurzes e mit nachklingendem au, z. B. heᵃᵘn Huhn. Vgl. ob. S. 16*.

Anm. 18. Vor folgendem r wird ou auch in der Adorfer Mundart zu ö, während in anderen Gegenden der Diphthong ou bleibt. Näheres hierüber unter ö (S. 58*).

Anm. 19. Der Diphthong ou kann zu o verkürzt werden, s. ob. S. 39*.

## oü.

Der Umlaut des ou lautet in der nordwestlichen Mundart oü, z. B. froü, früh, boük⁺ Buche, boük⁺r Bücher, soük⁺n suchen, ploügrn pflügen, foüt⁺ Füsse, soüt⁺ süss, moüd⁺ müde, broüd⁺r Brüder, koül kühl, woül⁺n wühlen, woüst⁺ wüst, doüst, doüt, 2. und 3. sing. zu doun thun, groün⁺ grün, hoüürkn Hühnchen, oüw⁺n necken, üben (mndd. oven, d. i. öven üben, ehren, foppen = alts. öbean festlich begehen, nhd. üben). — fioül⁺kn Veilchen, shoül⁺r Schüler. Von diesem oü unterscheidet sich nur unwesentlich, nämlich durch Mangel der Lippenrundung beim zweiten Bestandteile, der Diphthong oi der südlichen Mundart, z. B. foik⁺n, foit⁺. Die Aussprache des oi deckt sich mit der üblichen Aussprache des nhd. eu, oder äu, in heute, Häuser. In Willingen findet sich eine abweichende Aussprache, nämlich ᵃü (d. h. ein offener Diphthong, dessen erster Bestandteil zwischen ä und ö liegt, also seiner Qualität nach dem ä in hörn, shöü⁺kn u. ä. entspricht), z. B. fᵃüt⁺ Füsse, mᵃü Mühe.

*Die nordöstliche Mundart hat langes geschlossenes ö (als Umlaut des langen geschl. o, welches hier dem Adorfer ou zur Seite steht), z. B. fök'n, föv.*

*Anm. 20. Vor r steht auch in der nordwestl. Mundart ö (wie für ou in dieser Stellung ö eintritt).*

*Anm. 21. Ueber Verkürzung des ou zu ö s. ob. S. 39*.*

## ö.

*In der Adorfer Mundart vertritt langes o zunächst den Diphthong ou vor unmittelbar folgendem r. Z. B. -fört geführt (zu förn), för Fuhre, hör Hure, mör Moor (= ahd. muor), -rört gerührt (zu röru), šnör Schnur. Hierher gehört im Waldeckischen, wie in anderen ndd. Dialekten[1]), auch das Wort rör 'Rohr', abweichend von got. raus und ahd. rör. (Bei regelrechter Lautvertretung wäre wald. rör im Horhd. „Ruhr", oder hochd. Rohr im Wald. „raur"; vgl. hochd. Ohr = wald. aur).*

*In anderen Fällen geht das ö vor r auf kurzes o oder u zurück: börlaiw- Emporbühne (vgl. mndd. bor horh), šmörn schmoren (Lehnwort?), špör Spur (mnd. spor n.), ik wör I) ich wurde, 2) ich war[2]); wört Wort. Weshalb hier vor r und r + Vokal das o (oder u) nicht zu å geworden ist (wie in dår Tor u. ähnl.), und vor r + t nicht zu u* (wie in kurt), wüsste ich nicht zu sagen.*

*Wo sich ö vor andren Lauten als r findet, wird Entlehnung anzunehmen sein (abgesehen etwa von der Interjektion öha), z. B. köw'r Kober, lös Los, löf'n losen. möq'rn betrügen, übaht Beachtung, fölö Solo.*

*Anm. 22. In der Papollere steht an Stelle dieses ö der Diphthong ou.[3]) Z. B. innefouhrt eingefahren (1860 S. 27), aunefouhrt angeführt (1859 S. 13), annerourt angerührt (1860 S. 19), Rouhr Rohr (cbd. 15), wour wurde (cbd. 6), biättere wouren besser geworden (1859 S. 9), wour war (cbd. 7), wourst warst (1860 S. 37), wouren waren (1859 S. 7), Wourd Wort (1860 S. 14), Antwourd Antwort (cbd. 32). Dieses ou geht dem in Anm. 9 erwähnten ei parallel, und findet sich, wie dieses, wahrscheinlich nur nahe der Ostgrenze des waldeckischen Gebietes. — In der Corbacher Mundart steht ö zunächst in denselben Fällen wie in der Adorfer Mundart, ausserdem aber auch im Auslaute in Worten wie kö Kuh, šhö Schuh, vgl. ob. S. 56*. Die Rhodener Mundart hat ö sowohl für ou wie für ö der Adorfer Mundart.*

## ö.

*ö dient in der Adorfer Mundart als Umlaut des ö, und läuft diesem seiner Herkunft nach durchaus parallel. Es ersetzt zunächst den Diphthong ou (d. h. den Umlaut des allgerm. ö) in der Stellung vor r: föru I) führen, 2) fahren[4]), röru rühren, šnöru schnüren. Diesen Wörtern schliesst sich rör Röhre an, dessen Vokal nicht zu ahd. rörra, mhd. rœre stimmt.[5])*

---

[1]) Nordsächs. rour Rohr, mit dem Diphthonge, der sonst gotischem ö und ahd. uo entspricht, während gotischem au im Nordsächs. langes o zur Seite steht.
[2]) Im Upplande heisst 'ich war' noch ik was. Der Plural 'wir waren' šollte lauten „w·t wårn"; für diese Form ist dann w·t wörn 'wir wurden' eingetreten, und schliesslich auch der Singular ik was durch ik wör 'ich wurde' ersetzt.
[3]) Langes o nur ganz vereinzelt in Stücken, die nicht vom Herausgeber des Blattes herrühren, z. B. worou 1860 S. 42.
[4]) Beide Verba sind im Waldeckischen nahezu zusammengefallen, ähnlich wie in ik wör nhd. 'ich war' und 'ich wurde' zusammengeflossen sind.
[5]) Nordsächs. röü'r weist, wie wald. rör, auf urspr. *rörja (nicht *raurja).

*Aus kurzem ö oder ü ist ö unter dem Einflusse des folgenden r entstanden in Fällen wie börn heben, dör Tür (neben dăr Tor), hör Hürde, kör- băr Wahlherr, mörnhün·h Möhrenhonig. spörn spüren, ik wör I) ich würde, 2) ich wäre, wört'k·n Wörtchen. Unklar ist mir die Herkunft des ö in jörn schreien. störn stören ist wol als Lehnwort aus dem Hochd. anzusehen, obwohl man das Wort zur Not mit ags. styrian (engl. to stir) vereinigen könnte. Einen Grund dafür zu finden, weshalb in Wörtern wie dör, hör der Vokal ö steht, und nicht ä̂ oder ö, ist mir nicht gelungen.*

*In den wenigen Fällen, wo ö vor anderen Lauten als r steht (z. B. löw·, möf·) handelt es sich um Lehnworte.*

*Anm. 23. Der Dialekt, in welchem die 'Papollere' geschrieben ist, d. h. der Dialekt von Kütte, hat an Stelle des ö einen Diphthong, der wie nhd. eu lautet.[1]) Z. B. Deure (1860 S. 9), Hingerdeure (ebd. 3), Kükkendeure (1859 S. 5), speuren (1860 S. 11), weur wäre (ebd. 5), weuren wären (ebd. 9), joiren (ebd. 11). Es gilt hinsichtlich dieses Diphthongs dasselbe, was vorhin (Anm. 9 u. 22) über ei und ou in der Papollere neben gemeinwaldeckischem ê und ö bemerkt wurde. — In der Corbacher Mundart entspricht dem Adorfer ö meist ebenfalls ö, jedoch oi in joirn (mit demselben Vokal wie in boirn gegen hê̂rn der übrigen Mundarten). In der Rhodener Mundart gilt ö sowohl für ö wie für oŭ der nordwestlichen Mundart.*

### au.

*Gemeinwald.* au steht allgermanischem au (= altsächs. und mittelndd. ö) zur Seite. Im Hochdeutschen entspricht ö vor h (ch) und Dentalen, sonst au. Z. B. flau Floh, frau froh, hau hoch, auk auch, rauk Rauch, aug· Auge, dauh taugt, braut Brot, daut (flektiert daud·) tot, raut (flektiert raud·) rot, blaut bloss, graut grass, šh̆aut Schooss, staut·n stossen, laus los, austr̄n Ostern, traust Trost, aur· Ohr, kaup Kauf, laup·n laufen, dauf taub, lauf Laub, šh̆auf Bund Stroh (mndd. schöf), stauw·rh staubig, bauu· Bohne, laun Lohn, baum Baum, draum Traum, taum Zaum.

*Auf lateinischem* au beruht au in Lehnwörtern wie kaul Kohl, klaust·r Kloster. Der Vokal dieser Wörter fällt (im Unterschiede vom Hochdeutschen) nicht zusammen mit dem auf lat. o zurückgehenden Vokale in kronu· Krone, rouf· Rose u. ä.; wenigstens nicht in der Adorfer Mundart.

*Eigenartig,* nämlich aus an entstanden, ist das au in dem Worte gaus Gans. (Vgl. darüber unten.)

*Im Westfälischen* entspricht diesem au ebenfalls ein Diphthong, und zwar um Münster und überhaupt im nordöstl. Westfalen au, anderswo ŭ̂u oder ou. Auch im Mittel- und Süddeutschen sind ou und au nicht selten. (Vgl. z. B. Jellinghaus Einteilung d. ndd. Mundarten S. 3 f., Heimzerling D. Siegerländer Mundart S. 39, und besonders Wrede im Anz. f. dt. Alt. 19, 1893, S. 347—349 und 23, 1897, S. 207 ff.)

*Man nimmt* allgemein an, das westfälische au (um unter dieser Bezeichnung die verschiedenen Färbungen des Diphthongs in den westfäl. Mundarten zusammenzufassen) knüpfe nicht direkt an das allgerman. au an, sondern sei durch sekundäre Diphthongierung aus ö entstanden.

*Diese Ansicht* gründet sich in erster Linie auf den Umstand, dass das Altsächsische an Stelle des Diphthongs au langes o hat. Dieser Umstand

---

¹) ö ist nur ausnahmsweise in Stücken stehen geblieben, die nicht vom Her- ausgeber herrühren, z. B. Döhre 1869 S. 14 in einem mit „Inneschicket" bezeich- neten Gedichte.

*wäre nur dann beweiskräftig, wenn das Westfälische wirklich in gerader Linie vom Altsächsischen abstammte. Allerdings pflegt man auch heute noch die sämmtlichen niederdeutschen Dialekte aus dem Idiom des Heliands herzuleiten. Aber dieses Verfahren dürfte sich mehr und mehr als untunlich herausstellen. Tatsächlich zeigen ja schon unsere Handschriften des Heliand eine Reihe dialektischer Verschiedenheiten (z. B. u* neben ô, ie neben ê). Diese Verschiedenheiten aber erschöpfen gewiss nicht die Summe der Dialektunterschiede, welche zur Zeit des Heliand zwischen den verschiedenen niederdeutschen Mundarten bestanden. Die Handschriften des Heliand lehren uns über den Lautstand der niederdeutschen Dialekte im 9. Jahrh. etwa so viel, wie uns die Handschriften des Nibelungenliedes über den Lautstand der hochdeutschen und mitteldeutschen Mundarten am Ausgange des 12. Jahrh. lehren. Die Eigentümlichkeiten des Westfälischen treten im Heliand etwa so weit hervor, wie die Eigentümlichkeiten sagen wir des Hessischen oder der waldeckischen Edermundarten im Nibelungenliede. Und so wenig wie an den Heliand lässt sich das Westfälische unmittelbar an eines der sonstigen altsächsischen Sprachdenkmäler anknüpfen, auch nicht z. B. an die Freckenhorster Heberolle.[1])*

*Wir werden also die Hoffnung aufgeben müssen, aus den altsächsischen Denkmälern sicheren Aufschluss über die Vorgeschichte des westfälischen zu gewinnen. Untersuchen wir nun, ob sich diese Frage auf Grund der heutigen Mundarten beantworten lässt.*

*An Stelle des au und seines Umlautes ai finden sich mehrfach die kurzen Vokale o und ö, und zwar an Stellen, wo die niederdeutschen Dialekte überhaupt zur Verkürzung alter Diphthonge oder langer Vokale neigen, z. B. wald. koft* *kaufte, conj. köft*, *ptc. *koft* *zu kaip·n; gloft* *glaubte, conj. glöft*, ptc. *gloft* *zu glaiw·n; höd* *Höhe, böd·r höher zu hau; gröt·r grösser, gröt·st·grösste, zu graut. (Vgl. ob. § 11 S. 39*.)[2]) Hier scheinen die kurzen o und ö darauf hinzuweisen, dass das Waldeckische an Stelle der Diphthonge au und ai einst, wie das Nordsächsische, die langen Vokale ô und û hatte. Aber es scheint eben auch nur so. Man erwäge zunächst, dass o und ö zugleich als Verkürzungen des Diphthongs ou und seines Umlautes oü gelten, z. B. folt* suchte zu solk·n, g·noh genug = nordsächs. gnouh, höt hütet zu houd·n. Es wäre also für ou und oü dieselbe Vorstufe anzunehmen, wie für au und ai. Da dies offenbar unzulässig ist, so folgt, dass die Verkürzung zu o und ö nicht zu dem Schlusse berechtigt, an Stelle des au und ai habe früher ô und û gestanden. Nur das eine wird man behaupten dürfen, dass die Verkürzung zu ö zu einer Zeit erfolgt sein muss, als der Umlaut ai noch nicht seine heutige Form hatte, da man als Küze zu ai vielmehr ä oder e erwarten dürfte. Besser stimmt zu dem ö das oi der südlichen (Corbacher) Mundart; am besten wol ein als gemeinsame Vorstufe des ai und oi vorauszusetzendes aü oder oü. Zweitens vergleiche man die neuhochdeutsche Verkürzung des Diphthongs ei zu e in Fällen wie elf aus eilf = ahd. einlif oder Drittel und Viertel aus Drit-teil und Vier-teil.*

*Gegen das Alter der Diphthonge au und ai scheint ferner das Wort gaus 'Gans', pl. gaif* zu sprechen, dessen Diphthong (nordsächs. gous, pl. göü's) anscheinend durch die Mittelstufe ô (aungel. û) auf au zurückgeht. Aber auch hier ist der erste Augenschein trügerisch. Ein aus au entstandenes ô könnte*

---

[1]) Näher begründet sind die hier ausgesprochenen Ansichten in dem Exkurse am Schlusse dieses Paragraphen.

[2]) Im nördl. Hannover entspricht kurzer Vokal in köft gekauft, aber langer Vokal in glö'ft geglaubt, höǝ·r höher, gröǝ·r grösser, gröːst· grösste.

*in echt waldeckischen oder westfälischen Wörtern nur wie altes ō behandelt sein, d. h. es müsste im Waldeckischen (in der Adorfer Mundart) ou lauten. Denn das vor folgendem a aus an entstandene ō hat sonst überall im Niederdeutschen — sowie im Angelsächsischen — dieselbe Gestalt wie altes ō (also z. B. wie der Vokal in dem Worte für 'Huhn' oder 'Fuss'). Die Unregelmässigkeit der waldeckisch-westfälischen Form tritt noch deutlicher hervor, wenn wir das Wort für 'Bunse' vergleichen, dessen an mit dem in 'Gans' gleich behandelt sein sollte.*

*Angelsächs. fōt Fuss, pl. fét; gōs Gans, pl. gés; bōs-ig Kuhstall, engl. (dial.) boose 'a stall for a horse or cow; the upper part of the stall, where fodder is placed'.[1])*

*Ditmarsisch fōt Fuss, gōs Gans, bōs f. Kuhstall (rgl. Müllenhoff, Glossar z. Quickborn s. v. Bos).*

*Nordsächs. (ausser in Ditmarschen) font (fōt) Fuss, pl. füüt (fūt); gons (gōs) Gans, pl. göü's (gō's); banf'u Scheune, Lagerraum für Getreide.*

*Wald. (Adorf) font Fuss, pl. foüt'; gans Gans, pl. gaif'; banf' Getreidehaufen. — Westfäl. (Mark, nach Woeste's Wörterb.) faut Fuss, pl. fait'; gös Gans, pl. göse[2]); banf' Haufe.*

*Nur im Angelsächsischen und Ditmarsischen herrscht Konsequenz. Im Nordsächsischen bleibt die verschiedene Behandlung des an ror s in banf'u und gons unklar, aber der Vokal des letzteren Wortes erscheint wenigstens in der Form, welche altes ō regelrecht annimmt. Im Waldeckisch-Westfälischen zunächst derselbe unerklärte Unterschied wie im Nordsächsischen; dazu die weitere Unregelmässigkeit, dass der Vokal des Wortes für Gans nicht die Form des alten ō, sondern die des alten an teilt. Man kann einstweilen nur sagen, dass der Vokalismus des Wortes für Gans[2]) noch sehr der Aufhellung bedarf und vorläufig auf die Entwickelung des Diphthongs au kein Licht wirft. —*

*Vielleicht kommen wir unsrem Ziele näher, wenn wir die Geschichte des Diphthongs au im Zusammenhange mit der des alten langen o betrachten. Wenn in den Hss. des Heliand dem got. ō wie dem got. Diphthong au gleichmässig langes o entspricht, so kann dieses ō nicht in beiden Fällen dieselbe Aussprache gehabt haben, da die beiden Laute noch heute sowohl im Nordsächsischen wie im Westfälischen unterschieden werden. Auch die Annahme, das aus au entstandene ō habe „offenen Klang" gehabt (Gallée, Alts. Gr. § 43), hilft nicht aus der Verlegenheit. Diese Annahme hält sich rein äusserlich an den Umstand, dass gelegentlich, wie in der Freckenh. Heberolle, das aus au entstandene ō mit a bezeichnet wird. Sie verträgt sich aber nicht mit den heutigen Mundarten. Im Nordsächsischen ist das aus au entstandene ō heute ein geschlossener Vokal, wie das vor Dentalen und h (z. B. Lohn, hohl) dem Hochdeutschen ihm entsprechende ō. An Stelle dieses geschlossenen o dem Altsächsischen ein offenes o zuzuschreiben ist um so weniger zulässig, als die Schreibung mit a von der Freckenhorster Heberolle*

---

[1]) *Vgl. Wright, Engl. Dialect-Dictionary, Vol. I, unter boose[1].*

[2]) *Woeste's ö hat die Geltung von äu und ö die Geltung des nhd. eu. Vgl. Jellinghaus im Ndd. Jahrbuch 9 S. 66.*

[3]) *Eine Uebersicht der mannigfaltigen Formen dieses Wortes in den heutigen Mundarten gewährt die Darstellung von Wrede im Anz. f. dt. Alt. 18 (1892) S. 405—409. Die nach Wrede an der mittleren Vechte vorkommende Form gäuns legt die Vermutung nahe, dass der Diphthong au in gans älter ist, als der Verlust des n, und dass gau(n)s sich zu gans ähnlich verhält, wie sau(l)t zu salt (Wrede a. a. O. 19 S. 100) oder au(ld-) zu ald- (ebd. 21 S. 276 ff.).*

*abgesehen nur vereinzelt auftritt, und durch andre Schreibungen, wie z. B. das im Cott. nicht seltene uo (s. die von Schlüter in Dieter's Laut- u. Formenl. I. § 69 b) Anm. 2 gesammelten Beispiele) aufgewogen wird. Das im Waldeckisch-Westfälischen vorliegende au aber wird man, auch wenn man es durch die Mittelstufe eines monophthongischen ō hindurchgehen lässt, trotz der Freckenhorster Heberolle nicht auf ein a-artiges ō zurückführen dürfen. Denn die natürlichen Mittelstufen zwischen monophthongischem ō und diphthongischem au sind ōᵒ ōᵘ ou, nicht aber ein å. Will man also den westfälischen Laut dem nordsächsischen unterordnen, so sollte man beiden denjenigen Laut zu Grunde legen, auf welchen die nordsächsischen Mundarten weisen, d. h. geschlossenes ō.*

*Aber sind wir denn genötigt, den westfälischen Diphthong durch die Mittelstufe eines Monophthongs hindurchgehen zu lassen? Bei den tiefgreifenden Unterschieden, die heute zwischen dem Nordsächsischen und dem Westfälischen bestehen und teilweise sicher recht alt sind, wird man die Möglichkeit offen halten müssen, dass eine erhebliche Verschiedenheit zwischen den beiden Gruppen schon in altsächsischer Zeit vorhanden war. Wenn also in der Vertretung des got. Diphthongs au die Sache in den deutschen Mundarten im grossen und ganzen so liegt, dass die entsprechenden Laute in den süddeutschen Dialekten auf den Diphthong ou weisen (mit der Einschränkung, dass vor Dentalen und h dafür ō eintrat), in den mitteldeutschen Dialekten auf au (mit derselben Einschränkung, wie im Süddeutschen), im Westfälischen auf au (ohne weitere Einschränkung), und im Nordsächsischen auf ō: so wird man, denke ich, wenigstens die Möglichkeit zugeben müssen, dass das westfälische au ebenso alt ist, wie das ihm benachbarte mitteldeutsche (insbes. hessische und thüringische) au, und dass es die natürliche, geographische Vermittelung zwischen diesem und dem altsächsischen ō bildet. Das Waldeckisch-Westfälische würde mit dem Mitteldeutschen die Klangfarbe, au, des Diphthongs teilen, mit dem Nordsächsischen die Eigenheit, dass vor folgendem Dental und folgendem h dieselbe Form sich findet, wie vor anderen Lauten.*

*Ich halte diese Annahme, wie gesagt, für zulässig, und ziehe sie der üblichen Herleitung des westfäl. au aus alts. ō insofern vor, als sie mir einfacher und natürlicher zu sein scheint. Denn das au z. B. der Adorfer Mundart deckt sich heute tatsächlich mit dem alten Diphthong au (d. h. altes au wird, wo es nicht verkürzt ist, als au bewahrt, und andrerseits findet sich heute der Diphthong au nur an Stelle des alten au, nicht etwa an Stelle eines got. ō); und man sieht nicht, weshalb an das waldeckische au etwa in auk auch, laupᵘ laufen, baum Baum, von vorn herein ein ganz andrer Massstab gelegt werden soll, als an den Vokal der entsprechenden hochdeutschen Worte. Jedenfalls kann man sich mit dem westfäl. au nicht so leichten Kaufes abfinden, wie es z. B. Heinzerling in seiner im übrigen sorgfältigen und reichhaltigen Dissertation über den Vokalismus und Konsonantismus der Siegerländer Mundart (Marburg, 1871) versucht. Heinzerling meint zunächst (S. 39), das Rheinfränkische zeichne sich in der treuen Bewahrung des aus au verengten ō vor vielen ndd. Dialekten, z. B. „dem Westfälischen und Meklenburgischen" aus. Als ob man hierbei Westfälisch und Meklenburgisch in einem Atem nennen dürfte! Das Meklenburgische hat ja an Stelle des got. Diphthongs au den „reinen ō-Laut", z. B. bōm Baum, lōpen laufen (also wie das Rheinfränkische), und zwar nach Nerger S. 133 „durch das ganze meklenburgische Land". Heinzerling hat wol das au vorgeschwebt, das bei Reuter in Wörtern wie Haun, Faut, Kauh geschrieben wird (also an Stelle von got. ō!); er hätte aus den Bemerkungen Nerger's S. 134 entnehmen können, dass das* **au** *bei Reuter wahrscheinlich nur ungenaue Schreibung für* **ou** *ist. Das Meklenburgische hält sich in dieser Beziehung ganz innerhalb der allgemein nordsächsischen Regel. — „Wie wenig dieses* ndd. **au**", *führt H. fort, „seiner Entstehung nach mit dem hochd. dasselbe ist, zeigt, dass ndd. ebenso sehr alle dem hochd.* ö *entsprechenden* ö *von dem späteren Trieb nach Diphthongisierung ergriffen wurden; so hat das Westf. z. B. nicht nur* **baum, laupen** *u. s. w., sondern auch* **daud** *tot,* **chraut** *gross,* **stauten** *stossen,* **schaul** *Schule u. s. w."* *Hier sind abermals zwei ganz verschiedene Dinge zusammengeworfen, nämlich die beiden Vokale, welche in der Adorfer Mundart als* **ou** *und* **au** *unterschieden werden, und sich in ähnlicher Weise überhaupt im Wald.-Westfälischen unterscheiden. Wenn das aus* ö *entstandene* **ou** *in Wörtern wie* **shoul** *Schule,* **foul** *Fuss in einigen Gegenden mit dem* **au** *in* **baum, daud** *u. s. w. zusammenfällt, so folgt daraus für letzteres ältere monophthongische Aussprache ebenso wenig, wie etwa aus dem* **au** *in* nhd. **Pflaume** *oder* **Haus** *folgt, dass das* **au** *in* **Baum** *oder* **laufen** *aus* ü *entstanden sei. Und wie steht es endlich mit dem vermeintlichen Argumente aus Wörtern wie* **daud** *tot,* **chraut** *gross,* **stauten** *stossen? Diese Wörter hatten ursprünglich* **au,** *haben es aber im Hochdeutschen in* ö *verändert. Das Westfälische zeigt von diesem jüngeren Wandel keine Spur, sondern zeigt denselben Vokal* **au,** *wie das Gotische: folglich ist das westfälische* **au** *„durch spätere Diphthongisierung entstanden"! Nehmen wir einmal an, das Westfälische hätte an Stelle des alten* **au,** *wie das Hochdeutsche, vor* h *und vor Dentalen langes* o, *sonst aber den Diphthong* **au:** *würde man nicht dem Altsächsischen zu Liebe behaupten,* ö *sei ausser vor* h *und vor Dentalen von „dem späteren Triebe nach Diphthongisierung ergriffen", und das* **au** *stimme also zufällig mit dem hochdeutschen überein? Der Beweis liegt in beiden Fällen in dem willkürlichen Ausdrucke „jüngerer Trieb nach Diphthongisierung"; setzt man dafür „Erhaltung des alten Diphthongs" ein, so kann man mit demselben Materiale das Gegenteil beweisen.*

*Meiner Meinung nach lässt sich ein strikter Beweis weder für noch gegen die Ursprünglichkeit des westfälischen* **au** *führen. Allerdings aber glaube ich, dass man die Herkunft des westf.* **au** *aus altsächs.* ö *allgemein für sicherer hält, als sie in Wirklichkeit ist, und dass man die Vorteile dieser Erklärung überschätzt. Freilich gewinnt man dadurch eine einheitliche altniederdeutsche Form, aber doch nur für das Niederdeutsche in engerem Sinne. Oder soll auch das friesische* â *aus* ö *und nicht aus* **au** *entstanden sein, obwohl z. B. in hessischen Mundarten das hochd.* **au** *zu* â *wird? Jedenfalls wird man aber wol vor dem* ags. ê *Halt machen. Bei den sonstigen nahen Berührungen zwischen Friesisch und Angelsächsisch liegt es aber nahe, für fries.* â *und ags.* ê *dieselbe Form, also* **au** *vorauszusetzen; oder wenigstens nicht das gesammte Gebiet des Friesischen zu der Zone des nordsächs.* ö *zu rechnen. Dann läge also das Westfälische zwischen zwei Gebieten, die diphthongisches* **au** *bewahren, nämlich zwischen dem Friesischen im Nordwesten und dem Hessischen im Südosten. Ist die einheitliche Zone eines friesischwestfälisch-hessischen* **au** *(wenn auch im Hessischen durch die Regel des* ö *vor* h *und Dentalen eingeschränkt), wie wir sie durch Hineinziehung des Westfälischen in das* **au**-*Gebiet gewinnen, nicht ebenso einleuchtend, wie eine einheitliche nordsächsisch-westfälische Zone des* ö?

*Anm. 24. In der Vertretung des alten* **au** *stimmen die wald. Mundarten überein, nur dass sich in Willingen dieselbe Verbreiterung der Aussprache findet, wie bei dem auf* **ou** *zurückgehenden* **au** *also* **braut, goura** *u. s. w.*

*Anm. 25. Vor* r *ist das* **au** *teils durch* **å** *ersetzt, z. B.* hårt· *hörte*
(prt. zu hĕrn) — *rgl. ob. S. 51\* —, teils geblieben, z. B. in* anr *Ohr.*

*Anm. 26. Ueber die Verkürzung des* **au** *zu* o *in Fällen wie* koft·
kaufte, hoht·tt *Hochzeit s. ob. S. 39\* u. 60\*.*

**al.**

*1) Das* **ai** *der Adorfer Mundart ist in der Regel Umlaut des* **au.** *Z. B.*
flai· *Flöhe,* raik·rn *räuchern,* baiq·n *beugen,* fniq·n *säugen,* blaid· *blöde,* naid·h
*nötig,* aif· *Oese (mndd.* ose *d. i.* öfe), baif· *böse,* laif·n *lösen,* raip· *Pferderaufe*
(mndd. rope d. i. rōpe), f·rlaif *Erlaubnis,* klaiw·n *spalten (mndd.* kloven, *nords.*
blök(b)m, *abgel. Verbum zu alts.* klioban), glaiw·n *glauben,* raiw·r *Räuber,* r·ŭ-
laiw·rn *trockenes Buchenlaub (zu* lauf, *rgl.* hochd. raublaubigt *in der Forstordn.*
r. *1741),* laiw·rbusk *Buchenbusch (desgl.),* štaiw·n *stäuben,* baim· *Bäume,*
draim·n *träumen. Ebenso* gaif· *Gänse.*

*Während die Rhodener Mundart in dem Umlaute des* **au** *zu der Adorfer*
*stimmt, hat die Corbacher Mundart hier, wie bei dem aus* ou *entstandenen*
**au,** *den Umlaut* oi¹). *Also z. B. im Upplande* boiq·n *beugen,* foiq·n *säugen,*
bloid· *blöde,* noid·h *nötig,* boif· *böse,* doip·n *taufen,* loiγr *Läufer,* shoin *schön,*
boim· *Bäume;* goif· *Gänse. Dieser Vokal hält sich im Upplande auch vor* r
*in* boirn *hören (= sonstigem* hĕ·rn) *und* joirn *lärmen.*

*Das Corbacher* oi *klingt ganz wie* nhd. eu *oder* äu *in der üblichen*
*Aussprache, also z. B.* boim· *wie* nhd. Bäume. *Man wird also sagen dürfen,*
*dass das* oi *in* boim· *sich — phonetisch und historisch — zu dem* au *in*
baum *verhält, wie das* åu *in* nhd. Bäume *zu* au *in* nhd. Baum.

*Als gemeinsame Grundform des Corbacher* oi *und des Adorfer und*
*Rhodener* ai *muss wol zunächst die Form* aů *gelten. In Adorf blieb dieser*
*Vokal von dem Umlaute des* ou *in* fout, *houn getrennt und wurde später zu*
ai *(durch Verlust der Rundung des* ů), *während in Corbach zunächst* aů *zu*
oů *wurde (durch Uebertragung der Rundung auf den ersten Teil des Diphthongs),*
*und erst später das* oů *in beiden Fällen (durch Beschränkung der Lippen-*
*rundung auf den ersten Teil des Diphthongs) in* oi *überging.*

*Auf früheres* aů *als gemeinwaldeckische Form weist ausserdem die den*
*verschiedenen Mundarten gemeinsame Kürzung zu* ů *in Fällen wie* grö·r
*grösser,* höd·r *höher,* küft· (co. prt.) kaufte.

*Anm. 27. Ueber* å· *vor* r *in* hĕ·rn *(in Usseln* hoir·n) *rgl. ob. S. 52\*.*
ai *hat sich vor* r *erhalten in* air *Oehr (wie* au *in* aur *Ohr).*

*2) Ausserdem dient der Diphthong* ai *in einer Reihe von Fällen an*
*Stelle eines zu erwartenden* ĕ *als Umlaut des* å. *So namentlich im Konjunktiv*
*des Präteritums von Verben, die zu der Ablautklasse von* nhd. 'nehmen' *und*
'geben' *gehören; also* naim· *nähme (inf.* ni·m·n), kaim· *käme (*kum·n), štaik· *stäke,*
stüche (äti·k·n), laiq· *läge (*llq·n), ait· *ässe (*it·n), frait· *frässe (*fri·t·n), fait· *sässe*
(fit·n), gaiw· *gäbe (*jlw·n). *Ausserdem in einzelnen Wörtern, wie* šwaiqrin·
*Schwägerin (zu* šwåqr *Schwager),* kaif· *Käse (=* mndd. kĕsə, ahd. kåsi),
šhaip·r *Schäfer (zu* šhåp *Schaf),* fürnaim· *vornehm (rgl. ik* naim· *ich nähme),*
kraim·r *Krämer (zu* kråm *Kram),* nij·mair· *Neuigkeiten (=* mndd. nige mĕre,
*zu alts.* māri), hairiuk *Hering (=* mndd. hĕrink, bårink), šhair· *Schere (=* mhd.
schaere, *rgl.* ahd. skâr), f·k *f·rfairu erschrecken (rgl.* mndd. vĕren *und* vor-
vĕren *in Schrecken setzen; zu alts.* für *Nachstellung und* färungo = *mndd.*
väringe *unversehens).*

---

¹) *In Willingen auch hier* ĕů, *z. B.* šĕůw·n *stäuben.*

Als Umlaut des å ist das ai hier offenbar aus einem nicht-diphthongischen
langen Vokale entstanden, und zwar entweder ä oder ē. Diese Auffassung
findet eine Stütze an dem Worte Pait•rs-dåh Petri; ferner daran, dass z. B.
das Wort für Schäfer im Upplande shåp•r lautet.[1])

Bei der Frage nach der Herkunft dieses Vokals und nach seinem Ver-
hältnisse zu dem Umlaute å̂ ist zu berücksichtigen, dass dieselbe Spaltung
in å̂ und ai (bezw. å̂) sich auch in Westfalen findet, und zwar von kleinen
Schwankungen im Einzelnen abgesehen, gleichmässig in denselben Worten.
Vergl. für das Münsterische Kaumann S. 24, für die Grafschaft Mark
Woeste's Westfäl. Wörterbuch[2]), für das Ravensbergische Jellinghaus' Westf.
Gramm. S. 18 und 24, für Soest Holthausen S. 19 f.[3])

Sodann weisen auch die nordsächsischen Mundarten å̂ und ē neben
einander als Umlaute zu å auf, z. B. in Meklenburg på•l als plur. zu på̂l
Pfahl, aber šēp•r Schäfer und kē's Käse (Nerger S. 129 u. 131).[4])

Dem wald.-westf. ai (bezw. å̂) = nordsächs. ē steht auch im Mittelniederdeutschen ein umgelauteter Vokal zur Seite, der in der Regel mit ē
bezeichnet wird, z. B. nēme nähme (Conj.), sēghen sähen (desgl.), schēper
(neben schäper) Schäfer, kēse Käse (vgl. Nerger S. 31). Wir haben hier also
ohne Zweifel einen alten Umlaut vor uns.

Fraglich aber bleibt, wie sich zu diesem Vokale das vorhin erwähnte
å̂ verhält. Handelte es sich nur um das Nordsächsische, so liesse sich annehmen, das å̂ sei von Haus aus nur der Umlaut des sog. tonlangen a, und
erst nach dem Zusammenfall der Tonlänge mit dem alten langen a (= got. ē)
auch als Umlaut für letzteres gebraucht. Diese Erklärung aber ist unzulässig
für das Waldeckische und für die westfälischen Mundarten, da in diesen
weder das alte a mit der Steigerung des kurzen a, noch die Umlaute dieser
beiden Vokale zusammenfallen (z. B. wald. å und å̂ gegen ä und å̂).

Holthausen (S. 19 f.) meint, das ę̄ (= wald. ai) der Soester Mundart
vertrete den alten i-Umlaut des ā in isolierten Formen, die kein å̂ mehr neben

---

[1]) In Willingen šåp•r. Dasselbe å im Upplande in nåq•r näher, gegenüber
dem nåq•r der Adorfer Mundart. In Berndorf und Twiste dafür uaiq•r (entsprechend der zu der Adorfer Mundart stimmenden Form šhaip•r). — Zu šwår
lautet die Umlautform allgemein šwär- (entsprechend Woestes swēre), vgl. ob. S. 52*.

[2]) Leider hat Woeste in seinem Wörterbuche eine halb historische Vokal-
bezeichnung angewandt, bei welcher für den heutigen Laut oft geradezu sein mittel-
niederdeutscher Vorgänger -- mit oder ohne diakritisches Zeichen — eingesetzt
wird. Dazu kommt noch, dass dieses System nicht konsequent durchgeführt ist.
Spuren verschiedener Schreibweisen, deren Woeste sich zu verschiedenen Zeiten
bediente, liefen in seinem Manuskripte neben einander her, und liessen sich bei
der nach seinem Tode erfolgten Herausgabe des Wörterbuches nicht ganz beseitigen.
Man berücksichtige bei Benutzung des Wörterbuches stets die Bemerkungen von
Jellinghaus im Jahrb. d. V. f. ndd. Sprf. Bd. 9 S. 65 ff. oder auch W. Schulze's
Vocalismus der westfäl.-märkischen Mundart in den Beiträgen zur Geschichte
Dortmunds II u. III (1878) S. 1—80.

[3]) Die Soester Mundart hat å̂ = wald, å̂, aber å (Holthausen's ę̄) = wald. ai.

[4]) Der ndd. Dialekt meiner Heimat im nördl. Hannover stimmt im wesentlichen zum Meklenburgischen (also så̂ks Tasse, på̂'l Pfähle, å̂'s pl. zu ås, aber
šēp•r Schäfer, kē's Käse) Jedoch haben die Verbalformen, die Nerger als nēm
caperem, kēmen venimus, dēden fecerunt, mēt metirer, ēten ederent, sēgh viderem
angibt, durchweg andren Vokal: sie lauten der Reihe nach nööm, kööm, dädn,
måt't (schw.), eitn, sei'h. Die Abweichung erklärt sich wol daher, dass im Nord-
Hannöverschen der Unterschied zwischen Indikativ und Konjunktiv im Präteritum
aufgegeben und auch sonst der Ablaut im Verbum stark verändert ist

sich haben; statt dieses Umlautes erscheine ein „auf dem Wege der Analogie neu gebildetes" ä überall, wo in demselben Paradigma oder in der Wortbildung noch Formen mit ä neben dem Umlaute vorhanden seien. Aber erstens liegen die Verhältnisse tatsächlich, wenigstens im Waldeckischen, nicht ausnahmslos so wie Holthausen annimmt. Vgl. z. B. šḷaip'r neben šḷâp; dagegen ä·r·n quer eggen, grä·l·n lärmen, nä·l·n langweilig sprechen (nebst mä·lpēt'r, nä·ltr·lw), hartrū·d·r·n vom Holze des Hartriegels, šḥä·r·n Taback kauen, jetzt ohne nebenliegendes ā. — Zweitens sieht man nicht, nach welcher Analogie das ä neu gebildet sein soll. Denn die Annahme, dass die Mundart etwa nach dem Verhältnis des Umlautes ā : ā sich zu ā einen bis dahin nicht vorhandenen Vokal ä geschaffen habe, setzt doch wol mehr Interesse für Vokalsystematik und eine grössere Erfindungsgabe auf Seiten der Mundart voraus, als man ihr nach unsrer heutigen Anschauung vom Sprachleben zutrauen möchte. Sie erinnert an die seiner Zeit von Nerger (u. a. O., S. 123) vertretene, jetzt aber wol allgemein aufgegebene Erklärung des Umlautes bei o- und u-Vokalen im Niederdeutschen: „Es handelte sich also für das Sprachgefühl darum, das für die A-Laute gültige Grundgesetz der Umlautung auch auf die o, a, ö (ä), ö und ü auszudehnen". — Drittens ist es bedenklich, den Umlaut ä für jünger als ā (bezw. ai) zu erklären, während doch im Mittelniederdeutschen auch dem ä in der Regel ein umgelauteter Vokal entspricht.[1] Z. B. wald. šlä·r Schläger, mndd. slēger Schläger, Raufbold; wald. mē·gr näher, mū·g·d· Nähe, mndd. nēger, nōgede; wald. šlä·p·r Schläfer (nebst flw·mšlä·p·r, twcišlä·p·r), mndd. slēper; soest. mä·tix passend (Holth. S. 20), mndd. -mētich (neben -mätich) in middelmētich; westf. nä·t·l·r Nadler (Woeste, II. Wb.), mndd. nētelēre; soest. ä·l· pl. zu āl Aal (Holth. a. a. O.), mndd. ēl-ger n. ēl-stäk·n Aalspeer; wald. štä·l·r·n stählern, mndd. stēlen; wald. afpä·l·n abpfählen, mndd. pēlen (neben pälen) pfählen; wald. špä·n· (vgl. fã·γ·špä·n·) pl. zu špān Span, mndd. spēu (neben späu, spöu) Span.

Daraus dass im Mittelniederdeutschen[2] beide Umlaute als ē erscheinen, darf nicht ohne weiteres gefolgert werden, dass die Spaltung erst in neuerer Zeit eingetreten sei. Es ist eben so wohl möglich, dass sie schon im Mittelniederdeutschen bestand, aber — wie andere Lautunterschiede — in der Schrift nicht ausgedrückt wurde.

3) In der Adorfer Mundart begegnet der Diphthong ai ausserdem als Ersatzform für ei in Wörtern wie rai Reh, klait Kleid, fail·r Fehler u. a. Dieses ai ist oben S. 54* Anm. 11 besprochen.

·i.

Der Diphthong ·i steht an Stelle von altsächsischem und mittelniederdeutschem langem i, z. B. bl·t Blei, j·t ihr, m·l mir, ik b·t ich bin, r·ik reich, šl·tk Regenwurm (vgl. nhd. Blindschleiche), šp·ik· Speiche (vgl. westf. spike bei Woeste; mit anderem Vokal mhd. speiche, mndd. spēke, speike), l·ix· Leiche, w·lg·n wiegen, abwägen (mit auffälligem ·l, wie westf. wigen bei Woeste).

---

[1] Damit erledigt sich die Angabe Nerger's (S. 129), ä als Umlaut des langen a datiere „aus dem Ende der vorigen Jahrhunderts."

[2] Die mittelniederdeutsche Schriftsprache ist zwar hier wie sonst zunächst nur für die nordsächsischen Mundarten massgebend. Da jedoch, wie wir gesehen haben, die beiden Umlaute heute im Nordsächsischen und im Waldeckisch-Westfälischen im wesentlichen gleichartig sind, so kann das Mittelniederdeutsche in diesem Falle auch für das Waldeckisch-Westfälische herangezogen werden.

fl-tt-h *fleissig*, w-it *weit*, f-ld- *Seite*, w-ld- *Weide* (salix), -ts *Eis*, w-lf-n *weisen*, r-tp- *reif*, bl-twn *bleiben*, w-lf *Weib*, w-ll- *Weile*, gr-hrn *weinen*, l-hn *Leim*. h-t 'hier' entspricht nordsächsischem und mittelndd. hir. Das Altsächsische hat hir neben hēr (hier) = got. hēr, ahd. hiar (vgl. Schlüter in Dieter's Laut- u. Formenlehre d. altgerm. Dialekte 1 S. 98).

*Anm. 28. Die Aussprache des -t ist überall die ob. S. 26\* beschriebene. Nur in Willingen tritt dafür ein dem westfälischen u\* ganz oder nahezu\*) entsprechender Diphthong ein: mu\* mir, ru\*k reich u. s. w. Vgl. ob. S. 16\*.*

*Anm. 29. Ueber Verkürzung des -t zu i s. ob. S. 40\*.*

**-û.**

Parallel dem -t für altes t geht der Diphthong -û für altes û. Z. B. d-û du, n-û nun, r-û rauh (mndl. rû, rûch, rûw), sl-ûhw-rk-n horchen (mndl. slû-hörer Horcher), kr-ûk- Krug (mndl. krûke), r-ûk-n riechen (mndl. rûken), sl-ûk-n schlucken (mndl. slûken), f-ûg-n saugen, b-ût-n aussen (mndl. bûten), h-ûs Haus, d-ûf-nt tausend, kr-ûp-n kriechen (mndl. krûpen), sl-ûf-l- Schaufel, sl-ûw-n schieben (mndl. schûven), -ûr- Uhr (mndl. ûre), b-ûr- Bauer, g-ûl Pferd. t-ûn Zaun, pl-ûm- Pflaume.

b-û 'wie' entspricht alts. hwō, mndl. wō, wû. Da b nicht für einfaches w eintritt, sondern nur für bw (vgl. bâ wo), darf man die ald. Form nicht aus mndl. wû herleiten, sondern muss auf eine aus bwō entstandene Form *hwü zurückgreifen.

Auf Entlehnung aus dem Hochdeutschen beruht wol das -û in Spits-b-ûw- und in b-ûw-nshink-n (pl., ein Gebäck, eigentl. 'Knabenschenkel'). In mndl. bôve, nordsächs. bou'f, pl. bou(b)m, und westf. (bei Woeste) bauwe steht der dem n des hochd. Bube etymologisch entsprechende Vokal.

*Anm. 30. -û wird zuweilen zu u verkürzt. Vgl. oben S. 40\*.*

*Anm. 31. In Willingen macht sich, wie beim -t, die westfälische Aus-sprache geltend, also iu\*). Z. B. di\* du, hi\*s Haus. Vgl. oben S. 16\*.*

**-ü.**

Wald. -ü vereinigt, wie der ihm entsprechende Vokal der übrigen ndd. Dialekte und wie uhd. eu (oder äu) zwei von Haus aus verschiedene Laute in sich, nämlich den Umlaut des alten langen u und den Diphthong iu. Da beide in den heutigen Mundarten und in der mndl. Schriftsprache nicht mehr unterschieden werden, so wird anzunehmen sein, dass sie schon in verhältnis-mässig früher Zeit zusammenfielen. Vermutlich geschah dies etwa in derselben Zeit wie im Hochdeutschen, also gegen Ende des 10. Jahrhunderts. (Vgl. ob. S. 32\*, Anm. l).

Auf Umlaut des langen û beruht -ü in Fällen wie dr-üg- trocken (aus *drügi = ags. dryge)\*), l-üd-n läuten (vgl. alts. a-hlûdian laut machen, ver-

---

¹) Der erste Bestandteil des Diphthongs liesse sich in Willingen allenfalls auch als geschlossenes o auffassen.

²) Das i ist in Willingen offenes i und demgemäss als Bestandteil eines Diphthongs von geschlossenem e kaum zu unterscheiden.

³) Auch in Münster drüg'n trocknen (Kaumann S. 34), mit demselben Vokal wie wald. drüg-; dagegen in Soest (Holthausen S. 22) drö-gə, d. i. droig- mit dem gleichen Vokal wie boiur, also dem Umlaute zu got. au. Zu letzterem stimmt Woeste's dröge sowie nordsächs. drṏg. Beide Formen weichen ab von altsächs. drokno (Mon.) od. drucno (Colt.) uhd. trocken.

*künden), hûd• (pl. zu hût) Häute, mohû• (pl. zu mûs) Mäuse, hûfr• (pl. zu brûs) Häuser, fûst• (pl. zu fûst) Fäuste, Cûpr• Säufer (zu fûprn saufen), mⁱûr• Mauer u. mⁱûrker Maurer (zu alts. mûra Mauer), hⁱûrn mieten (= ags. hŷrian), brⁱûm• Bräutigam (alts. brûdigumo).*

*Auf den Diphthong iu geht •û zurück: z. B. in fûken siechen (got. siukan schwach sein, alts. siok siech), dⁱûtsk deutsch, lⁱûd• Leute (alts. liudi), dⁱüstr düster (alts. thiustri), dⁱûwl Teufel (alts. diubal), štⁱûr Steuer (alts. heri-stiuria stipendium), dⁱûr teuer (alts. diuri), fⁱûr Feuer (alts. fiuri).*

*In rⁱûmn 'rühmen' ersetzt •û das hochdeutsche û.*

*Anm. 32. Ueber die Verkürzung des •û zu û in Fällen wie brⁱdut bedeutet, lût läutet vgl. ob. S. 41*.*

### Exkurs zu S. 60*.   Zum Dialekte des Heliand und der Freckenhorster Heberolle.

*In Bezug auf die Unterschiede zwischen den beiden Hauptgruppen des heutigen Niederdeutschen, dem Nordsächsischen und Westfälischen, verhält sich die Sprache des Heliand meist indifferent. Ganz natürlich, denn diese Unterschiede haben sich zum grösseren Teil (es sei nur an die Vokalsteigerung erinnert), in einer Epoche herausgebildet, die jünger ist als der Heliand. Folgt daraus, dass der Heliand seiner Sprache nach eben so gut westfälisch wie nordsächsisch sein kann? Man fühlt sich zunächst geneigt, diese Frage zu bejahen. Merkwürdigerweise aber finden sich im Heliand zugleich eine Reihe von Besonderheiten, die heutzutage weder im Westfälischen noch im Nordsächsischen vorkommen und hier offenbar auch niemals bestanden haben.*

*1) Es sei zunächst an die Diphthonge uo und ie des Cottonianus gegenüber ō und ē des Monacensis erinnert, z. B. fuor fuhr, hiet hiess, gegen fōr, hēt.[1]) Ich glaube, dass Heyne ganz im Rechte war, wenn er uo und ie dem niederfränkischen Dialekte zuwies. (Kl. alts. u. anfr. Gramm. § 9 ff.) Aber ich möchte darum nicht die Sprache der Handschrift C überhaupt als niederfränkisch bezeichnen und etwa mit Heyne annehmen, es sei uns in M das altsächsische Original des Heliand erhalten, während C eine Uebersetzung ins Altniederfränkische darstelle. So lange nur die erwähnten beiden Handschriften bekannt waren, liess sich gegen eine solche Auffassung nicht viel einwenden. Anders steht die Sache, seit das Prager Blatt und die Vaticanischen Fragmente bekannt geworden sind. Von den 4 jetzt bekannten Handschriften stehen 3 auf Seiten des uo, ie, nur eine auf Seiten des ō, ē. Dies Verhältnis spricht einstweilen zu Gunsten der Annahme, dass die Urhandschrift des Heliand uo und ie hatte, wie C, P, V, nicht (wie M) ō und ē. Wer den entgegengesetzten Standpunkt vertritt, müsste erklären, wie es kommt, dass gerade bei diesen Vokalen die Schreiber darauf bestanden, sich der niederfränkischen Laute zu bedienen. Uebrigens muss man mit der Möglichkeit rechnen, dass der Dichter des Heliand ō und ē gesprochen hat, in der Urhandschrift des Gedichtes dafür uo und ie eingesetzt wurde. Es ist kaum anzunehmen, dass der Dichter selbst seine Verse zu Papier — oder vielmehr zu Pergament — gebracht habe. Den Dialekt der Urhandschrift des Heliand — oder wenigstens des Archetypus unserer Handschriften — wiederherzustellen ist für uns eine*

---

[1]) Während uo, ie in C die übliche Form ist, kommt daneben doch auch ō, ē vor; eben so wenig herrscht in M völlige Konsequenz. Vgl. über das Einzelne Schlüter in Dieter's Laut- u Formenlehre d. allgem. Deut. I § 70 und Holthausen, Alts. Elementarbuch § 91

keineswegs ganz fruchtlose Aufgabe, mag auch im Einzelnen dabei recht vieles zweifelhaft bleiben. Für die Kritik des Heliandtextes ist diese Aufgabe dringender, als die andere, über die Handschriften hinaus zum Dialekte des Dichters vorzudringen. Letzteres ist bei der Frage nach der Heimat des Heliand nicht zu vermeiden, aber wir geraten dabei vollends in das Gebiet der Mutmassungen. — Halten wir also zunächst fest: die Urhandschrift des Heliand schrieb vermutlich (wenn auch mitunter wegen vielleicht nicht ganz konsequent), wie der Cottonianus uo und ie, hatte hier also niederfränkische, nicht sächsisch-westfälische Lautgebung.

2) Besonderes Gewicht ist auf Laute und Formen zu legen, in denen noch das Mittelniederdeutsche oder auch die heutigen nordsächsischen und westfälischen Mundarten auf einer älteren Stufe stehen als die Sprache des Heliand.

Die Präterita der Verba kunnan können, unnan gönnen, munan denken lauteten im Germanischen ursprünglich kunþa, unþa, munda. Die regelrechten Ausläufer dieser Formen liegen vor in:

got. kunþa, altnord. cunna, ags. cûþe, mndl. kunde, ahd. kunda (Otfr. I, 27, 31. cod. F). nhd. kunde.

altn. unna, ags. ûþe, mndl. g-unde, ahd. unda (Otfr. a. a. O., cod. F), nhd. g-unde.

got. munda, altn. munda, ags. munde.

Es macht sich schon früh in verschiedenen Dialekten eine Neigung geltend, diese Präterita in zwiefacher Weise zu verändern. Zunächst wird für das stammhafte u nach dem Muster von darf dorfta, gi-tar gi-torsta, scal scolda (wo o nach fester Lautregel aus u umgewandelt ist) der Vokal o eingeführt. Daher konda, onda bei Otfried, chonda bei Notker, mndl. konde, g-oude (neben lautgesetzlichem kunde, g-unde) u. s. w. — Die zweite Neuerung betrifft den Konsonanten der Endung. Aus dem Präteritum got. ga-daursta = ags. dorste = alts. gi-dorsta = ahd. gi-torsta konnte man im Alts. und Ahd., wo das Präsens gi-dar (ahd. gi-tar) lautet, eine Endung sta entnehmen, wenn auch das s ursprünglich nicht zur Endung sondern zum Stamme gehört. Wie sich in der Sprache überhaupt das Bestreben zeigt, auffällige Endungen über ihr ursprüngliches Gebiet hinaus zu verwenden, so wuchert auch hier die vermeintliche Endung st weiter. Otfried z. B. gebraucht neben dem erwähnten Indikativ konda schon (III, 16, 7) den Konjunktiv konsti, und neben onda (I, 27, 31; II, 7, 2; IV, 4, 70) den Indikativ gi-onsta (III, 22, 29) und den Konjunktiv gi-onsti (V, 25, 101).[1]

Es ist nun für die Sprache des Heliand sehr bezeichnend, dass hier bei den drei genannten Verben ausschliesslich Präterita mit -st- gebraucht werden (während in der Stammsilbe o und u neben einander begegnen). Folgende Formen sind im Heliand belegt:

---

[1] Ich halte es also nicht für richtig, mit Michels, Mhd. Elementarbuch S. 157 Anm 3 zu sagen: „Die alte Form konste (ahd. konsta) ist mhd. fast ganz ausgestorben." Die übliche Form des Präteritums ist im Althochdeutschen konda (bezw. chonda). Von dem angeblichen konsta ist im Ahd., so viel ich weiss, nur die eine im Texte erwähnte Konjunktivform an der einen Stelle bei Otfried belegt. Es handelt sich hier um eine jüngere Nebenform, die immer nur vereinzelt in Dialekten auftritt und dem Althochdeutschen im Ganzen ebenso fremd geblieben ist, wie etwa dem Gotischen. Uebrigens haben auch wol die Formen konda, onda im Althochdeutschen nur beschränkte Verbreitung gehabt; die mhd. Präterita kunde, g-unde knüpfen direkt an die im cod. F des Otfried erhaltenen ahd. Formen kunda, unda an.

consta *konnte* 208 (*C & M*), 225 (*C & M*), 1032 (*C & M*), 3544 (consta *C*, conste *M*).
cuusti *könnte* 2651 (cuusti *C*, cousti *M*), 1961 (bicunsti *C*, bikonsti *M*), 5816 (bicunsti *C*).
onsta *gönnte* 1913 (abonsta *C*, afonsta *M*), 2556 (gionsto *C*).
far-munsta *verachtete* 2658 (formonsta *C*, farmuuuste *M*), 5286 (far-onuonstun *C*).

*Bei der völligen Uebereinstimmung der Handschriften (in P und V kommen hierher gehörige Formen nicht vor, aber die Uebereinstimmung von C und M wird genügen) darf es als ausgemacht gelten, dass die Formen mit st dem ursprünglichen Texte des Heliand angehören.*

*Dieser Text tritt damit in Gegensatz zu der Lautgebung der meisten ndl. Dialekte. Denn die Formen mit st sind sowohl dem Nordsächsischen wie dem Westfälischen unbekannt. Sie herrschen ausschliesslich im Fränkischen, freilich auch hier nicht durchaus, wie man schon aus dem koude der holländischen Schriftsprache entnehmen kann, aber doch in weitem Umfange. Schon im Mittelniederländischen begegnen couste, ouste neben conde, onde (Franck, Mndl. Gr. § 164). Genauer lassen sich die beiden Formenreihen in den heutigen Mundarten scheiden. Nach Jellinghaus, D. ndl. Volksmundarten S. 81 herrscht kos, kost in Limburg, Brabant, Flandern, Zeeland, Südholland, Utrecht, Westgeldern, in Uddel auf der Veluwe, in der Südhälfte der Grafschaft Zutfen. Dann auf deutscher Seite (vgl. die Sprachproben bei Fürmenich I 376—414) in Emmerich, Kleve, Xanten, Geldern, Rheinberg, Dinslaken, Mörs, Duisburg, Mühlheim, Krefeld, Gladbach. Dagegen herrschen Formen, die auf die Endung da oder da weisen, in Nordholland (koude), Friesland (ik koe, wy koeden), Groningen, Drenthe, Over Yssel (z. B. kon in Zwolle), sowie an der deutschen Grenze mit Ausnahme der genannten Orte. Mit anderen Worten: die Formen des Heliand stimmen zu dem Dialekte der Gegend südlich und südwestlich einer Linie, die etwa Leiden mit Uddel in der Veluwe und letzteres mit Mühlheim an der Ruhr verbindet.*

3) Für die Sprache des Heliand gilt die Regel, dass die Nasale n und m unter Dehnung des ihnen vorausgehenden Vokales vor folgenden tonlosen Spiranten (th, s, f) ausfallen. Kurzes a wird dabei zu ö gedehnt. Z. B. kûth *kund*, mûth *Mund*, gi-sîthi 'Gesinde', *Gefolge*, swithi 'geschwinde', *stark*, sôth *wahr*, *richtig*, ôthar *andrer;* fîf *fünf;* ûsa *unser*.[1]) Im Mittelniederdeutschen *schwindet zwar* m *vor* f *regelrecht* (vif *fünf*, sâfte, *worans* sachte sanft)[2]), *ferner wol auch vor* th = mndl. d *in unbetonter Silbe* (joget *Jugend* = alts. jugutb; *nêgede* *neunte* = alts. niguda), *sonst aber vor* s *und* tb *nur sporadisch. Es begegnet zwar* swît, *comp.* swîder *neben* swinde *und stets* sût- *Süd-, süden Süden; aber* ûse 'unser' *beschränkte sich der Form* unse *gegenüber offenbar schon* in mndl. *Zeit auf bestimmte Mundarten. Vollends sind Formen wie* kûth, gi-sîthi *oder gar* ôthar *dem Mndl. unbekannt: es heisst* kunt, ge-sinde, *auder. So wenig wie das Mittelniederdeutsche kennen die heutigen ndl. Mundarten den Ausfall des* n *in Worten wie* 'ander' *oder* 'Mund'. *Sie haben den alten Nasal, der dem Idiom des Heliand verloren gegangen ist, noch heute erhalten. Denn in solchen Worten kann der Nasal nicht, wie man wol an-*

---

[1]) Vgl. im Einzelnen und über die Ausnahmen Schlüter in Dieter's Altgerm. Diall. § 163, 1 und Holthausen, Alts. Elementarbuch § 191. 192.

[2]) Die Form sanft, z. B. in sanftenôr = whd. senftenier, beruht entweder auf Entlehnung, oder sie stammt aus einem ndd. Dialekte, der sich in der Behandlung des m vor f dem Hochdeutschen anschloss.

*genommen hat, inzwischen wiederhergestellt sein. Woher sollte man ihn in einem Worte wie 'ander' entnommen haben? Es ist auch nicht an Entlehnung etwa aus dem Hochdeutschen zu denken. Denn die heutigen mdd. Formen lassen sich bis ins Mittelniederdeutsche zurückverfolgen und das mndd. ander der Entlehnung zu verdächtigen liegt nicht der geringste Grund vor. Es bleibt also nichts übrig, als hier eine Dialektverschiedenheit zwischen dem Heliand*[1] *einerseits und dem Nordsächsischen und Westfälischen (sowie auch dem Niederfränkischen) andrerseits anzuerkennen.*

*Dagegen stimmt der Heliand völlig zum Friesischen und Angelsächsischen, wie die folgenden Beispiele lehren.*

| n bewahrt: | Heliand | Altfriesisch | Angelsächsisch |
|---|---|---|---|
| Got. anþar anderer, mndd. ander | ôthar (âthar, ander) | ôther, ôder | ôþer (engl. other) |
| Altnord. sannr wahr | sôth | — | sôþ (engl. sooth) |
| Ahd. fend(e)o m. Fussgänger, mhd. vende, mndd. vent | fâthi n. Gang (fôdi M 556) | — | fêþe n. |
| Got. ana-nanþjan wagen, mndd. ge-nenden | nâthian | — | nêþan[2] |
| Ahd. lindi lind, mndd. linde | lithi | — | liþe |
| Got. sinþs m. Gang gâsinþa m., mndd. ge-sinde m. u. n. Gefährte | sîth, gisith | sîth | ge-sìþ |
| Got. swinþs stark, mndd. swinde | swîthi | swithe, swide | swîþ |
| Ahd. nudea f. Woge, mhd. ünde | üthia | — | ȳþ |
| Got. knuþs kund, mndd. kunt | küth | kûth | cüþ |
| Got. munþs m. Mund, mndd. munt | mûth (mund) | mûth (muud) | mûþ (engl. mouth) |

*Auf Verwandtschaft mit dem Friesisch-Anglischen weist dabei nicht nur der Ausfall des Nasals und die zugehörige 'Ersatzdehnung', sondern namentlich auch der Uebergang der Lautgruppe au in ou, woraus ô in ôthar, sôth, fôdi. Dass das ô sich nicht auf den Heliand beschränkt, sondern auch in der 'sächsischen' Beichte (Müllenh.-Scherer*[3]*, nr. LXXII Z. 15 ôthra nâhistou, 17 ôthra elilendja, 38 ôthra), im Hildebrandsliede (Z. 12 ik mî dê ôdre unêt)*[3]*) und später in der Freckenhorster Heberolle begegnet, kann an der Tatsache, dass die Formen ohne n dem Mittelniederdeutschen und dem heutigen Nieder-*

---

[1]) *Die altniederfränkische Psalmenübersetzung hat freilich sultho nimis, farkütha abominabiles, sûthon ab austro. Vgl. Cosijn, De oudnederlandsche Psalmen, Haarlem 1873, S. 62. 66. Aber es handelt sich dabei offenbar nicht um ein festes Lautgesetz, sondern um gelegentliche Beseitigung des Nasals, wie in mndd. swit, süden. Denn es begegnen daneben andarn, andrau in vanum, und munt, Gen. mundis os.*

[2]) *Vielleicht sind Hel. nâthian, ags. nêþan, nebst mndd. nêden, ge-nêden cher auf urgerm. \*nêþ-jan zurückzuführen und von got. ana-nanþjan, mhd. u. mndd. ge-nenden der Form nach zu trennen.*

[3]) *Das Hildebrandslied stimmt auch sonst in der Behandlung des n vor tonlosen Spiranten ganz zur Regel des Heliand. Vgl. gûdhamun Z. 5, gûdeu Z. 60, chûd Z. 12. 28, ûsere Z. 15.*

deutschen fremd sind, nichts ändern. Wir können nur anerkennen, dass sich in diesen Denkmälern Spuren derselben Litteratursprache zeigen, in welcher der Heliand abgefasst ist.

4) Schon im Urtexte des Heliand war in der Adjektivflexion die starke Form im Dat. Sing. masc.-ntr. verloren und durch die schwache Flexion auf -on, -un (be:w. -om, -um) ersetzt. Dieselbe Eigentümlichkeit findet sich in den altniederländischen Psalmen, im Mittelniederländischen und auch in den mittelfränkischen Grenzgegenden, nicht aber auf sächsisch-westfälischem Gebiete.[1]

Die Berührungen der Sprache des Heliand mit dem Friesischen und Fränkischen sind hiermit keineswegs erschöpft.[2] Aber es liegt nicht in meiner Absicht, hier die Bestandteile der Sprache des Heliand vollständig zu sondern. Nur einige Bemerkungen über die Stellung und Bedeutung dieser friesisch-fränkischen Eigentümlichkeiten werden noch erforderlich sein.

Man nennt die Sprache des Heliand 'Altsächsisch'[3]) und bezeichnet z. B. die Friesismen als 'fremde Elemente in der Sprache des Heliand'. Aber wo sind im Heliand die 'altsächsischen' Bestandteile, die sich nicht zugleich entweder dem Fränkischen oder Friesischen zuweisen liessen? Es ist ja richtig, dass die Handschrift M im Vergleiche mit C, P, V manche Spuren eines Dialektes aufweist, der als Altsächsisch gelten darf. Aber es ist in keinem Falle der Beweis geliefert, dass die dialektischen Eigenheiten des Monacensis auf die Urhandschrift des Heliand zurückgehen. Eine unparteiische Prüfung der Sachlage wird vielmehr der Gruppe C, P, V den Altersvorrang zuerkennen. Es fällt besonders ins Gewicht, dass M keineswegs rein altsächsisch ist, sondern genug friesisch-fränkische Bestandteile enthält. Letztere sind eben bis zu einem gewissen Grade in allen Handschriften fest und haben daher allen Anspruch darauf, als wesentliches Merkmal des ursprünglichen Textes zu gelten.

Erhebliche Schwierigkeiten aber ergeben sich, sobald wir versuchen, die Urschrift des Heliand einer bestimmten Gegend zuzuweisen. Der Ausdruck 'friesisch-fränkisch' weist zwar im allgemeinen auf die Richtung, in welcher die Lösung des Problemes zu suchen ist. Aber den Dialekten, die man heutzutage als 'friesisch-fränkische' bezeichnet[4]), lässt sich die Sprache des Heliand nicht zuweisen, da sie z. B. den Ausfall des n vor folgendem þ (ob. Nr. 3) nicht kennen. Es käme darauf an, einen Dialekt zu finden, der einerseits das Präteritum der Verba können und gönnen mit st bildet, andrerseits z. B. für andrer eine dem alten öthar entsprechende Form hat. Einen solchen Dialekt giebt es, so viel ich sehe, heutzutage nicht. Die Präterita mit st finden sich, wie oben bemerkt wurde, südlich der Linie Leiden-Utrecht-

---

[1] Vgl. W. Schlüter, Untersuch. z. Gesch. d. altsächs. Sprache S. 113—129 sowie Kögel, Gesch. d. dt. Lit. I, 2, S. 529 und Holthausen, Alts. Elementarb. § 26.

[2] Auf mehrere Friesismen weisen z. B. Kögel, Indog. Forsch. 3, 276 ff. und Braune in der Einleitung zu seiner Ausgabe der 'Bruchstücke d. altsächs. Bibeldichtung' hin. Man vergleiche ferner Holthausen's Uebersicht der 'ingwäonischen' Eigentümlichkeiten in seinem Altsächs. Elementarbuch § 29.

[3] Auch ich habe mich diesem Sprachgebrauche einstweilen noch angeschlossen, komme aber mehr und mehr zu der Ueberzeugung, dass es richtiger wäre, den irreführenden Ausdruck „Altsächsisch" zu vermeiden und die Sprache des Heliand einfach als Altniederdeutsch zu bezeichnen.

[4] Vgl. die Karte in Paul's Grundriss ² I S. 924. J. te Winkel rechnet hierher die Sprache der Landschaften Utrecht, Gooi, Zuid-Holland, Zeeland, Westflandern.

*Emmerich; Formen, die auf öthar zurückweisen, begegnen nur in beträcht-*
*lichem Abstande von dieser Linie nach Nordosten hin im Friesischen.*

*Aus dem Dilemma, in welchem wir uns somit befinden, gibt es, wenn*
*ich nicht irre, einen doppelten oder vielleicht einen dreifachen Ausweg.*

*a) Da sich die Dialektgrenzen auf dem Grenzgebiete zwischen Friesisch,*
*Fränkisch und Sächsisch seit dem 9. Jahrhundert nachweislich vielfach ver-*
*schoben haben, und insbesondere das Friesische inzwischen immer mehr von*
*den beiden übrigen Dialekten zurückgedrängt ist, so liesse sich denken, es*
*habe im 9. Jahrhundert auf der Grenze zwischen Friesisch und Fränkisch*
*ein Dialekt bestanden, der die Eigentümlichkeiten beider bis zu einem gewissen*
*Grade vereinigte: in ähnlicher Weise wie es in den Handschriften des Heliand*
*(insbesondere in C, P, V) der Fall ist. Man würde diesen Grenzdialekt aus*
*sprachlichen Gründen nördlich der erwähnten Linie Leiden-Utrecht-Emmerich*
*aber möglichst nahe dieser Grenzlinie ansetzen; aus sachlichen Gründen (auf*
*die ich hier nicht näher eingehe) eher möglichst östlich als westlich. Dies*
*würde etwa in die Gegend von Zutfen in Gelderland oder Deventer in Over-*
*ijssel führen. Eine solche dialektgeographische Lösung des Problemes wäre*
*ja im ganzen die einfachste. Aber es hat offenbar seine Bedenken, einen aus-*
*gestorbenen Dialekt dieser Art anzunehmen. Er müsste doch (z. B. in seinem*
*Vokalismus) im wesentlichen fränkisch, nicht friesisch gewesen sein, wenn*
*er in der Sprache des Heliand fortlebte. Sein Aussterben liesse sich also*
*nicht kurzer Hand aus dem allmählichen Zurückweichen des Friesischen*
*erklären. Die Annahme, ein fränkischer Dialekt, der aber mit dem Friesischen*
*einige Lauteigenheiten teilte, sei in der genannten Gegend spurlos unter-*
*gegangen, findet meines Wissens in geschichtlichen Tatsachen keinen Anhalt.*

*b) Statt einen bestimmten friesisch-fränkischen Dialekt als unmittelbare*
*Grundlage der Sprache des Heliand anzunehmen, könnte man die Mischung*
*der friesischen und fränkischen Bestandteile als beiläufiges Ergebnis der Ueber-*
*lieferung des Textes ansehen und sie wesentlich den Abschreibern zur Last*
*legen. Der Heliand wäre darnach ursprünglich in einer einheitlichen Mundart*
*aufgezeichnet; indem der Text durch die Hände friesischer und fränkischer*
*Schreiber ging, hätte er seine jetzige Gestalt angenommen. Dass dieser Ausweg*
*sich noch weniger empfiehlt, als der vorige, erkennt man leicht, sobald man*
*die Frage aufwirft, in welcher Mundart denn das Gedicht ursprünglich*
*geschrieben sein soll. Einen rein friesischen Heliand vorauszusetzen sind*
*wir nicht berechtigt; die friesischen Bestandteile bilden einen zu geringen*
*Prozentsatz in der Sprache des Gedichtes, um als massgebendes Element*
*derselben zu gelten. Einen rein niederfränkischen Heliand könnte man sich*
*eher gefallen lassen. Aber woher sollte dieser die friesische Beimischung*
*erhalten haben? Nach allem was wir wissen, war das literarische Leben in*
*Friesland nicht rege genug, um den Gedanken aufkommen zu lassen, friesische*
*Schreiber hätten im Laufe der Zeit den Text des Heliand erheblich beeinflusst.*

*c) So bleibt denn wol nur die Annahme übrig, dass der Heliand von*
*vorn herein in einer Mischmundart abgefasst war, die wesentlich litterarischen,*
*d. h. künstlichen Charakter trug. Man kann sich etwa denken, dass der*
*Schreiber ein Friese war, der in einem Kloster auf fränkischem Gebiete lebte.*
*Er hielt bis zu einem gewissen Grade an seiner heimatlichen Mundart fest,*
*schloss sich aber namentlich in der Schreibung der Vokale und im Gebrauche*
*der Flexionsendungen dem fränkischen Idiom seiner Umgebung an. Die*
*Sachlage wäre ähnlich wie später bei Heinrich von Veldeke, der, wie man*
*jetzt annimmt, seine Gedichte von vorn herein in einer niederfränkisch-*
*mittelhochdeutschen Mischmundart abfasste. Der Ort, an welchem die Ur-*

*handschrift des Heliand entstand, lässt sich unter diesen Umständen nicht mit einiger Gewissheit bestimmen. Dass dies in Werden geschehen sei, wie man angenommen hat, wäre wol nicht gerade zu unmöglich. Aber die vereinzelten Berührungen, welche man zwischen der Schreibung Werdener Urkunden und der Orthographie unsrer Heliandhandschriften gefunden hat, wollen nicht viel besagen. Es sind Reste einer Schreibgewohnheit, die sich wol ursprünglich nicht auf Werden beschränkte und schwerlich dort entstanden ist. Werden liegt dazu schon auf westfälischem Gebiete, und weit ab vom Friesischen, wenn auch hart an der fränkischen Grenze. Ich möchte eher an die vorhin erwähnten Orte Deventer und Zutfen oder deren Nachbarschaft denken. Doch wie gesagt, es kann sich hierbei nur um eine annähernde Bestimmung handeln.[1])*

---

*Lassen wir den Heliand bei Seite und wenden wir uns zu einem etwas späteren Denkmale, das sicher in einem westfälischen Kloster geschrieben ist, nämlich der Freckenhorster Heberolle. Jostes behandelt in seinem lesenswerten Aufsatze „Schriftsprache und Volksdialekte" (Jahrbuch d. V. f. ndd. Sprachf. II S. 85 ff.) dieses Schriftstück als zuverlässige Quelle für das Altwestfälische. Er sagt (S. 86): „Die ältesten für sprachliche Untersuchungen ausreichenden niederdeutschen Denkmäler sind westfälisch: die Freckenhorster Heberolle ist genau lokalisiert. Die Sprache der Londoner Handschrift des Heliand ist, wie Braune nachgewiesen hat, ebenso wie die der Münchener westfälisch, wenn auch nicht frei von niederfränkischem Einflusse .... Die altniederdeutsche Grammatik beruht demnach auf westfälischen Denkmälern." Was die genaue Lokalisierung der Freckenhorster Heberolle anlangt, so darf ich Jostes wol an seine eigenen Worte (S. 88) erinnern: „Wer in Münster schreibt, schreibt deshalb noch keineswegs im münsterischen Dialekte." Ich verweise ferner z. B. auf die genau lokalisierte Urkunde aus Arolsen, S. 304—306 dieses Wörterbuches, die zwar niederdeutsch, aber nicht im Dialekte von Arolsen geschrieben ist. Als weitere Beispiele können die Mehrzahl der waldeckischen und westfälischen Urkunden in mittelniederdeutschem Dialekte gelten, soweit sie datierbar sind. Für das Mittelniederdeutsche dürfte heute ziemlich allgemein zugestanden sein, dass eine Urkunde nicht in der Volksmundart des Ortes, aus dem sie stammt, geschrieben zu sein braucht, insbesondere nicht in Westfalen oder Waldeck. Ist es im Altsächsischen anders gewesen? Konnte sich nicht dort im Laufe der Zeit eine bestimmte Schreibgewohnheit ausbilden? Konnte nicht dort ein Schreiber etwa in einem westfälischen Kloster sich die ndd. Mundart seiner Heimat — wo immer diese gewesen sein may — bedienen? Dass eine bis zu einem gewissen Grade normalisierte Orthographie bestand, in der z. B. der Umlaut nur mangelhaft bezeichnet wurde, wird denke ich jeder zugeben müssen. Es handelt sich überhaupt bei dieser Frage, wenn ich nicht irre, nicht sowohl um ein ja oder nein, als darum, wie weit die Normalisierung zur Unterdrückung mundartlicher Unterschiede führte.*

---

[1]) *Es würde zu weit führen, wollte ich mich hier im Einzelnen mit den Ansichten auseinandersetzen, welche Jostes in seinem Aufsatze „die Heimat des Heliand" Ztschr. f. dt. Alt., Bd. 40, S. 160 ff. vorgetragen hat. Ich freue mich mit Jostes darin übereinzustimmen, dass der Heliand nicht aus Westfalen stammt; wenn aber Jostes ihn in Ostsachsen oder Nordalbingien entstanden sein lässt und die Heimat des Cottonianus bei Magdeburg sucht, so halte ich das für noch weniger annehmbar, als die Werdener Hypothese. Keines der oben unter 1) bis 4) behandelten sprachlichen Merkmale passt auf Ostsachsen.*

# 75*

*Der Dialekt der Freckenhorster Heberolle unterscheidet sich nicht erheblich von dem der übrigen 'altsächsischen' Denkmäler. Die Abweichung beschränkt sich wesentlich darauf, dass einige Eigenheiten, die auch in anderen Quellen gelegentlich vorkommen (z. B. a bezw. ä statt o bezw. ö) hier etwas häufiger belegt sind. Allerdings stimmt dies in einem Falle, nämlich in dem Worte hanig 'Honig'[1]) auffällig zu der heutigen Mundart von Münster, wo das entsprechende Wort jetzt hannich lautet (vgl. Jostes a. a. O., S. 90; Kaumann, Laut- u. Flexionslehre der Münsterischen Mundart, Münster 1884, S. 6). Trotzdem würde wol niemand darauf gekommen sein, diese Heberolle aus sprachlichen Gründen der westfälischen Mundart zuzuweisen, wenn nicht ihr westfälischer Ursprung anderweitig festständte. Da man aber versucht hat, ihre Sprache — nicht in Einzelheiten, sondern durchweg — als Vorstufe des heutigen Westfälischen hinzustellen, und die Vertretung des alten au dabei in Frage kommt, so will ich hier auf Einiges aufmerksam machen, was sich in ihr mit dem heutigen Westfälischen nicht verträgt.*

*Der Gen. sg. des Wortes für 'Roggen' lautet Z. 3 roggon. Von Z. 15 ab aber tritt dafür die Schreibung rokkon ein, die sich, wenn ich recht gezählt habe, 147 Mal findet. Auch in dem Eigennamen Rokkon-hulisca) Z. 245 und in dem Adjektiv rukkin (rukkinas brâdas 475, rukkinas melas 548. 552) wird kk geschrieben. Also einmal die niederdeutsche Form, dagegen 150 Mal die hochdeutsche Schreibung!*

*Das Wort für 'Erbse' lautet im Gen. pl. erito (Z. 14. 118. 129. 199. 220. 210. 257)[2]). Diese Form stimmt zwar zu der Essener Heberolle (Z. 2 u. 13), war also wol im niederdeutschen Schreibgebrauche des 9./10. Jahrh. in weiterem Umfange üblich. Aber sie stimmt nicht zu der heutigen Mundart von Münster, die im Einklange mit den übrigen westfälischen Mundarten die Form ierßte (Kaumann a. a. O., S. 13) = wald. irwte hat.*

*Nhd. 'gut' heisst, wie im Altsächsischen, gôd, pl. gôda, z. B. ên gôd suin Z. 474, fier gôda suin 481. Im Wald.-Westfäl. lautet das Adjektiv gût, flektiert güd· (so in Waldeck; in Münster, nach Kaumann S. 31 güet; in der Mark nach Woeste gued), hat also den Vokal, der sonst kurzem altsächsischem u in offener Silbe entspricht. Man darf diesen Vokal nicht mit Kaumann a. a. O. als Verkürzung vor ausl. t auffassen. Denn erstens tritt Verkürzung nicht vor einfachem ausl. t ein; zweitens findet sich das û auch vor inlautendem d; drittens wird ô = got. ô, wo es verkürzt wird, nicht zu u sondern zu o; viertens unterliegt ein aus Diphthong oder Länge entstandener kurzer Vokal nicht der 'Steigerung'.*

*Dem nhd. 'ander' entspricht öther (in der Verbindung öther half hunderod Z. 6. 122. 224) oder öthar (ende öthar Z. 311), ganz wie in der alts. Beichte (öthra Z. 15. 17. 38 Müll.-Sch.) und im Heliand. Die heutige Mundart von Münster hat ann'r, in Übereinstimmung mit den übrigen westfälischen Mundarten und mit wald. anԁ·r. Die Annahme, es habe sich in dieser Form der Nasal 'wieder eingestellt' (Kaumann a. a. O., S. 59) ist nur eine Folge des üblichen Vorurteils, dass die altniederdeutsche Vorstufe der heutigen Dialekte sich genau mit der Sprache des Heliand und der übrigen 'altsächsischen' Litteraturdenkmäler decke. öthar wird in der Freckenh. Heberolle, wie im Heliand, als Überbleibsel friesischer Schreibgewohnheit gelten müssen.*

---

[1]) *Beachtung verdient die Schreibung hâniges, mit Accent auf dem a, in der Münsterischen Handschr. der Heberolle, Z. 9. Der Vokal scheint darnach früher lang gewesen zu sein.*

[2]) *In der Münsterischen Hdschr. Z. 129 êrito. War also e lang? Falsche Längezeichen kommen in der F. H. vor (z. B. hûndes wsc 463), aber selten*

*Das Wort für 'Jahr' lautet gêr (gêr 358, gêr-as 237. gêr-es 282, gêr-a 473), wie im Mon. des Heliand und der aus Beda übersetzten Homilie. Das ê stimmt zum friesischen jêr, aber nicht zu heutigem westfälischem jär (so in Münster: Kaumann S. 23), das auf altsächs. jär zurückgeht.*

*Die friesisch-englische Palatalisierung des anl. g vor i und e liegt vor in ieldan (Z. 310), neben sonstigem geldan. Vgl. fries. jelda, engl. to yield, aber westf. gellen. Ferner in den Eigennamen Jebo (Z. 213, neben Geba 214), Jêliko (Z. 105, neben Gêliko 448. 582; dem j gleichwertig das gi in Giêliko 606; ähnlich Ghiêlo 166), Jêsthuvila[1] (Z. 336, neben Gêsthuvila 276, Gêsthuvila 479, van Gêsta 119, Gêstlân 279. 192). Vgl. Schlüter in Dieter's Laut-u. Flexionslehre I S. 273, der mit Recht auch den Eigennamen Höyko (Z. 76, 107. 248. 282) oder Höiko (Z. 584. 601) d. i. Högiko hierher zieht.*

*Dem i oder gi als Bezeichnung der palatalen Media steht ki als Zeichen für die palatale Tenuis zur Seite. So in to kietel-kâpa zum Kesselkaufe Z. 313, te kietel-câpa 311, then kietelâren den Kesselmachern 538 (vgl. afries. ietel[2]), ags. êietel Kessel); in Kiedening-thorpa (Z. 294. 300) oder Kiedining-thorpa (308); in kieso (Z. 359. 423), thie kiesas (226), kiesos (123. 517. 552) Käse (vgl. altfries. êise, geschr. tsyse oder ztyse, s. Richthofen unt. kise; ags. êiese, engl. cheese); in pinkieston (Z. 523) Pfingsten (afries. pinxta-, pinata- u. pinkosta); in dem häufig vorkommenden bikio Bach, z. B. van Vorkon-bikie (Z. 211), van Bikie-thorpa (251; vgl. ags. beêe); sowie in stukkio (pl.) Stücke (Z. 507. vgl. ags. styêe). — Schlüter, der a. a. O. S. 272 die hierher gehörigen Beispiele gesammelt hat, sieht in der Bezeichnung der palatalen Aussprache „altenglischen Schreibgebrauch". Ich freue mich, in der Hauptsache einverstanden zu sein. Nur möchte ich glauben, dass es — wie in den vorhin erwähnten Fällen — näher liegt an die altfriesische als an die altenglische Lautgebung zu denken.*

*Die angeführten Friesismen rücken das ä, welches in der Freckenhorster Heberolle in der Regel für altes au eintritt[3], in das rechte Licht. Dass dieses ä, wenn auch nur „als ein Laut, den weder ä noch ö getreu wiedergab" (Jostes a. a. O., S. 60) die Vorstufe des heutigen au gebildet habe, ist nicht glaublich. Man mag annehmen, dass sich in dem heutigen kaup 'Kauf' das au von urgermanischer Zeit ab gehalten habe, oder dass es (wie das uhd. au) zunächst auf den in mhd. kouf vorliegenden Diphthong zurückgehe, oder dass es aus dem in altsächs. kôp vorliegenden Monophthong durch die Mittelstufe ö⁰, oᵘ, ou entwickelt sei. Aber das au ans einem zwischen ä und ö liegenden Laute, also ä herzuleiten, darauf würde wol niemand verfallen, der nicht die Entwickelung der westfälischen Laute durch die Brille der Freckenhorster Heberolle ansieht.*

*Aber entspricht denn nicht, wird man (mit Kaumann S. 33) einwerfen, in mehreren Worten dem alten au der Laut ä und sein Umlaut ä̈? Man beachte, dass dies nur vor folgendem r, und auch dort nicht durchweg der*

---

[1] *Die Herausgeber der Fr. H. und Schlüter schreiben kurzen Vokal. Aber auf langes e weist die Schreibung gêsthuvila der Münsterischen Hdschr. Z. 479 und die Etymologie. Das Wort gêst- deckt sich mit dem heutigen nordsächs. geist (auch gêst), das den höher gelegenen Sandboden im Unterschiede vom Moore oder von der Marsch bezeichnet.*

[2] *Geschrieben ketel, szetel, tsetel, tsietel, stitel; vgl. Richthofen, Altfries. Wtb. unter ketel.*

[3] *Ästhof Z. 99, Äst-Rammashuvila 261, Äst-Hlachergon 597, Ästeruualde 113, ästeron 11, Ästaurelda 207, bänono 4, brädes od. brädas 237. 475, vräno 1, Hänhurst 135, hâred 6.227 u. öfter, to kietel-kâpa 313. 311, mezas-kâpa, viseh-kâpa 306.*

*Fall ist. In Münster där töricht, hör'n hören, är Ohr; in Wahleck därheit Torheit, hör'n hören, Ert härt, aber nur Ohr, äir Ohr. Es handelt sich hier offenbar nicht um Erhaltung des ursprünglichen Lautes, sondern um eine der Umgestaltungen, welche Vokale durch folgendes r erleiden. Wahrscheinlich wurde au vor folgendem r zu ao und dann zu monophthongischem å; und der Umlaut äu dem entsprechend zu aö und dann zu monophthongischem ä. Die so entstandenen Laute fielen mit den aus altem å und seinem Umlaute erwachsenen å und å* zusammen. In jedem Falle beruht das für sonstiges au (bezw. ai) eintretende å (bezw. ä*) auf dem folgenden r, hat also nichts zu tun mit dem ä der Freckenhorster Heberolle, das gleichmässig für jedes au eintritt: in bråd = heutigem braut ebenso wie in hären = heutigem hören.*

*Die Erklärung der auf au zurückgehenden ä in der Freckenhorster Heberolle (und in anderen altndd. Denkmälern) ist einfach genug, und die folgende Gegenüberstellung spricht, denke ich, eine verständliche Sprache:*

| Altsächsisch | Friesisch | Freckenhorst |
|---|---|---|
| ōstan, ōstar *östlich* | ästa, ästar | ästan-, ästar |
| brōd *Brot* | bräd | bräd |
| hōh *hoch* | häch | hä(h)- *in* Hänhurst |
| kōp *Kauf* | käp | käp.[1] |

## § 14—15. Zur Geschichte der Konsonanten.

*Auf dem Gebiete des Konsonantismus tritt der waldeckische Dialekt aus dem allgemein niederdeutschen Lautstande weniger scharf heraus, als auf dem des Vokalismus. Es darf daher hier von einer vollständigen Darstellung der Konsonanten abgesehen werden. Genüge es, einige Lauterscheinungen hervorzuheben, die dem Waldeckischen eigentümlich oder für sein Verhältnis zum Westfälischen und zum Nordsächsischen bezeichnend sind; und ferner bei einigen Fällen zu verweilen, in welchen der heutige Dialekt einen lebendigen Wechsel zwischen verwandten (d. h. ursprünglich identischen) Konsonanten aufweist.*

### § 14. I. Verschlusslaute und Spiranten.

#### a) Gutturale.

*Wir stellen hierher ausser den Verschlusslauten k und g und den Spiranten h und g auch die Kehlkopfspirans h̆.*

*1) k kann im Anlaute, Inlaute oder Auslaute stehen. g und h stehen nur im Anlaute (abgesehen von dem Falle, dass sie als Anlaut eines Kompositionsgliedes in den Inlaut treten). h̆ ist häufig im Auslaute, wo es teils altes (aus vorgermanischem k verschobenes) h̆ fortsetzt, teils die Media g vertritt; ferner in der Anlautsgruppe sk̆ und in der (inlautenden oder auslautenden) Gruppe ht. h im Inlaute vor Vokalen (z. B. in den unter 3) angeführten Beispielen) darf als Zeichen der Entlehnung gelten.*

*2) Charakteristisch für den waldeckischen Dialekt ist der Wandel des anlautenden sk in sk̆ und die Erhaltung des inlautenden und auslautenden sk, z. B. sk̆āp Schaf, sk̆ip Schiff, sk̆ül'k schuldig, skrå mager, ask Asche.*

---

[1] *Obiges war längst niedergeschrieben, bevor mir Holthausen's Altsächs. Elementarbuch zuging. Es ist mir lieb zu sehen, dass auch Holthausen (§ 24) der Freckenhorster Heberolle 'angewämischen' Charakter zuweist und sich gegen Jostes' Lokalisierungsversuch ausspricht.*

fisk *Fisch;* man sagt frisk· fisk· güd· fisk· (vgl. ob. S. 9*, und über die abweichende Aussprache im Upplande S. 15* f.). Das wahleckische ßh bildet
ein wichtiges Mittelglied zwischen dem alten sk und dem å der meisten ndd.
Dialekte und des Hochdeutschen. Denn man wird annehmen müssen, dass
dem heutigen å das wahleckische ßh und diesem das westfälische sh voraus-
gegangen ist; dass also alle ndd. Mundarten, in denen jetzt såp gesprochen
wird, früher den Wandel des alts. sküp zu westf. shåp und weiter zu wald.
ßhåp durchgemacht haben.

3) An Stelle eines zu erwartenden k findet sich im Inlaute und Auslaute
mehrfach h oder χ. So in drah· *Drache* (westf. dråk·), líχ· *Leiche* (westf.
luik·), loh *Loch*, pl. löχr· (westf. lu·k, lü*ker), joh *uch* (auch im Westfäl.
mit h, aber mndd. jock, juck, ndl. jnk), fah· *Suche* (z. B. Pap. 1859 S. 1;
1860 S. 28. 33. 34; westf. søk·), fårh· *Sarg* (westf. sark). Dass die Spirans
hier auf Entlehnung beruht, bestätigt der Vokalismus dieser Wörter; bei
echten Dialektwörtern wäre überall gesteigerter Stammvokal zu erwarten.

4) Die Vorsilbe g· verliert im Participium Präteriti ihren gutturalen
Anlaut; das übrig bleibende · schliesst sich dem vorhergehenden Worte wie
eine Endung an und geht, wenn die vorhergehende Silbe schon auf · endigt,
ganz verloren[1]). Siehe die Beispiele ob. S. 19* f. Die Regel gilt übrigens
nur für die Vorsilbe des Participiums, nicht für verbale oder nominale
Zusammensetzungen, wie g·wiun, g·ßizt·, g·wis. Die mit g· zusammengesetzten
Verba bewahren die Vorsilbe auch im Participium, z. B. hei hi·t g·wunn·n
oder b·ü hi·d·t d·t g·fah·n.

5) Die Media g wird im Inlaute vor Vokalen zur tönenden Spirans
j, im Auslaute (abgesehen von dem unter 6) zu besprechenden Falle) zur tonlosen Spirans h. Z. B. b·t däg· *bei Tage*, däh *Tag*; naid·g·n *nötigen*, naid·h
nötig; wig· un ßtig· *Wege und Stege*, aber keuru wih un keuru ßtih·; am birg·
am Berge, aber in d·n birh. Doch tritt für ausl. h — und zwar sowohl für
das aus g entstandene wie für das auf germanisches h zurückgehende — das
stimmhafte j ein, wenn sich dem auf h auslautenden Worte vokalisch anlautende Silben nach Art einer (betonten oder unbetonten) Endung anschliessen.
Z. B. nag·mâl noch einmal (neben nah noch), daug·t taugt es (neben dauh
taugt), b·rg·åf bergab. — In han 'hoch' ist ausl. h anscheinend verloren; doch
ist han wol eigentlich die Form der obliquen Kasus = nhd. hoh·e (wie in
nhd. rauh statt rauch).

6) In der Lautverbindung ng ist g vor Vokalen zunächst regelrecht zur
Spirans j geworden, dann aber in dem vorausgehenden gutturalen Nasal vollständig aufgegangen. Z. B. fawn *fangen*, ew *eng*, friwn *ringen*, jun· *Junge*,
jün·r *jünger*. Vor Konsonanten und im Auslaute dagegen wandelt sich ng in
nk; laukßuu *langsam*, giwk *ging*, fauk *Fang*, rink *Ring*, junk *jung*, sunk *sang* (fiw·n).

Vorstehende Regel findet übrigens keine Anwendung auf den Fall, dass
ausl. n und aul. g in der Kompositionsfuge zusammentreffen. In diesem
Falle wird das ausl. n sogar meist dental (nicht guttural) gesprochen (z. B.
augåu, ungut), was auf dem Einflusse von Ausdrücken wie ·t geit an oder
unräχt beruhen mag.

7) Die Spirans j geht zwar in der Regel auf die Media g zurück,
beruht aber daneben auch auf dem Halbvokale w in Fällen wo diesem der
Vokal u vorausging. Es gilt dies besonders von den Lautverbindungen og·

---

[1]) Der Wegfall des anl. · nach ausl. · der vorhergehenden Silbe steht in
Einklang mit der sonstigen Behandlung dieses Vokals, z. B. bei lß·t er ist es,
aber ik haw·-t ich habe es.

*und* uɣ· (z. B. hoɣ·n *hauen*, juɣ· *euer*, truɣ·n *trauen*), *denen älteres* auw + *Vokal und* uw + *Vokal oder* û + *Vokal zu Grunde liegt. Vergl. ob.* § 11 *S. 39* und 40*. Hält man die genannten drei Beispiele zusammen mit* alts. hauwan, iuwa *und* trûon, *so wird man zu der Ansicht geführt, dass das* û *in alts.* trûon *zunächst in* uw *aufgelöst und letzteres dann behandelt ist wie in* iuwa *euer.*

*Ausser in diesen Lautverbindungen findet sich* ɠ *für* w *selten und wol nur in Fällen, wo auch das Nordsächsische Spuren des* g *zeigt, z. B.* füɠ· *Sau, nords.* fä·h *(aus* \*füɣ·, *der gesteigerten Form von* fuɣ·, *mit Umlaut aus dem Plural*), ulɠ·n· *neun, nords.* ni·ɠ· *(aus* niɠ·n, *Steigerung von* niɠ·n). *Die altsächs. Formen* niguni *neun (Hel. 1267; vgl. ags.* nigou, fries. ningun, nigun) *und* nigunda *oder* niguda *neunte (Hel. 3420, 3491, vgl. ags.* nigoþa, fries. niugunda) *bestätigen, dass der Guttural hier älteren Datums ist.*

8) *Die alte Lautverbindung* hw *ist im Anlaute in der Regel durch* w *ersetzt, z. B. in* wei *wer (alts.* hwê), wat *was (alts.* hwat), wan *wann, wenn (alts.* hwan), wilk· *welcher (alts.* hwilik). *Aber in den beiden Adverbien* hâ *wo (alts.* hwär) *und* b·ü *wie (alts.* hwö) *steht dafür* b. *Vgl. ob. S. 8* u. 67*.

## b) Palatale.

*Es handelt sich hier nur um die beiden Spiranten* χ *(tonlos) und* j *(tönend).*

9) χ *ist, historisch genommen, eine Nebenform der entsprechenden gutturalen Spirans* h, *und zwar ersetzt es die letztere in der Lautverbindung* ht *nach palatalen Vokalen. Z. B.* näχt·k *nächtlich (aber* naht), knäχt *Knecht,* leχt *Licht,* riχteh *richtig.* fiχt·h *sehend,* möχt· *möchte (vo. zu* moht·), *frö*χt·n *fürchten (neben* froht· *Furcht*), düχt·h *tüchtig[1]). Selten begegnet* χ *nach palatalen Vokalen vor andren Konsonanten als* t, *z. B.* däχl·k *täglich. Vor Vokalen steht* χ *im Inlaute von Haus aus so wenig wie* h; *Formen wie* l·χ· *Leiche,* löχ·r *Löcher (vgl. ob. unter 3) beruhen also auf Entlehnung. Im Auslaute findet sich nur* h. — *In* nit *'nicht' ist* χ *ausgefallen.*

10) *Anlautendes* j *geht fast immer auf altes* j *zurück. Jedoch ist es in der Adorfer Mundart vor folgendem* i *(nicht vor* i *oder* i·) *für* g *eingetreten:* jiɠ·n *gegen,* jiɠ·nt *Gegend.* jlw·l *Giebel,* jiw·n *geben, ·t* jit *es gibt.*

*Im Inlaute steht* j *vorzugsweise in den Lautverbindungen* äj·, ij·, öj·, üj·, *z. B.* fäj·n *säen,* nij·, *neu,* köj·, *Kühe,* trüj·, *treu; vgl. ob.* § 11 S. 36*, 40*, 41*. *Diese Lautgruppen sind offenbar bis zu einem gewissen Grade den vorhin (unter 7) besprochenen* oɠ· *und* uɠ· *parallel, ja* öj· *und* üj· *können geradezu als Umlautformen jenes Paares gelten (z. B.* möj·rl·k *neben* f·k *mogn,* g·büj· *neben* buɠ·n u. s. w.). *Im einzelnen aber liegt die Entwickelung hier weniger klar. Es ist oben S. 40* angenommen, dass sich* ij· *zu* l *verhält, wie* uɠ· *zu* û, *dass also langer Vokal sich vor folgendem Vokal in Vokal + Halbvokal auflöst hat. Und dieser Auffassung steht in Fällen wie* Mrij· aus Marta *nichts im Wege. Aber darf* nij· *'neu' aus* nl· *erklärt werden? Und lässt sich* trüj· *'treu' unmittelbar auf* trü· *zurückführen? Man müsste sich hierbei zu der Annahme entschliessen,* j *sei aus halbvokalischem* ü *entstanden, was starke Bedenken hat. Es dürfte richtiger sein, zwischen* trüj· *und* alts. triuwi *eine Mittelform* trüɠ· *(mit Verkürzung des* iu *zu* ü, *entsprechend der von* hauwan *zu* wald, hoɠ·n) *anzunehmen. Allerdings führt diese Auffassung dazu, dem* j *einen zwiefachen Ursprung — aus halbvokalischem* j *und halbvokalischem* w — *zuzuschreiben. Da indessen dem* j

---

[1]) *Nach* i· *steht* h *(z. B.* li·ht· *legte,* fi·ht· *sagte), nicht* χ, *da* · *als gutturaler Vokal zählt.*

*im Altsächsischen teils i entspricht* (z. B. in **sāian** *säen*, **Maria**[1]) *Marie*), *teils* w (z. B. in **niuui**- *neu*, **triuui**- *treu*), *so spricht dies eher für als gegen die hier vorgeschlagene Auffassung.*

*Für* **ą** *als Vorstufe des* **j** *sprechen ferner Fälle wie* **drîjᵣt** *Acker von 3 Gart* (*neben* **gârt**), **rûjᵤ-mĩl** *Roggenmehl* (*neben* **roᵧrn** = *alts.* **roggo**), **brûjᵣ** *Brücke* (*alts.* **bruggja**) *u. ä., wo nicht alter Halbvokal sondern altes* **g** *zu Grunde liegt. Uebrigens ist in der* **wald** *Mundart die Grenze zwischen inl.* **ą** *und inl.* **j** *nach palatalen Vokalen* (*und zwar besonders nach* **ð** *und* **û**) *noch jetzt fliessend* (*vgl. § 11 Anm. 3 u. 4*). *Die Schwankung erstreckt sich hier bis in die Sprache des Individuums, und es ist z. B. schwer zu sagen, ob für 'zurück' die Aussprache* **trûjᵣ** *oder* **trûᵧᵣ** *als die üblichere zu gelten hat.*

### c) Der alveolare Zischlaut **š**.

*11) Der Laut* **š** *findet im* **wald**. *Dialekte nur beschränkte Verwendung. Von vereinzelten Interjektionen wie* **kš** *abgesehen findet er sich nur im Anlaute* (*was allerdings nicht ausschliesst, dass ein mit* **š** *anlautendes Wort als zweites Kompositionsglied gebraucht wird, z. B.* **unšhûl·h**).[2]) *Er ersetzt im Anlaute* **s** *vor Konsonanten und findet sich demgemäss in den Verbindungen* **šh**, **št**, **šp**, **šw**, **šl**, **šn**, **šm**. *Diese Lautgruppen decken sich mit den entsprechenden Anlautsgruppen des Hochdeutschen nach mittel- oder süddeutscher Aussprache, nur mit dem Unterschiede, dass altes* **sk** *und* **skr** *nicht wie im Hochdeutschen* **š** (*geschr.* **sch**) *und* **šr** (*geschr.* **schr**) *sondern* **šh** *und* **šhr** *lauten. Vgl. zum* **šh** *ob. Nr. 2).*

### d) Dentale.

*Es gehören hierher die Verschlusslaute* **t** *und* **d** *und die Spiranten* **s** *und* **ſ**.

*12) Anl.* **dw** *wird zu* **tw**: **twiurn** *zwingen*, **twank** *Zwang*, **twᵣrh** *Zwerg*, **twᵣs** *quer. Mit dem Walde ckischen stimmt das Westfälische* (*vgl. Holthausen § 163 und Woeste's Wörterb.*), *während das Mittelniederdeutsche* (**dwingen, dwank, dwerch, dwers**) **d** *bewahrt.*

*Ferner ist* **d** (*oder wol eher altes* **þ**, *vgl. got.* **nêþla** *Nadel*) *zu* **t** *geworden vor folgendem* **l** *in Fällen wie* **nât·l** *Nadel*, **šnait·l·n** *Äste ausschneiden; und zwar hier in Uebereinstimmung nicht nur mit dem Westfälischen* (*Holthausen § 166, Woeste unter* **nât·l** *und* **snêteln**), *sondern auch mit dem Mittelniederdeutschen* (**nât(e)le**, **snêtelen**). *Diesem* **t·l** *vergleicht sich das* **f·l** *in Wörtern wie* **gaf·lᵣ**, **šhûf·l·**; *s. unt. Nr. 25*).

*13) Altem* **þþ** (*vgl. Braune, Ahd. Gramm. § 167 Anm. 10*) *entspricht* **t** *in* **šmit** *Schmiede* (*westf.* **smitte** *bei Woeste*), **fit·k** *Flügel* (*westf.* **slaffitik**) *und* **i·tlik·** *etliche* (*westf.* **ǫtlike**). *Ebenso mndd.* **smitwech** *Weg zur Schmiede*[3]), **vittek, vitk** *Flügel*, **ettelik, etlik** *etlich.*[4])

---

[1]) *Zur metrischen Geltung im Heliand vgl. Kauffmann P.-B. Beitr. 12, 350; nach K. wird der Name* **Marja** *oder* **Marija** *gemessen.*

[2]) *Wie ein Kompositum ist das Lehnwort* **mašhᵣlᵣ·** *'Maschine' behandelt, wie ein einfaches Wort dagegen z. B.* **masêᵣrn** *'marschieren'.*

[3]) *Mndd.* **smêd**- (= *nordsächs.* **smã't** *aus* ***smĩd**-) *ist Neubildung nach dem Verbum* **smêd·n**.

[4]) *In oder* **oder** = *got.* **aiþþau** *wird die Lautverbindung* **ſþ** *zu Grunde liegen* (*alts.* **eftho, eftha** *C, altfries.* **ieftha**), *die sich durch die Mittelstufe* **χþ** (*ohtho Hel. 3629, M*) *zu* **þþ** *assimilierte* (*ettho, ettha, die übliche Schreibung in M, vgl. engl.* **eþþa, ags. oþþe, ahd. eddo**). *Vgl. Meringer bei Singer, P.-B. Beitr. 12, 211 u. K. F. Johansson Bezzenb. Beitr. 13, 120 ff. Dass ettho mit eftho nichts zu tun habe* (*Holthausen Alts. Elementarbuch § 208 Anm.*) *fällt mir schwer zu glauben. Die Frage scheint mir nur zu sein, ob von urgerm.* ***ehþau** *oder* ***efþau** (*bezw.* ***iþþau**) *auszugehen ist.*

14) Entlehnung ist verantwortlich für das t in **fåter** 'Vater' (mit kurzem a) und **moter** 'Mutter' (mit kurzem o). Dass diese Wörter Lehngut sein sollten, mag ja zunächst auffällig erscheinen, ist aber doch kaum auffälliger als bei den hochdeutschen Koseworten Papa und **Mama** oder bei den Verwantschaftsnamen **Tante, Onkel, Cousin, Cousine**. Lehnworte sind natürlich auch grôs**fåter** und **grôsmoter**. Vereinzelt hört man noch die älteren Formen **fåder** (in Neudorf **fåᵉr**), **moûmᵉ**, **elᵉpapᵉ**, **elᵉmoûmᵉ**.

15) Während in den genannten Wörtern t fest ist oder sich mundartlich von d scheidet, liegen in andren Fällen t und d in demselben Worte oder in derselben Endung nebeneinander. Deutlich ist der Grund des Wechsels bei -**tᵉrap** für -**dᵉrup** 'Dorf' als 2. Kompositionsgliede; t nämlich tritt hier , nach stimmlosen Lauten für d ein, vgl. z. B. **Flextᵉrup** Flechtdorf neben **Adᵉrup** Adorf.[1]

16) Der Wechsel zwischen den Endungen **tᵉ** und **dᵉ** im schwachen Präteritum lässt sich in folgende Regeln fassen. Zweisilbige Präterita haben t, wenn der Endung ein Konsonant vorhergeht, dagegen d wenn ihr ein Vokal vorhergeht; nur bei Verben, die t schon im Präsens haben, bleibt das t nach vorausgehendem Vokal auch im Präteritum. Von den mehrsilbigen Präterita werden wie die zweisilbigen behandelt zunächst die aus zweisilbigen Formen mit Präfix gebildeten, ferner die einfachen Präterita, soweit sie auf der vorletzten Silbe betont sind. Ruht aber der Ton bei einfachen Präterita auf der drittletzten, so steht d nicht nur nach Vokalen, sondern auch nach stimmhaften Konsonanten.

### I. Zweisilbige Formen.

1) Dem Dental der Endung geht ein Konsonant vorauf, und zwar

a) stimmloser Konsonant. Es handelt sich fast durchweg um Spiranten, die vor dem t aus Verschlusslauten entstanden und meist aus älterer Zeit überkommen sind.

h und χ: **dahtᵉ** dachte, co. **däχtᵉ** (zu devkᵉn), **mahtᵉ** machte (mäkᵉn), **šmahtᵉ** schmeckte (šmekᵉn), **sohtᵉ** suchte, co. **šoχtᵉ** (šoûkᵉn), **duhtᵉ** duckte (dᵉk dukᵉn), **druhtᵉ** drückte (drükᵉn). — **brahtᵉ** brachte, co. **bräχtᵉ** (brewᵉn), **jahtᵉ** jagte (jägᵉn), **lehtᵉ** legte (lâgᵉn), **fehtᵉ** sagte (fägᵉn), **duhtᵉ** taugte (dûgᵉn), **mohtᵉ** mochte (môgᵉn), **fruhtᵉ** fragte (frâgᵉn). — So auch an Stelle älterer starker Präterita: **kriχtᵉ** bekam (krᵉigᵉn), **stiχtᵉ** stieg (stᵉigᵉn), **šwiχtᵉ** schwieg (šwᵉigᵉn), **buhtᵉ** bog (bêgᵉn). s: **mostᵉ** musste (motᵉn), **wnstᵉ** wusste (witᵉn). — Früher stark: **listᵉ** las (lâfᵉn). f: **koftᵉ** kaufte (kaipᵉn); **droftᵉ** durfte (drûwᵉn). — Früher stark: **blîftᵉ** blieb (blᵉiwᵉn).

b) stimmhafter Konsonant:

r: **kärtᵉ** kehrte (kâᵉrn), **härtᵉ** hörte (häᵉrn), **förtᵉ** führte, fuhr (fûᵉrn), **rörtᵉ** rührte (rôᵉrn), **dᵉärtᵉ** dauerte (dᵉûᵉrn). l: **stältᵉ** stellte (stelᵉn), **taltᵉ** zählte (telᵉn), **foûltᵉ** fühlte (foûlᵉn), **huⁱltᵉ** holte (hoᵉlᵉn). n: **kantᵉ** kannte (kanᵉn), **šhantᵉ** schalt (šhäᵉn) = mndd. schenden), **meⁱntᵉ** meinte (meinᵉn), **kontᵉ** konnte (künᵉn), **wüntᵉ** wohnte (wûnᵉn), **guntᵉ** gönnte (günᵉn).

[1] Damit erledigen sich wol die Bedenken Holthausens (§ 163 Anm.) gegen die Erklärung dieses t in der Soester Mundart als Assimilation an vorhergehende stimmlose Konsonanten. Das Waldeckische zeigt thatsächlich den Lautzustand, welcher sich für das Westfälische nur voraussetzen lässt.

2) *Dem Dental der Endung geht ein Vokal vorauf.*

*a*) *d* steht in bad· *hatte* (= mndl. hadde, alts. habda) *und in einer Reihe
von Verben, die im Präsens* d *zwischen Vokalen aufweisen, z. B.* kled·
kleidete (klaid·n), šhŭd· *schüttelte* (šhŭd·n). *Die meisten der schwachen Verba
mit stammhaftem* d *gestalten übrigens den Singular des Präteritums (nach
dem Vorbilde der starken Verba) zu einer einsilbigen Form um, deren Dental
dann den Auslautsgesetzen gemäss als* t *erscheint, z. B.* lat *hut* (lŭd·n), šhat
*schadete* (šhŭd·n), lat *leitete* (leid·n), met *mietete* (meid·n), brot *brütete* (broŭd·n),
lut *läutete* (lŭd·n). *Im Plural tritt meist das dem t zu Grunde liegende* d
*wieder hervor, z. B.* brod·n *brüteten.*

*b*) *t* steht in Verben mit stammhaftem t, *z. B.* fat· *setzte* (= mndl.
satte, alts. satta). *Wie bei den Verben mit* d *wird auch hier der Singular
meist nach der Weise der starken Verba gebildet, z. B.* šwät *schwitzte* (šwait·n),
·ntmot *begegnete* (·ntmoŭt·n). *Der Plural hat regelrecht* t: šwät·n, ·ntmot·n.

## II. Mehrsilbige Formen.

*1*) *Aus zweisilbigen mit betontem oder unbetontem Präfix gebildete:*
aurört· *anrührte*, upštalt· *aufstellte*, förhad· *vorhatte*, b·d·ürt· *bedauerte u. s. w.*

*2*) *Einfache Präterita mit dem Tone auf der vorletzten. Es gehören
hierher besonders die Lehnwörter auf* -ë·r·n (= nhd. -ieren), *z. B.* kurë·rt·
*kurierte*, masë·rt· *marschierte u. ä.*

*3*) *Einfache Präterita mit dem Tone auf der drittletzten.*

*a*) *Dem Dental der Endung geht ein stimmhafter Konsonant vorauf.
Die Hauptmasse der hierher gehörigen Präterita ist von Verben auf* -·r·n,
-·l·n, -·n·n *gebildet, z. B.* bol·rd· *polterte* (bol·ru), klät·rd· *kletterte* (klät·r·n),
welt·rd· *wälzte* (welt·r·n); bam·ld· *baumelte* (bam·l·n), hnp·ld· *hinkte* (hup·l·n);
ri·g·nd· *regnete* (ri·g·n·n). *Diesen schliesst sich an* anf·rd· *antwortete* (anf·ru),
*wo aber* r *aus* rd *entstanden und* an *(aus* and) *eigentlich Vorsilbe ist.*

*b*) *Dem Dental der Endung geht ein Vokal vorauf. Unter diese
Kategorie fallen die zahlreichen Präterita, welche mit dem Mittelvokal* · =
*mndl.* e *(im Altsächsischen stehen an seiner Stelle verschiedene Vokale) gebildet
sind. Z. B.* läk·d· *leckte*, šhik·d· *schickte*, kuk·d· *gurkte*, brŭk·d· *brauchte*,
laht·d· *lachte*, drog·d· *drohte*, hoy·d· *hieb*, trug·d· *traute*, b·šwoug·d· *wurde ohnmächtig*, kläj·d· *kratzte*, prüst·d· *niese*, pis·d· *minxit*, štr·lp·d· *streifte*, dam-
p·d· *dampfte*, li·w·d· *lebte*.

*Bei der Verteilung der beiden Endungen fällt besonders auf, dass nach
betontem* r, l, n *die Endung* t·, *nach unbetontem* r, l, n *die Endung* d· *steht,
abgesehen von der leicht verständlichen Ausnahme, dass ein vortretendes Präfix,
auch wenn es den Ton auf sich zieht, den Dental der Endung nicht beeinflusst.
Dies erinnert zunächst an Verner's Gesetz, indem anscheinend ein einfaches
Accentgesetz die Verteilung so regelt, dass „Fortis" in betonter und „Lenis"
in unbetonter Silbe steht. In Wirklichkeit liegt einer der interessanten Fälle
vor, wo ein scheinbar einfaches Lautgesetz das Ergebnis einer langen und
komplicierten Entwickelung ist, bei der es sich sonst ausschliesslich um Form-
übertragung handelt. Das Endergebnis steht gerade bei* r, l, n *im Widerspruch
mit den sonstigen Lautgesetzen des Dialektes (vgl. unt. Nr. 18—20).*

*Die Scheidung des* t *und* d *beruht überall auf einem Ausgleiche zwischen
der ursprünglichen Regel und der Neigung, unter anscheinend gleichen
Bedingungen (insbesondre bei gleicher Betonung) denselben Laut durchzuführen.
Sehen wir von den zusammengesetzten Formen ab, die, wie gesagt, durchaus
wie die entsprechenden Formen ohne Vorsilben behandelt werden, so hatten
ursprünglich die zweisilbigen Präterita teils* t· *(älter* ta), *teils* d· *(älter* da),

*die dreisilbigen (d. h. die mit Mittelvokal gebildeten) durchaus d· (altsächs. da).
Dies Verhältnis ist bei den* dreisilbigen, *soweit sie auf der Stammsilbe
betont sind, im wesentlichen bewahrt. Zu den mit Mittelvokal gebildeten
gehörten ursprünglich auch die Präterita der Verba auf* r·n, l·n, n·n, *vgl. alts.*
twîflida *zweifelte,* gimablida *(neben* ginahalda) *sprach,* böknida *bezeichnete.
Aber schon im Mittelniederdeutschen wird der Mittelvokal regelmässig synkopiert, z. B.* hinderde, wunderde, segelde, wandelde, bejegende, rekende *(Lübben,
Mndd. Gramm. S. 80). — Bei den* zweisilbigen *herrscht die Neigung,
das* t *auf Kosten des* d *durchzuführen.* d *bleibt in* had· *und in Verben die
im Präsens* d *zwischen Vokalen haben. während nach Konsonanten nur* t
*sich findet. Ursprünglich stand* d *auch in der Lautgruppe* gd *(alts.* legda
*od.* legda legte, sagda sagte, mndd. *dafür* legede, segede), *und in den Verbindungen* rd, ld, nd *(z. B. alts.* hôrda hörte, talda *zählte,* mênda meinte, mndd.
hôrde, talde, mênde). In beiden Fällen ist die Umgestaltung leicht verständlich.
Die Verbindung* gd *steht ja überall in den heutigen Dialekten auf der Aus-
sterbeliste, auch im Hochdeutschen, wo* z. B. Jagden *heute* jahten *gesprochen
wird. Das* ht *lag um so näher, als es sich in Fällen wie* moht· *(zu* mügen)
*oder* doht· *(zu* dügen) *von Alters her neben stammhaftem* t *fand. Aus den
Lautgruppen* rd, ld, nd *hätte lautgesetzlich am Schlusse einer betonten Silbe*
r, l, n *(od.* nd) *werden sollen (s. unt.) Aber Formen wie* \*kâr· kehrte \*tal·
'zählte' *oder* \*men· *'meinte' wären durch den mangelnden Dental fast unkenntlich
geworden. Man führte dafür* kärt·, talt·, ment· *ein, gab also diesen Formen
den Dental in der Gestalt, in welcher er sich sonst in zweisilbigen Formen
nach Konsonanten sowie im Auslaute der Participien (·falt, ·ment) findet. —
Nach dem Muster der einfachen Verba auf ·r·n mit zweisilbigem Präteritum
haben dann schliesslich die dreisilbigen Lehnwörter auf ·ê·r·n ein Präteritum
auf ·ê·rt· erhalten. Sie sind offenbar behandelt wie zweisilbige Verba mit
unbetontem Suffix, also* masê·r·n *wie* b·kârn u. ä.*

*17) Der bestimmte Artikel büsst oft das anl.* d *ein, insbesondere nach
Präpositionen. Z. B.* au·n an den, an·m und am· an den, in· in die, in·n
in den, in·m und im· in dem, in·r in der, Um·n um den u. s. w. Das anl.*
d *des Pronomens der 2. Person schwindet in tonloser Stellung nach ausl.* t,
*z. B.* hîst· hast du, kanst· kannst du, wit· willst du u. ä.*

*18) Die Lautgruppe* rd *ist zwischen Vokalen zu* r *vereinfacht, einerlei
ob* d *auf altes* ð *oder altes* þ *zurückgeht. Z. B.* är Erde, ärn *irden,* ären
arten, bâr· *'Barte', kleine Axt,* fârh *(mit auffälligem kurzem* ä), hâr· *Herde,*
hêr· Hirt, swâr· Schwarte, wâr·n *werden,* ·wôr·n *geworden,* wör· Worte (pl. zu
wört). Es handelt sich hier offenbar um einen jungen Lautwandel. Im Mittelwestfälischen war* rd *ohne Zweifel bewahrt, wie im Mittelniederdeutschen.
Scheinbar hat sich das* d *auch jetzt noch in manchen Fällen erhalten, z. B.*
bârd· Bürte (pl. zu bârt), gard·ln· Vorhang, gärd·n·r Gärtner, gärd·n·rn Garten-
arbeit thun, mu·rd·n morden, mü·rd·rl·k mörderlich, w·rd·r 'Order', Nachricht,
u·rd·ntl·k ordentlich, u·rd·nu·r Ordnung. Doch wird es sich hier in den meisten
Fällen um Lehnworte handeln. Möglich wäre freilich, dass in Fällen wie
gärd·n·r, u·rd·nu·r das mittlere · schon früh schwach gesprochen wurde, so dass
das* d *an dem folgenden* n *eine Stütze finden konnte. — Ganz anders ist die
Lautgruppe* rd *in dem Worte* fü·d·rn *'fordern' behandelt, insofern hier nicht
das* d *sondern das* r *verloren gegangen ist. Es liegt hier eine Art Dissimilation
vor, veranlasst durch das* r *der folgenden Silbe. Auch das Nordsächsische
hat in diesem Worte* d, *z. B.* hannor. füd·rn *(mit kurzem* ö).[1]*

---

[1] *Man lasse sich nicht durch die Schreibung* förrern *bei Nerger, Mekl. Gr.
S. 119 irre machen. Das er bezeichnet nur die eigentümliche Aussprache des inl.*

*19) Ganz analog dem* rd *wird* ld *zwischen Vokalen behandelt. Es tritt dafür* l *ein, ohne Rücksicht darauf, ob dem* ld *altes* ld *oder altes* lþ *zu Grunde liegt. Z. B.* alr *Alter,* bal *bald,* el‘rn *Eltern,* gel‘n *gelten,* gül‘n *golden.* gül‘n *(aus* guldin, *mit regelrechtem Umlaut) Guldden,* hal‘n *halten,* hol‘ ‘Halde’, *Berggipfel,* kal‘ *kalte (fl. Form von* kalt), malr *Malter,* mäl‘n *melden,* säl‘n *selten,* šhül‘h *schuldig,* t‘ šhül‘n *zu Schulden,* šhul‘r *Schulter,* wil‘ *wilde (fl. Form zu* wilt). *An Ausnahmen fehlt es auch hier nicht, z. B.* fäld‘r *Felder,* t‘ gäld‘ mäk‘n *verkaufen,* gold‘r‘h *goldig. Die Erklärung ist auf demselben Wege zu suchen, wie bei dem unregelmässigen* rd. — *Regelrecht bleibt* ld, *wenn die folgende Silbe den Hochton oder einen starken Nebenton hat, z. B.* fald‘t‘ *Soldat,* Waldej *Waldeck.*

*20) Eigentümlich ist die Behandlung der Lautgruppe* nd — *aus altem* nd *und* nþ — *zwischen Vokalen. Sie wird oft zu einfachem gutturalen Nasal,* ŋ¹), *und fällt dabei mit altem* ng *zusammen. Man hat sich den Lautwandel offenbar so zu denken, dass* nd *zunächst zu* ŋg *(genauer* ŋg, *mit spirantischem Guttural) und dann mit dem alten* ŋg *zusammen zu* ŋ *vereinfacht wurde, da altes* ŋ *oder* nn *zwischen Vokalen unverändert bleibt. Es wird nötig sein, die wichtigsten Belege für die Regel vollständig anzuführen und dabei auf den vorausgehenden Vokal Rücksicht zu nehmen.*

*Nach* ä *und* e: häŋ‘ Bänder (pl. *zu* bant), unbewlsk unbändig, bräŋ‘ Brände (pl. *zu* brant), eŋ‘ Ende, häŋ‘ Hände (pl. *zu* haŋt), läŋr‘ Länder (pl. *zu* lant), holäŋr Holländer, seläŋr‘k Seeländer, ‘utläŋr‘k ausländisch, šhäŋ‘ pl. Schelle, šhäŋr‘n schelten (mndl. schenden), wäŋ‘ Wände (pl. *zu* want), weŋ‘n wenden, unweŋr Acker der quer gepflügt wird (vgl. mnhd. anewende Pflugwendung).

*Nach* i: biŋ‘n binden, bliŋ‘ blinde (fl. Form *zu* blint), fiŋ‘n finden, hiŋ‘r hinter, kiŋ‘r Kinder (pl. *zu* kiŋt), niŋ‘ unbedeutend, riŋr‘ Rinder (pl. *zu* riŋt), šhriŋ‘n schmerzen, (mndl. schrinden), frŵiŋ‘n verschwinden, wiŋ‘n winden, wiŋ‘ Winde, wiŋ‘l‘ Windel.

*Nach* u: ‘buŋ‘n gebunden, ‘fuŋ‘n gefunden, uŋ‘n unten, uŋ‘r unter.

*Nach* ü: müŋ‘k‘n Mündchen, püŋ‘l Bündel, süŋ‘ Sünde, üŋr‘ (in Nominalzusammensetzungen) unter, üŋrste unterste.

*Unter diesen Beispielen findet sich keines, in welchem dem* ŋ *ein* a *vorausgeht. Das ist kein Zufall; vielmehr bleibt nach* a *das* nd *regelrecht unverändert. Z. B.* aŋr‘ ander, baŋ‘, Bat, *zu* baŋt Band, haŋ‘l Handel, laŋr‘, Bat, *zu* laŋt Land, im paŋt‘ šhāŋ in Pfändung stehen, saŋ‘h sandig, šhaŋr‘ Schande, šhaŋr‘ Stellfass, im šhaŋr‘ im Stande, waŋr‘n wandern. Das* nd *ist in dieser Stellung so fest, dass es mehrfach auch in Ableitungen mit umgelautetem Vokal bleibt:* eŋr‘n ändern, ständ‘h ständig, püŋr‘n pfänden. *So erklärt sich wol auch das* adr. b‘heŋr‘ knapp, behutsam, *dem im Mndl.* behand‘ *und* behend‘ *zur Seite stehen.*

*Den wenigen Beispielen mit* ŋ *nach vorhergehendem* u *stehen viele mit* nd *zur Seite:* buŋr‘ Bünde (pl. *zu* buut), uŋr‘n gruŋr‘ auf dem Grunde, holuŋr Holländer, huŋr‘ Hunde (pl. *zu* huut), huŋrt hundert, pluŋr‘rmlik

---

dd *zwischen Vokalen, wie sie im Meklenburgischen und sonst im Nordsächsischen vorkommt. Vgl.* lerre *aus* ledder scala, murre *aus* mudder mater u. s. w. bei Nerger S. 118. — Zu beachten ist der Umlaut in* wald. fü‘d‘rn, *nords.* födern. *Es wird darnach auch* mndl. vorderen, *abweichend vom Hochdeutschen, mit Umlaut zu lesen sein.*

¹) *Ueber die Verbreitung des* ng, d. h. ŋ, *ausserhalb des Waldeckischen vgl.* Wrede *im Anz. f. dt. Alt. 19 S. 104 (Pfund), 107 (Hund), 111 (Kind).*

geronnene Milch, ruud'r herunter, fuud'r (auch found'r) ohne, stund' Stunde, stund'n standen (prt. pl. zu ståu), und rt-lt Zeit der Mittagsruhe, f'k wundern sich wundern. Es kann keinem Zweifel unterliegen, dass die Worte mit nd nach u den regelrechten Lautwandel aufweisen. Wo n nach u steht, beruht es auf Uebertragung. Die Participia ·buw'n und ·fuw'n haben n von den Präsensformen biw'n und fiw'n übernommen. In Bezug auf uw'u· unten und uw'r unter ist zu berücksichtigen, erstens, dass im Nordsächsischen sowohl das Adverbium üuŋ wie die Präposition üu'r Umlaut haben, zweitens, dass die umgelautete Form im Waldeckischen in der Nominalkomposition (z. B. üu'rkaput Unterwams, üu'rm'ül Unterlippe) bewahrt ist. Man wird also an-nehmen müssen, dass uw'n· und uw'r ihr u statt des lautgesetzlichen nd aus der alten Form üw'r entnommen haben. Vermutlich haben bei der allmählichen Zurückdrängung der Form üw'r die unumgelauteten Formen des Westfälischen, der mitteldeutschen Dialekte und des Hochdeutschen mitgewirkt. — Neben dem pl. bund· steht regelrecht das Deminutiv hüw·k·n Hündchen, wie neben stund· das Demin. stüw·k·n Stündchen (Understüngeken Vap. 1860 S. 22). Doch findet sich neben stund·n 'standen' der Konjunktiv stünd·.

Es ergiebt sich hieraus, dass der Uebergang des nd zu w im Waldeckischen von dem vorhergehenden Vokale abhängt, indem er lautgesetzlich nur nach den palatalen Vokalen ä, e, i, ü stattfindet. Von den oben erklärten Aus-nahmen, wie fœnd'ru, b'hend· abgesehen findet sich nd nach palatalem Vokale sehr selten. In griud·r·h 'grindig' mag das anlautende gr der Lautgruppe nd·r in w·r verhindert haben. mind·r· in mind·rjär·h ist aus der hochdeutschen Rechtssprache entlehnt; das daneben liegende miw· zeigt den regelrechten Lautwandel.

Der Umstand, dass n für nd nur in palataler Nachbarschaft eintritt, wirft etwas mehr Licht auf die phonetische Seite dieses Lautwandels. Der Dental der Lautgruppe nd wurde hier, wie überhaupt im Inlaute vor Vokalen (vgl. unten) zunächst zur stimmhaften Spirans d. Für die dentale Spirans trat, wo dem Nasal ein palataler Vokal vorherging, die palatale Spirans j ein, indem zugleich der dentale Nasal zum palatalen Nasal wurde (ńj). Von palataler Aussprache senkte sich die Lautverbindung weiter zu gutturaler Artikulation (ŋj), bis schliesslich — wie bei altem ng — die gutturale Spirans vor Vokalen dem voraufgehenden Nasal assimiliert und das so entstandene un zu u vereinfacht wurde.

21) d zwischen Vokalen ist teils altes d, z. B. l·üd· Leute, alts. liudi; råd·n raten, alts. rådan; wid·r Wetter, alts. weder; teils altes þ, z. B. beid· beide, alts. bêthia; broud·r Bruder, goth. brôþar; fråd· Frieden, alts. frithu. Da die Medien g und b im Inlaute zwischen Vokalen durch die stimmhaften Spiranten ɣ und w ersetzt werden, so sollte man erwarten, dass der Media d in dieser Stellung die stimmhafte Spirans d entspräche. Die Parallele weist in der That wol auf die richtige Fährte für die Erklärung des d, denn auch andere Gründe machen es wahrscheinlich, dass d im Inlaute vor Vokalen erst nachträglich an die Stelle der Spirans d getreten ist. Dies ist zunächst klar in den angeführten Beispielen mit altem stimmlosem þ, wie in dem Worte für 'Bruder': zwischen got. brôþar und wald. broud·r muss eine Zwischen-form brôd·r (vgl. alts. gebrôdar Hel. 1154, 1439 M) gelegen haben. Auf dieselbe Annahme weist der Verlust des intervokalischen d im Westfälischen (Holthausen, Soester Mundart § 165)[1], der Uebergang der Lautgruppe nd im Waldeckischen zu w, sowie der Verlust des d nach l und r (ob. S. 83\* f.).

_____

[1] Auch im Waldeckischen ist intervokalisches d in einigen Fällen beseitigt, ab· wol nur vor der Endung mi Åm Atem (mundl. Adem), fåm Faden (mundl.

22) *Im Auslaute wird d durch t ersetzt, z. B.* braut *Brot,* brūt *Braut,* wᵉit *weit,* wört *Wort,* gält *Geld,* hant *Hand,* blint *blind u. s. w.*

*Für auslautendes* t, *dem ein Vokal oder stimmhafter Konsonant voraufgeht, tritt (ohne Rücksicht darauf, ob es altem* d *oder* þ *oder* t *entspricht)* d *ein in denselben Fällen, in welchen ausl.* ḥ *durch* g *ersetzt wird (ob. S. 78\*) und ausl.* f *durch* w *(unt. S. 87\*), also bei Anfügung vokalisch anlautender Silben. Z. B.* dad-ᵗ *dass es,* wad-ik *was ich,* b-ū geid-ᵗ *wie gehl es,* dȧ jȋd-ᵗ *da gibt es,* hei hȋd-ᵗ *er hat es,* bad-ᵗ nit dan ȿḥȧd-ᵗ nit *hilft es nicht, so schadet es nicht,* ken mensk· hȧld-ᵉn· dūn· *niemand hält ihn fest (Pap. 1860 S. 34), dȧ* hᵉd-ᵗ *da hiess es,* ik weid-ᵗ *ich weiss es,* mȧk·d-ᵗ gūt *lebt wohl,* ᵗ ȿid-ᵉr es *sind ihrer,* ap·l un bȧrn ȿid-ȿḥut *Aepfel und Birnen sind geschüttelt (vgl. d. Wörterb. unter* ȿḥüd·n), ᵉūd-ᵉgȧn *ausgegangen. — Diese Regel gilt nur für das Wortende, nicht etwa für den Stammauslaut. Man beachte z. B. folgende Unterschiede:* m· mot *man muss,* m· mod-ᵗ *man muss es,* j·ᵗ mot·ᵗ *ihr müsst,* j·ᵗ mot·d-ᵗ *ihr müsst es.*[1]

23) *In der Behandlung des alten* s *im Anlaute unterscheidet sich der waldeckische Dialekt am auffälligsten sowohl vom Westfälischen wie überhaupt von fast allen ndd. Mundarten. Im Westfälischen bleibt* s *in dieser Stellung überall stimmlose Spirans, sowohl vor folgendem Vokal, z. B.* sun· *Sonne, wie vor Konsonant, z. B.* slȧp· *schlafe,* sḥau *Schuh. Im Nordsächsischen bleibt* s *nur vor folgendem Konsonant, z. B.* slȧpm *schlafen (wobei* sḥ *durch* ȿ *ersetzt wird,* ȿou *Schuh), während es vor Vokal durch das stimmhafte* ſ *ersetzt wird, z. B.* ſiɴɴ *singen. Im Waldeckischen ist* s *im Anlaute überall beseitigt. Wenn ihm ein Konsonant folgt, ist überall* ȿ *eingetreten, wie im Hochdeutschen nach mittel- oder süddeutscher Aussprache, z. B.* ȿlȧpᵘ schlafen, ȿtein *Stein,* ȿḥou *Schuh (vgl. zum* s *ob. S. 77\* u. 80\*). Vor folgendem Vokal steht, wie im Nordsächsischen, stimmhaftes* ſ, *z. B.* ſiɴɴ *singen. Mundartliche Abweichungen im Waldeckischen sind oben S. 15\* f. erwähnt.*

24) *Dagegen stimmt die Behandlung des* s *im Inlaute und Auslaute ganz zum Westfälischen, so dass z. B. die von Holthausen, Soester Mundart § 168, 2), 3) und § 169 aufgestellten Regeln sich ohne weiteres auf das Waldeckische anwenden lassen.* s *hält sich im Auslaute (z. B.* ᵗs *Eis), ferner vor Konsonanten (*bäsm· *Besen,* fisk *Fisch) und da wo es aus älterem* hs *oder* rs *entstanden ist (*os· *Ochse,* firs· *Ferse). Stimmhaftes* ſ *dagegen tritt ein für* s *vor Vokalen (mit der eben erwähnten Einschränkung), einerlei ob ihm Vokal oder Konsonant voraufgeht (*hȧſ· *Hase,* up·m halſ· *auf dem Halse,* banſ· *Bansen). Bei Anfügung vokalisch anlautender Silben wandelt sich das ausl.* s *in* ſ: *hei* ls *er ist, hei* ſſ-ᵗ *er ist es. Im wesentlichen stimmt hierzu auch das Nordsächsische, nur dass* rs *dort zuweilen zu* rȿ *(kirȿ Kirsche,* hirȿ *Hirsch) und* sk *zu* ȿ *geworden ist (*waȿɴ *waschen,* fiȿ *Fisch). Holthausen (a. a. O., § 169) ist gewiss im Rechte, wenn er annehmen möchte, dass die Scheidung*

---

vad·m) ȿwäm *'Schwadem', Schwalch (mndd.* swadem). *Daneben* wald. bu·d·u *Boden* = mndd. bodem. *Einzelne wald. Mundarten (Rhoden und Neudorf) nähern sich übrigens der westfälischen Weise, indem sie* d *nach langem Vokal oder Diphthong aufgeben, s. ob. S. 15\*.*

[1] *Holthausen, (Soester Mundart § 364. 370. 400) nimmt an, der Wandel des alten ausl.* t *zu* d *in Fällen wie* woid-ᵗ, mod-ik, dad-ᵗ, wad-ik *beruhe auf Analogiebildung nach dem Muster von Formen wie* hȋd-ᵗ *neben* hȋt, *wo das alte* d *unter dem Schutze der enklitisch angelehnten Silbe bewahrt sei. Ich halte diese Annahme für möglich, aber nicht für notwendig Es ist ja richtig, dass inl.* t *sonst nicht zu* d *erreicht wird. Aber dürfen wir von dem inl.* t *ohne weiteres auf das ausl.* t *schliessen?*

zwischen inl. s und f schon dem Mittelniederdeutschen oder dem Altsächsischen angehört. — Zuweilen findet sich wald. ts statt des stimmlosen s, namentlich in Lehnwörtern, z. B. feits· Sense (schon mndd. seitze neben seiasse, seissene == alts. segisna), hîrts Hirsch, tsalåt Salat, tsop· Suppe.

## e) Labiale.

*Es handelt sich um die Verschlusslaute* p *und* b, *und um die Spiranten* f *und* w. *Diese Laute gehören ihrer grammatischen Funktion nach eng zusammen, wenn auch in phonetischer Hinsicht* f *als labiodentale Spirans sich von den übrigen, bilabialen Lauten scheidet.*

25) p und f stehen im Anlaute, Inlaute und Auslaute. Doch begegnet f im Inlaute zwischen Vokalen nur selten und meist in Lehnworten (z. B. af·kåt· Advokat, kafei Kaffee, ståf· Strafe). Sonst steht intervokalisches f regelrecht nur in der Lautgruppe f·l an Stelle von alts. fl (gaf·l· Gabel, alts. gaflia; šχ·ûf·l· Schaufel, alts. wind·skûfla)[1]. b ist in echt waldeckischem Sprachgut auf die Stellung im Anlaute beschränkt. w steht nur vor folgendem Vokal, und zwar im Anlaute und Inlaute. Das anl. w ist seiner Herkunft nach von dem inlautenden verschieden, insofern ersteres altem w, letzteres altem b (b) oder f entspricht.

26) Altes b und f sind im Inlaute zwischen Vokalen sowie zwischen stimmhaftem Konsonant und Vokal in w zusammengefallen. Z. B. jlw·n geben (got. giban), flw·u sieben (got. sibun), äw·r aber (got. afar), f·lw· fünf (got. fimf), i·rw· Erbe (got. arbja), bärw·s barfuss (mndd. bar-votes), felw·r selber (got. silba), twi·lw· zwölf (got. twalibi-), wülw· Wölfe (got. wulfös). Dieser Lautwandel geht im wesentlichen schon auf das Altsächsische zurück, wo b und f in dieser Stellung zu b werden. Nur ist im Waldeckischen dieses b weiter mit dem alten w (das im Altsächsischen mit uu bezeichnet wird) zu einem Laute vereinigt.

27) Im Auslaute geht altes b (b) in f über, so dass also auch hier altes b und f zusammenfallen. Vgl. z. B. bl·îf bleib (bl·îw·n), güf gab (jlw·n), flf Sieb (flw·n sichten), l·îf Leib (Dat. l·îw·), w·tf Weib (pl. w·îw·r), half halb (fl. halw·), kalf Kalb (pl. kälw·r). f und w wechseln hier genau wie bei Worten mit altem f, z. B. huf Hof (pl. hû·w·), šheif schief (fl. šheiw·), tu·rf Torf (pl. tü·rw·), wulf Wolf (Dat. wulwe).

28) Tritt an das ausl. f eine vokalisch anlautende Silbe, so wird das f behandelt wie inl. f, d. h. es tritt dafür w ein. Z. B. äw·k ob ich (üf), gäw·t gab es (gäf), draw·k·t darf ich es (draf), aw·bru·k·u abgebrochen (af-bri·k·n), aw·dri·ht abgetragen (af-dräg·n), u. s. w.

29) Das aus b entstandene w fällt aus im Präsens der Verba haw·n haben und jlw·n geben, ausser in der 1. Person des Singulars. Also hi·st, hi·t, pl. hat; jist, jlt, pl. jlt. Genau entsprechende Formen finden sich bei beiden Verben im Westfälischen (vgl. Holthausen, Soester Mundart § 148. 153). Im Nordsächsischen meiner Heimat ist w nur im Singular des Zeitwortes 'haben' aufgegeben; die betr. Formen lauten dort hest, het, pl. heft; gifst, gift, pl. gå·ft.

---

[1] Von alten Zusammensetzungen, wie hamf·l· Handroll, mumf·l·n in kleinen Brocken essen, jumf·r Jungfer ist hierbei natürlich abzusehen. Unregelmässig ist das f in Fällen wie blaf·rt alte Münze, bluf·n bellen (vgl. holländ. blaffen bellen, prahlen und bluffen prahlen), jäf·n klüffen, kwaif· Hänke. Bei šnüf·l·n 'schluchzen' liesse sich an altes fl denken, doch ist wol eher Entlehnung (vgl. mhd. snüpfezen schluchzen) anzunehmen.

88*

*30) Im Anlaute entspricht* w, *wie gesagt, altem* w. *Jedoch erscheint der alte labiale Halbvokal als* w *nur vor folgendem Vokal. Die alte Anlautgruppe* wr- *ist zu* fr- *geworden:* fraid·l *Keitel,* f·k frawl·n *sich balgen,* fräf· *Rasen,* friw·n *ringen,* frist· *Rist (vgl. ob. S. 8\*). Anl.* wl *ist durch* bl *ersetzt in* bloüm· *trübe (vgl. mndd.* wlöm, wloum *trübe, westf.* floum, flaum*), durch* fl *in* fläk *lauwarm (mndd.* wlak *tepidus, ags.* wlæc, wlacu*) und in* flisp·r·n *flüstern (mndd.* wlisp·l·n*, ags.* wlispian, *engl.* to lisp*).[1]*

## § 15. II. Liquiden und Nasale.

### a) Liquiden (r *und* l).

*1)* r *assimiliert sich folgendem* s[2]*:* äs *After,* ёst· *erste,* twis *quer,* fi·s· *Ferse,* ki·s· *Kresse,* fi·sk *Vers,* di·sk·n *dreschen,* gi·st· *Gerste,* bi·st·u *bersten,* ki·sp·l *Kirchspiel,* ki·sp·r· *Kirsche (eig. 'Kirschberg'),* di·sp·u *Trespen,* fu·sk 'forsch', *stark,* fu·sk·n *forschen,* bu·st *Brust,* du·st *Durst,* fu·st *1) Forst, 2) Frost,* ku·st· *Kruste,* wu·st *Wurst,* bü·st· *Bürste,* fü·st·r *Förster,* füst· *Fürst. Doch hält sich stimmhaftes* r *in Verbalformen vor der Endung* st *unter dem Einflusse der zugehörigen Formen, z. B.* d·ü wärst *du wirst,* d·ü wörst *du würdest,* d·ü hörst *du hörst nach* ik wär, ik wör, ik bär· *u. s. w.* r *bleibt ferner in dem Lehnworte* märs marsch *(aber regelrecht* masër·n *marschieren).*

*2) In einer Reihe der angeführten Wörter (*ki·s*,* di·sk·n*,* di·sp·n*,* bu·st*,* fu·st*,* ku·st·*) ist das* r *erst durch Metathesis in die Stellung vor* s *gelangt. Es wird nämlich in der Lautgruppe Kons.* + r + *Vokal vor einem stimmlosen Dental das* r *in der Regel dem Vokale nachgestellt, falls dieser urspr. kurz war (vgl. ausser den angeführten Beispielen* di·rt·h *dreissig,* gü·rt· *Grütze). Ausnahmslos freilich ist die Regel nicht (vgl. ob. S. 8\*). In Fällen wie* krats·n *kratzen (mndd.* kratzen, krassen*), frist·* *Rist hat das* r *seine Stelle vor dem Vokal bewahrt, in frist· 'First' ist es sogar nachträglich vor den Vokal gestellt.*

*Umgekehrt ist in der Lautgruppe Kons.* + *kurzem Vokal* + r *vor folgendem Labial oder Guttural das* r *zuweilen dem Vokal vorangestellt:* draf *darf,* dröw·n *dürfen,* -d·rup *-dorf,* fröx·t·u *fürchten.*

*3) Im Vergleiche mit* r *ist* l *nur selten verändert. Es ist verloren in* ol· *als (im Upplande* al·*), aus \**also, \**olf·. *Das Waldeckische teilt den Verlust des* l *hier mit westf.* af·, *nordsächs.* as *und englisch* as. *Doch ist im Englischen das* l *unabhängig vom Niederdeutschen eingebüsst, da das Mittelndd. (*also, alse, als*) die Form ohne* l *noch nicht kennt. Der Vokal* o *in* ol· *zeigt,*

---

*[1] Im Nhd. liegt dieses Wort in doppelter Gestalt vor, als* flüstern und lispeln. *Kluge (Et. Wtb. \*) gibt unter* lispeln *die richtige Etymologie (freilich ohne die mndd. Form zu erwähnen), erkennt aber nicht, dass in* flüstern *dasselbe Wort in anderem Mantel steckt. Nhd.* flüstern *lautet bekanntlich in älterer Form* flistern *(so bei E. v. Kleist, Lessing, Schubert, Voss, Goethe) und wird in der Bedeutung* 'susurrare' *schon für das Ende des 15. Jahrh. durch den Vocabularius theutonicus vom J. 1482 bezeugt. Daneben begegnet gleichbedeutendes* flispern *(bei Stilling und Tieck; s. die Belege im Dt. Wtb.). Dass letzteres dasselbe Wort ist wie* wald. flisp·r·n und mndd. wlispelen *ist klar, und da man im Nhd.* flispern *nicht von* flistern *wird trennen wollen, so muss für letzteres dieselbe Etymologie gelten. Ahd.* flist(i)rit *'palpat, fovit' (Steinm.-Siev., Ahd. Gl. I S. 224 Z. 24) ist von diesen Wörtern wol zu trennen, da die Bedeutung abweicht und* wl *im Ahd. sonst zu einfachem* l *wird.*

*[2] Aus* ss *wird dann einfaches stimmloses* s. *Nur im Dat.* üf· *(und mäf·) zu* äs *(mäs) ist das* f, *wie im Westfälischen (Holthausen § 169 Anm.) stimmhaft.*

*dass der Ausfall des l im Waldeckischen jünger ist, als die Verdumpfung des Vokals in ol- 'all-'. Das neben ol- liegende, scheinbar ursprünglichere alfou 'also' wird aus dem Hochdeutschen entlehnt sein. — Die Verba soln sollen und wiln wollen verlieren das stammhafte l vor der konsonantisch anlautenden Endung der 2. Sing.: d·ü fast du sollst, d·ü wist du willst, wit· willst du; ferner in wiw· wollen wir. — l aus n in mulst·r Muster, vgl. ndl.* **monster.**

## b) Nasale (ŋ, n, m).

*4) Während n und m an keine bestimmte Stelle gebunden sind, begegnet ŋ nur im Inlaute. Es steht entweder als alter einfacher Nasal vor folgendem k, oder an Stelle der Lautverbindungen ŋg und nd vor folgendem Vokal.*

*5) In der Behandlung der Endsilbe -·n ist der waldeckische Dialekt dem Nordsächsischen gegenüber sehr konservativ. Im Nordsächsischen bleibt der ausl. dentale Nasal nur nach vorausgehenden Dentalen unverändert, während nach vorausgehenden Gutturalen oder Labialen dafür regelmässig der gutturale oder labiale Nasal eintritt. Z. B. sitn sitzen, sntdn schneiden, briŋŋ bringen, leŋŋ legen, hemm (aus *hew-m) haben, blt(b)m bleiben. Im Waldeckischen währt das ausl. -·n überall seinen dentalen Charakter; die eben genannten Verba lauten hier sit·n, sn·td·n, brs·n, läg·n, haw·n, bl·tw·n. Die westfälischen Mundarten stimmen zum Waldeckischen, nur kommen z. B. in Soest (nach Holthausen § 152, vgl. § 171, 2) Formen wie blu·bm, st·bm „in schneller oder nachlässiger Aussprache" vor.*

*6) Ueberhaupt erleidet n — von dem Wandel des nd zu ŋ abgesehen — wenig Veränderungen. Es wird von einem folgenden Konsonanten zuweilen absorbiert, wie in jis·lt jenseit (neben jinf·lt), einmāl und ·māl einmal, f·tm· dat. (neben f·tn·m) aus *f·tn·m·, am· an dem (neben an-·m), im· (neben in-·m) 1) aus in d·m· 'in dem' 2) aus in cim· 'in einem' statt in cium· (im letzteren Falle also mit doppelter Assimilation), wam· aus wan-m· wenn man, kam· aus kau-m· kann man. em·d· 'Ebene' steht für *emu·d- (as. enni- u. efui- eben). In sit 'sind' ist n schwerlich auf rein phonetischem Wege beseitigt, sondern eher nach dem Muster von Formen wie gāt, stāt u. ähnl.*

*7) Ausl. m hält sich, meist im Gegensatze zum Nordsächsischen und Nhd., aber in Uebereinstimmung mit dem Westfälischen (s. z. B. Holthausen, Soester Mundart § 157). Z. B. fām Faden (mndd.* **vadem**), *swäm Schwaden (mndd.* **swadem**), *ām Atem (mndd.* **ädem**). *Schwache Flexion haben angenommen: balsm· 'Balsam' = Pfefferminzkraut, bäsm· Besen (mndd.* besem), *bosm· Busen (mndd.* bosm· *und* bosem). *Das m in bu·dn· 'Boden' braucht nicht aus m entstanden zu sein, da schon die älteren Dialekte die Endung* -en *neben* -em *kennen (mhd.* bodeu *und* bodem, *mndd.* bodeu, bodene *und* budeme). *Auf Assimilation an folgenden Labial beruht m in Worten wie jumf·r Jungfrau (aus juuf·r), hamf·l· Handvoll (aus hauf·l·), mumf·ln in kleinen Brocken essen (aus mun-f·ln, vgl. oben S. 38*),* Hamf·td·r *Johann Friedrich,* hamplät *Handtuch.*

## § 16. Zur Formenlehre.

*Eine eingehende Behandlung der Formenlehre liegt ausserhalb des Planes dieser Einleitung. Wir dürfen von einer solchen um so eher Abstand nehmen, als das Waldeckische hier meist noch enger als in der Lautlehre mit dem Westfälischen zusammengeht. Als wichtige Abweichungen sind zu vermerken:*

*1) Beim Personalpronomen der 1. und 2. Person wird im Westfälischen der Accusativ durch den Dat. sing. vertreten: beide lauten mul, dul Im*

*Waldeckischen sind die alten Akkusative* mik (m·k) *und* dik (d·k) *neben den Dativen* m·t *und* d·t *erhalten.*

2) *Verba, deren Stamm auf einfache Media* (d) *oder einfache stimmhafte Spirans* (g, f, w) *auslautet, haben im Waldeckischen Dialekte im Präteritum und Participium gewöhnlich die Endung der schwachen Verba angenommen. Z. B.* drâg·n *tragen, prt.* dri·ht·, *ptc.* ·dri·ht (*vgl. schwache Verba wie* fâg·n *sagen, prt.* fê·ht· *ptc.* ·fê·ht; *lâg·n* legen, *prt.* lê·ht· *u. ä.*); *frâg·n fragen, prt.* fru·ht·, *ptc.* ·fru·ht; *stê·ig·n steigen, prt.* stî·χt·, *ptc.* ·stî·χt; *lâd·n laden, ptc.* ·lat; *brâd·n braten, prt.* brû·t, *ptc.* ·brû·t; *râd·n raten, ptc.* ·ru·t (*vgl. z. B.* hoûd·n *hüten, ptc.* ·hot); *lâf·n lesen, prt.* lî·st·, *ptc.* ·lî·st; ·*wist gewesen (fungiert als ptc. zu* f·in); *blî·w·n bleiben, prt.* blîft·, *ptc.* ·blîft; *drî·w·n treiben, prt.* drîft·, *ptc.* ·drîft; *šhrî·w·n schreiben, prt.* šhrîft·, *ptc.* ·šhrîft; *jî·w·n geben, ptc.* ·jît; *šh·ûw·n schieben, prt.* šhu·ft·, *ptc.* ·šhu·ft. *Im Westfälischen halten sich die alten starken Formen. Neubildungen wie* gaft· *gab,* gaft *gegeben (neben* gaf, gi·w·n, *vgl. Woeste's Wörterb. unter* gi·w·n) *begegnen dort nur ausnahmsweise.*

3) *Im Participium präteriti geht die Vorsilbe* ge- *im Westfälischen verloren, während sie sich im Waldeckischen in der Form* ·- *erhält.*[1]) *Z. B. westf.* talt *gezählt, wald.* ·talt; *westf.* χî·w·n *gegeben, wald.* ·jît.

4) *Von dem Verbum substantivum (wald.* f·in, *westf.* sn·n) *lautet im Präs. die 1. sing. wald.* f·î, *westf.* sin, *die 1.—3. pl. wald.* fit, *westf.* siut (*enkl.* sin).

## § 17. Genuswechsel.

*Mehrfach ist das Geschlecht anderen ndd. Mundarten und dem Nhd. gegenüber eigenartig.*

*Masculina sind:* bauf· *Hausen (im Westf. f.),* bril *Brille (lat.* beryllus)[2]), dak *Dach (wie im Westf.),* lüus *Läuse,* šhîp *Gesims (wie westf.* shäp *Schrank; nords.* šap *ist m. oder n.),* fül *Schwelle (im Westf. n.),* šwel *Grundbalken. Auch* naht *gilt in einzelnen Gegenden als m. (den ganzen Nacht, ennen Nacht, dûun dridden Nacht in den Dialektproben, unt. S. 262 f.*)[3])

*Feminina sind:* bîk· *Bach (wie im Westf.; mndd.* bêke f. *und m.),* brok· *Brocken,* fiøk· (*nebst den Zusammensetzungen wie* blou[t]fiøk·, dist·lfiøk·) *Fink (ebenso im Westf.),* flau *Floh,* fräf· *Rasen,* frist· *Rist,* grunt *Wiesengrund,* hâw·r *Hafer (wie im Westf., aber im Mndd. m.),*[4]) mâg· *Magen (nebst* fûg·mâg·), šhoid·l· *Scheitel. Dazu kommen im Upplaude* âp· *Affe (noo euner allen* Aape unt. S. 263) *und* wiut *Wind (letzteres wol von dem Worte für Luft beeinflusst).*

*Neutra sind:* blâg· *Kind (westf.* blâg· f. *und n.),* kr·ûf·l *Kreisel,* strik *Strick (wie im Westf.; im Mndd. n. und m.),* šwll *Schwiele (wie im Westf. und im Mndd.).*

---

[1]) *Doch gehen z. B. Medebach und Brilon mit dem Waldeckischen. Näheres über den Verlauf der Grenze bei Wrede im Anz. f. dt. Alt. 22 S 96 f.*
[2]) *Auch im Westf. m. (vgl. Woeste's Wtb.), sowie im Ndl. Nhd. Brille geht bekanntlich auf den pl. zurück.*
[3]) *Die betr. Aufzeichnung stammt aus Kohlgrund im Roten Lande. Es hat sich dort für 'Nacht' offenbar die Analogie der Worte für Tag, Abend und Morgen geltend gemacht.*
[4]) *Das Femininum lässt sich hier für das Waldeckische schon aus dem Ende des 14. Jh. belegen, denn es heisst in der Lohnordnung des Grafen Heinrich vom J. 1386 (unt. S. 301) von der* hauere.

**Nachtrag zu S. 68\*—74\*.** (Zum Dialekte des Heliand.)

*Meine obigen Ausführungen über den Dialekt des Heliand waren bereits gedruckt, als ich Wrede's Aufsatz 'Die Heimat der altsächsischen Bibeldichtung' (Zeitschr. f. dt. Alt. 43, S. 333—360) erhielt. Ich habe mich an anderer Stelle*[1]*) mit diesem Aufsatze auseinandergesetzt, muss aber wol hier meine Einwände gegen Wrede's Aufstellungen kurz wiederholen, da die Schriften der 'Modern Language Association' den meisten Lesern dieses Wörterbuches unzugänglich sein werden.*

*Wrede glaubt die Lösung des Problems, welches die Sprache des Heliands bietet, in der Annahme gefunden zu haben, dass das Gedicht im südöstlichen Winkel des sächsischen Gebietes, etwa in der Gegend von Merseburg entstanden sei. Die Dialektmischung im Heliand entspräche der ethnologischen Mischung, wie sie gerade in jener Gegend für die ältere Zeit historisch bezeugt ist. Wie Jostes stellt Wrede die mit* burg *zusammengesetzten Städtenamen im Heliand, wie* Nazareth-burg, Ruma-burg *in das Vordertreffen. "Der Dichter kann nur in einer Gegend mit Städtenamen auf* burg *gelebt haben" (Jostes), und zwar ist dies nach W. "das Gebiet der alten Burgwarde" in Ostsachsen. Aber bestanden diese Namen auf* burg *in Ostsachsen schon zur Zeit des Heliand? Man nahm bisher an, sie ständen in Zusammenhang mit den Städtegründungen Heinrich's I., seien also ein volles Jahrhundert jünger als der Heliand. W. setzt sich über diese chronologische Schwierigkeit ziemlich leicht hinweg. Mit der Annahme, das Hersfelder Zehntenverzeichnis, das dem Ende des 11. Jahrh. angehört, sei eine treue Abschrift eines um zwei Jahrhunderte älteren Originals, kommt er dem Heliand schon um ein halbes Jahrhundert nahe, und mit Hülfe des Heliands glaubt er die ostsächsischen Namen auf* burg *noch um ein weiteres Jahrhundert zurückdatieren zu dürfen. Mit anderen Worten: W. folgert aus den fremden* burg*-Namen des Heliands, dass die heimischen* burg*-Namen zu Anfang des 9. Jahrh. bestanden, um dann umgekehrt aus der Existenz der heimischen* burg*-Namen zu folgern, dass sie dem Dichter für seine fremden* burg*-Namen als Muster gedient haben. Heisst das nicht die Voraussetzung als Beweis benutzen?*

*Es lässt sich vielmehr zeigen, dass die Namen auf* burg *im Heliand nichts mit den ostsächsischen* burg*-Orten zu thun haben. Zunächst finden sich in altfriesischen Rechtsquellen Namen dieser Art, ganz wie im Heliand, z. B.* Colnaburch *(neben* Colen, Colene *anderer Handschriften) = Köln,* Romera burich = Rom; *siehe Richthofen, Altfries. Wörterb. s. v.* burch. *Bereits Richthofen hat auf die Uebereinstimmung mit der Weise des Heliands hingewiesen, wie neuerdings Koegel (Gesch. d. dt. Lit. I, 1, 244) und Siebs (Ztschr. f. dt. Phil. 29, 413).*

*Ferner sind derartige Zusammensetzungen (oder Zusammenrückungen) in angelsächsischen Dichtungen durchaus nicht selten. Es gehören hierher z. B.* Finnsburuh *(Kampf um Finnsburg 38),* Mæringa burg *(Déor's Klage 19);* Romana burg *(Boet. Metr. IX, 10), on* Romebyrig *(Fata Apost. 11),* Troia burg *(Boet. Metr. IX, 16 u. XXVI, 20);* Sodome burh *(Gen. 1975), on (oder of)* Sodoma byrig *(Gen. 1928. 2013. 2558),* Aethanes byrig *(pl., Exod. 66), in*

---

*[1]) Publications of the Modern Language Association of America, Vol. XVI, No. 1 (Baltimore, 1901), p. 123—140.*

Caldea byrig (*Dan. 95*), **Babiloue burh** (*Dan. 601*), **Babilon burga** (*pl., Dan. 694*), ou **Sioue byrig** (*Ps. LXXVII, 67*).

*Die Uebereinstimmung dieser angelsächsischen Formen mit denen des Helianus ist, so viel ich weiss, bisher nicht bemerkt worden. Man ist an ihnen offenbar deshalb vorbeigegangen, weil in den Ausgaben ags. Texte das Wort* burg — *ausser in* **Finnsburuh** *und etwa in* **Romebyrig** (*Dat.*) — *von dem vorhergehenden Namen getrennt geschrieben wird, so dass blosse Apposition, gegenüber der vermeintlichen Komposition im Heliand vorzuliegen scheint. Aber es ist dies ein rein äusserlicher Unterschied in der Schreibung, der das Wesen dieser Bildungen nicht berührt. Es wäre nichts dagegen einzuwenden, wenn man die im Angelsächsischen übliche Schreibweise auch für den Heliand durchführen wollte. Denn auch im Altsächsischen wahren die beiden Glieder der vermeintlichen Zusammensetzung bis zu einem gewissen Grade ihre Selbständigkeit. Hält man z. B. alts.* **fan Rumuburg** (*Hel. 339 u. s.*) *mit* **fan Rumu** (*Hel. 3809 u. s.*) *und mit ags.* **on Rome byrig** (*vgl. ob.*) *und* **on Rome** (*Heiligenkal. 123*) *zusammen, so ist klar, dass das vermeintliche erste Kompositionsglied* **Rumu** *nichts andres ist als der Dativ von* **Ruma**, *wie ags.* **Rome** *der Dativ von* **Rom** (*Boet. Metr. I, 19*).[1] *Während hier der Eigenname seine selbständige Flexion behält, bleibt er in andren Fällen unflektiert, ohne dass man eigentliche Zusammensetzung anzunehmen brauchte:* **an Nazarethburg** (*Hel. 257 u. s.*), **bi Hierichoburg** (*Hel. 257 u. s.*), *vgl.* **fan Hiericho** (*Hel. 3635*). *Selbst eine Form wie* **Sodomoburg** (*Hel. 1952 M, gegen* **Sodomaburg** *C*)[2] *entscheidet nicht notwendig zu Gunsten der Zusammensetzung, falls wir mit Schmeller* (*Glossar. Sax. p. 176*), *Grein* (*Germania XI, 216 f.*) *und Sievers* (*zu Hel. 97*) *das genau entsprechende* **Sodomo land** (*Hel. 4368 M, gegen* **Sodomaland** *C*) *in zwei Worte zerlegen.*

*Also die altsächsischen Namen mit angehängtem* burg *sind gleicher Art wie die altfriesischen und angelsächsischen, und schon damit dürften die von Jostes und Wrede auf das* burg *gebauten Schlüsse hinfällig werden. Denn die Verfasser der altfriesischen und angelsächsischen Texte werden nicht in den Verdacht kommen, mit dem Gebrauche des Wortes* burg *ihre Heimat zu verraten. Ich sollte aber denken, dass auch für sich allein genommen der Sprachgebrauch des Helianus gegen derartige Schlüsse bedenklich machen müsste. Der Dichter fügt zu fremden Städtenamen oft das Wort* burg — *sei es in Apposition, oder mit dem Genitiv des Städtenamens, oder in loser Zusammensetzung — um sie seinen Landsleuten deutlich und mundgerecht zu machen. So hängt er an fremde Flussnamen das Wort* ström (**Nil ström**, **Jordanes strom** *oder* **Jordanastrom**), *an fremde Ländernamen das Wort* land (**Egypto land**, **Galilea land** *oder* **Galileo land**, **Kananeo land**, **Ponteo land**, **Sodomo land** *oder* **Sodoma land**, *dazu in der Genesis* **Sodoma riki**), *an fremde Völkernamen ein* folk *oder* liudi (**Ebreo folk**, **Judeo folk**, **Ebreo liudi**, **Judeo liudi**, **Romano liudi**, *dazu in der Genesis* **Sodomo liudi** *und* **Sodomo thiod**), *auch gelegentlich ein* berg *an fremde Bergnamen* (**Oliweti berg**, *neben einfachem* **Oliweti**). *Es ist unzulässig, aus diesen gleichartigen Bildungen eine einzelne herauszugreifen, um auf sie eine Ortsbestimmung zu gründen. Wenn wir uns nur an die* burg-*Namen halten, wie sollen wir es erklären, dass der*

---

[1] *Einen altsächsischen Nominativ* **Rumuburg** *kennen nur unsre Wörterbücher und Grammatiken, nicht der Heliand.*

[2] *Vgl. in der altsächsischen Genesis* **Sodomaburg** (*V. 252*), **Sodomburug** (*V. 290*), *neben Acc.* **Sodoma** (*V. 223*) *und Dat.* **Sodomo** (*V. 308*) *und* **Sodoma** (*V. 158. 249*).

*Dichter die* ström- *und* land-*Namen verwendet? Er muss da gelebt haben, wo auch die Ländernamen auf* land, *die Völkernamen auf* liudi *endigten, und so fort. Und in welchem andren Lande kann das der Fall gewesen sein, als im Reiche der Dichtung? Es handelt sich offenbar mehr um eine Eigenheit des älteren poetischen Stiles, als um einen besonderen Sprachgebrauch des Helianddichters, und wir werden für die Verwendung dieser Namen im Heliand vorzugsweise die poetische Schulung des Dichters verantwortlich machen müssen.*

*Wenn der Helianddichter das Wort* burg *in der Bedeutung 'Stadt' verwendet, so folgt er damit dem herrschenden Sprachgebrauche der älteren Zeit. So dient im Gotischen* baurgs *als ständige Uebersetzung des griech.* πόλις *und als regelrechte Bezeichnung der biblischen Städte. Z. B. Matth. 5, 35* nih bi Iairusaulymai, unte baurgs is þis mikilins þiudanis; *Luc. 1, 26* in banrg Galilaias sei haitada Nazaraiþ; *2, 4* us baurg Nazaraiþ in Judaian, in baurg Daweidis sei haitada Beþlahaim; *2, 11* iu baurg Daweidis; *2, 39* in baurg seina Nazaraiþ; *4, 31* in Kafarnaum, baurg Galeilaias; *9, 10* baurgs namnidaizos Baidsaiïdan. *Auch die althochdeutsche Uebersetzung des Tatian, die etwa derselben Zeit angehört, wie der Heliand, hat an den entsprechenden Stellen* burg *(als Uebersetzung des lat.* civitas*): Matth. 5, 35 (=* Tat. 30, 1*)* noh bi Hierusalem, uuanta sia ist burg thes mihhilen cuninges; *Luc. 1, 26 (=* Tat. 3, 1*)* in thie burg Galileę, thero namo ist Nazareth; *2, 4 (=* Tat. 5, 12*)* fon thero burgi thiu hiez Nazareth in Iudeuo lant inti in Dauides burg, thiu nuns ginennuit Bethleem; *2, 11 (=* Tat. 6, 2*)* in Dauides burgi *(vgl. Hel. 401* an thera Dauides burg)*; 2, 39 (=* Tat. 7, 11*)* in ira burg Nazareth. *Derselbe Sprachgebrauch bei Isidor, z. B. 27, 8* dhaza dhiu burc hierusalem aruuostit uuardh = *civitalem hierusalem in exterminatione fuisse; 26, 2* oba dheru dhineru heilegun burc = *super urbem sanctam tuam. Ueberhaupt hat* burc *im Althochdeutschen stets die Bedeutung 'urbs, civitas', siehe Graff III, 179.*

*Der Sprachgebrauch des Heliands unterscheidet sich von dem Gotischen und Althochd. also wesentlich nur darin, dass* burc *hinter den Städtenamen tritt. Aber dieser Gebrauch beschränkt sich im Heliand, wie gesagt, nicht auf das Wort* burg, *sondern herrscht ebenso bei* ström, land, *fölk u. s. w. Ferner trifft, wie wir gesehen haben, das Altsächsische diese Eigentümlichkeit mit dem Angelsächsischen und Altfriesischen. Es erübrigt nur noch, hinzuzufügen, dass sie auch im Altnordischen begegnet. Fritzner, Ordbog over det gamle norske Sprog* [1] *s. v.* borg *gibt an: Ordet anvendes, hvor der i Stjörn[1] er Tale om udenlandske Steder eller Byer, gjerne som Oversættelse af lat.* urbs; *jrf. ... Rúmaborg [=* Rom, *auch* Rúmaborg], *Jórsalaborg [=* Jerusalem].

*Kürzer kann ich mich über Wrede's grammatische Argumente fassen. Er legt (S. 342), auch hier Jostes (ZfdA. 40, 173) folgend, Gewicht auf das Nebeneinander der Formen* fon *und* fan *im Heliand. Ihm entspreche das von* + van, *wie es noch heute „im Anhaltischen rechts von der Saale und weiterhin jenseits der Elbe" herrsche. Aber* fou *und* fan *stehen auch im Altfriesischen neben einander. In den Rechtsquellen findet sich* von *in den Rüstringer, Brokmer, Emsiger, Fivelgoer und Hunsigoer Handschriften,* fan *in den beiden alten Drucken des Westerlauwerschen Rechtes. (Vgl. Richthofen, Altfr. Wtb. s. v.* fon). *Es steht also nichts im Wege,* fon *unter die Friesismen im Heliand zu rechnen. Zur Not liesse sich auch mit Holthausen (Alts. Elementarb. § 127)* fon *als die unbetonte Form zu* fan *ansehen.*

---

[1] *d. i.* Gammelnorsk Bibelhistorie *Udg. af C. R. Unger. Kristiania, 1862.*

Die Diphthonge uo und ie sollen nichts mit fränkischem uo und ie zu
thun haben, sondern auf die Saalegegend weisen, wo das rechtssaalische Anhalt
noch Reste von ihnen bewahre (S. 342). Ich finde indessen bei W. nichts,
was ihrer Gleichsetzung mit den fränkischen Diphthongen im Wege stünde.
Gegen nördliche Heimat soll der Umstand sprechen, dass der Heliand
beim Partic. prät. die Vorsilbe gi- verwende, während die nördlichen mld.
Mundarten sie nicht kennen (S. 343). Es genügt darauf hinzuweisen, dass
diese Vorsilbe auch dem heutigen Englischen im Partic. prät. fehlt, während
sie dem Angelsächsischen noch ganz geläufig ist (vgl. Cosijn, Altwestsächs.
Gramm. II § 71).

Auch das Verhältnis von mi und mik macht Wrede zu Gunsten seiner
Ansicht geltend (S. 343). Er reconstruiert mit vieler Mühe für das von ihm
auserlesene Gebiet einen Zustand, der nach seiner Meinung zum Heliand
passt. Dagegen hat kürzlich Tümpel, Niederdt. Studien I, 131 (gegen Jostes)
die Seltenheit der Formen mik und thik benutzt, um die Annahme süd-
ostsächsischer Heimat abzulehnen; mir scheint seine Auffassung einfacher
und überzeugender.

Ich kann auch in Wrede's weiteren Argumenten nichts finden, was sich
mit Sicherheit zu Gunsten Ostsachsens verwenden liesse. Sicherheit aber
wäre notwendig gerade bei einer Localisierung, die den Heliand in einer
Gegend entstanden sein lässt, in der heute das Niederdeutsche dem Mitteldeutschen gewichen ist, und über deren Mundart wir für die ältere Zeit nur
dürftige Kunde haben. Allerdings gibt ja diese Sachlage zu manchen scharf-
sinnigen Reconstructionen Anlass, zumal wenn man von den angrenzenden
Mundarten bald diese bald jene nach Bedürfnis mit verwendet; und W. hat
es in dieser Hinsicht nicht mangeln lassen. Aber dass das Endergebnis überzeugend sei, kann ich nicht finden.[1]

Andrerseits aber ist gegen Wrede geltend zu machen, dass es im Heliand
dialektische Formen gibt, die nur im Fränkischen, insbesondere im Niederfränkischen sich wiederfinden. Es gehören dahin vor allem die mit -st-
gebildeten schwachen Präterita wie consta, ousta, far-mousta, von denen oben
S. 69* f. die Rede gewesen ist. Auf sie ist um so mehr Gewicht zu legen,
als es sich dabei nicht um gelegentliche fränkische Formen im Heliand handelt,
sondern darum, dass in C und M das Präteritum der Verba kunnan, unnan,
far-munan ohne Ausnahme nach niederfränkischer Weise gebildet wird. Müssen
wir aber hier uns niederfränkischen Dialekt im Heliand gefallen lassen, so
liegt kein Grund vor, für die Diphthonge ie und uo oder für sonstiges
Sprachgut, das man bis auf Jostes und Wrede dem Niederfränkischen zu-
gewiesen hat, diese Erklärung aufzugeben. Wir brauchen deshalb den Heliand
nicht mit Jellinghaus (Ndd. Jahrb. 15, S. 61 ff.), der übrigens (S. 66) die
Präterita auf -st- schon mit Recht als besonders wichtig hervorgehoben hat,
in den Niederlanden entstanden sein zu lassen. Aber allerdings weisen diese
Spuren auf den Westen des niederdeutschen Gebietes, in die Gegend wo
Niederfranken, Friesen und Sachsen seit alter Zeit Nachbarn waren.

---

[1] Wenn ich Wrede's Hauptergebnis ablehnen muss, so möchte ich ausdrücklich hervorheben, dass seine Arbeit viel wertvolles Material und manchen
wichtigen Gesichtspunkt enthält. Unter anderem hat er für die Ansicht, dass der
Monacensis aus Paderborn stamme, sehr beachtenswerte Gründe beigebracht.

Dass die eigentümliche Mischung der drei Dialekte dem Heliand von
Haus aus anhaftete, nicht erst im Laufe der Zeit sich in die Handschriften
eingenistet hat, dürfte jetzt wol allgemein zugestanden werden. Die Entstehung
des Mischdialektes aber ist bisher nicht hinreichend aufgeklärt. Ich habe mich
oben S. 73* mit der Annahme eines friesischen Schreibers begnügt, der ein
sächsisches Gedicht in einem fränkischen Kloster aufgezeichnet habe. Zu
einer ähnlichen Ansicht wird man wol immer kommen, so lange man von
der Voraussetzung ausgeht, dass der Heliand von Haus aus in einer einheitlichen Mundart gedichtet war, und dass die Dialektmischung erst mit der
Niederschrift begonnen habe. Dabei hat man denn freilich die Wahl zwischen
einem friesischen Schreiber, der ein sächsisches Gedicht auf fränkischem
Gebiete aufzeichnet, oder einem niederfränkischen Schreiber, der dem sächsischen Dichter in Friesland behülflich ist. Es würde dies aber in jedem
Falle eine verwickelte Situation voraussetzen: Verschiedenheit der Mundart
des Dichters von der des Schreibers, und Verschiedenheit beider von der
Mundart des Ortes der Aufzeichnung. Man würde dabei auch die Sache so
ansehen, als sei die Mischmundart in das Gedicht gegen die Absicht des
Dichters und wesentlich aus Mangel an Sorgfalt auf Seiten des Schreibers geraten.

Dass diese Auffassung irrtümlich ist, zeigt sich, sobald wir andre altsächsische Denkmäler heranziehen, z. B. den Essener Beichtspiegel (Wadstein,
Kleinere alts. Sprachdenkmäler S. 16 f.). Wir haben hier eine Sprache, die
sich mit der des Heliands aufs Engste berührt und dieselben drei dialektischen
Elemente aufweist. Neben altsächsischen Formen steht das friesische Pronomen
öthar (16, n und 17, 15 othra) und das niederfränkische Präteritum bigonsta
16, 8). Leider sind wir über die näheren Umstände der Abfassung des Beicht-
spiegels nicht unterrichtet. Es darf zwar jetzt als ausgemacht gelten, dass er
in Essen geschrieben ist (s. bes. Wadstein a. a. O., S. 124), und zwar stammt
die Handschrift aus der Mitte oder dem Ende des 10. Jahrh. (Jostes, ZfdA.
40, 134; Wadstein S. 123). Aber diesem Texte liegt offenbar eine ältere Aufzeichnung zu Grunde, und gerade die Stelle, in welcher die Form bigonsta
vorkommt, gehört nach Jostes (a. a. O. 138, vgl. Koegel Gesch. d. dt. Lit. I.
2, 255) deutlich einer älteren Formel an. Nur so viel scheint sicher, dass
Scherer's Datierung, wonach die Beichte älter als der Heliand und etwa gleich-
zeitig mit dem Taufgelöbnis sein würde, aufzugeben ist. Sie wird ihre jetzige
Form vielmehr erst nach der Gründung des Stiftes Essen, die in die Zeit
zwischen 851—863 fällt, erhalten haben (vgl. Wadstein S. 126).

Einen ähnlichen Mischdialekt wie die Beichte zeigen die gleichfalls in
Essen und zwar (nach Wadstein S. 142) in etwas späterer Zeit aufgezeich-
neten Glossen zu Gregor's Homilien (Wadstein Nr. XII), oder, um uns auf
den Hauptteil (vgl. Wadstein S. 142) dieser Glossen zu beschränken, zu der
Homilie über das Gleichnis von der königlichen Hochzeit (Matth. 22, 1—14).
Es begegnen auch dort neben Formen, die man als sächsisch ansehen kann,
einerseits das Pronomen öthar (thia othera 63, 7, otheremo 64, 16), andrerseits
das Präteritum bigonsta (65, 16).

Ferner gehören hierher die aus Gernrode stammenden, aber wol nicht
dort sondern eher etwa in Essen oder Werden geschriebenen Bruchstücke einer
Psalmenauslegung (Wadstein Nr. II). Allerdings kommen in den uns
erhaltenen Stücken Präterita mit st zufällig nicht vor. Dafür aber finden
sich genug anderweitige Berührungen mit dem Niederfränkischen (siehe
Koegel I. 2, 567 ff.), während andrerseits die friesische Assimilation des n

*an folgendes* þ *ausser in* öthar (othe[rimn] *14,* 14) *auch in* müth 'Mund'
(mu[thea] *13,* 14, muthe *15,* 19. 13) *vorliegt.*)[1])

*Es lassen sich ausser diesen Denkmälern noch andre hierher rechnen.
Aber die angeführten werden genügen, um unsere Ansicht zu stützen, dass
dieselbe Combination der drei hier in Betracht kommenden Dialekte, wie sie
im Heliand vorliegt, sich auch später noch im äussersten Westen des sächsischen
Gebietes im litterarischen Gebrauche erhalten hat. Ich sage im litterarischen
Gebrauche, denn um diesen und nicht etwa um eine lokale Mundart handelt
es sich hier. Essen und Werden liegen heute im Bereiche der westfälischen
Mundarten, und es liegt meines Wissens kein Grund zu der Annahme vor,
das Westfälische habe hier erst nachträglich Fuss gefasst. Aber selbst wenn
wir den älteren Essener Denkmälern zu Liebe annehmen wollten, es sei hier
früher Niederfränkisch gesprochen, so wären damit die Schwierigkeiten keineswegs gehoben. Freilich würden sich die st-Präterita dann als lokale Formen
verstehen lassen, aber das Pronomen* öthar *und eine Form wie* müth 'Mund'
*bliebe unerklärt. Denn die benachbarten niederfränkischen Mundarten geben
in der alten Lautgruppe* nþ *den Nasal nicht, wie der friesische Dialekt, vor
dem Spiranten auf, sondern lassen das* nþ *in* ng (*d. i.* ŋ) *übergehen, wofür
im Anlaute* nk (*d. i.* ŋk) *eintritt. Z. B. in Duisburg* met enanger *'mit einander'* (Firmenich *I. 412),* de angere *'der andere'* (ebd. 413); *in Krefeld*
angersch *'anders',* osse Monk *'unser Mund'* (ebd. 411). *Andrerseits bilden diejenigen Dialekte, in welchen* n *vor* þ *schwindet, das Präteritum der Verba*
kunnan, g-unnan *nicht mit* st (*wie jene niederfränkischen Dialekte), sondern
nach Art des ags.* cūþe, *z. B. westfries.* ik koe (*spr.* kū) *aus* \*kūþe *'ich konnte'
neben* onr = *altfries.* ōþer *'ander'.*

*Die Vergleichung der Essener Denkmäler mit dem Heliand lehrt, dass
zwischen der Sprache beider irgend ein Zusammenhang bestehen muss. Die
Annahme blossen Zufalles ist hier ausgeschlossen. Nicht sowohl deshalb,
weil wir in beiden Fällen dieselben drei Dialekte combiniert finden — obwohl
dies ja an sich ein merkwürdiges Zusammentreffen wäre — sondern vor
allem deshalb, weil diese Dialekte in gleichartiger Weise combiniert sind,
derart dass z. B. das Pronomen* öthar *hier wie dort dem Friesischen, das
Präteritum* onsta *dagegen dem Niederfränkischen entlehnt wird. Es bestand
offenbar eine Art Schriftsprache oder Litteratursprache, in der die Dialekte
in dieser Weise verschmolzen waren. Dass aber diese Litteratursprache auf
dem Vorbilde des Heliands beruhe, wird man nicht annehmen wollen, denn das
hiesse doch den litterarischen Einfluss dieser Dichtung erheblich überschätzen.*

*Auf den richtigen Weg weist ein Gedicht aus der Zeit vor der Ent-
stehung des Heliands: das Hildebrandslied. Allerdings mag es gewagt
erscheinen, ein Denkmal, dessen dialektische Zugehörigkeit viel umstritten und
noch nicht mit Sicherheit festgestellt ist, zur Entscheidung in Dialektfragen
heranzuziehen. Aber wir können für unsre Zwecke die strittigen Punkte bei
Seite lassen. Es wird ja allgemein zugestanden, dass das Gedicht Spuren
niederdeutscher Mundart neben solchen hochdeutscher Mundart aufweist. Und
für uns kommt es nicht darauf an, ob die ersteren oder die letzteren ursprüng-
licher sind, sondern es handelt sich nur um die dialektische Bestimmung der
niederdeutschen Formen. Hier stellt sich nun heraus, dass das Hildebrands-*

---

[1]) *Koegel's Angabe* (S. 590), *die Handschrift habe* 15, 19 munthe, *wird durch
die neueren Lesungen nicht bestätigt. Wadstein gibt* mᵘ(t)he, *d. h.* t *undeutlich,*
u *nicht mehr lesbar.*

lied mit dem Heliand das friesische. Pronomen ōthar¹) und überhaupt die friesische Synkope des n vor þ teilt. Daher heisst es im Hildebrandsliede ōdre (Z. 12), gūdea (Z. 13. 28).²) Dass, um die Übereinstimmung mit dem Heliand voll zu machen, auch gewisse für den niederfränkischen Dialekt charakteristische Formen dem Dialekte des Hildebrandsliedes angehörten, lässt sich allerdings nur vermuten. Präterita von Verben wie kunnan, munan sind in unsrem Fragmente nicht belegt, und auch durch das uo in Formen wie cnuosles, gistuontun, fuortos wird die Lücke nicht ausgefüllt, da dieses uo auf einer Stufe stehen könnte mit zweifellos hochdeutschen Lauten, wie dem t in Hiltibrant, fatar, enti u. s. w. oder dem ch in Wörtern wie chūd, chuning, chind. Doch ist dies für unsre Beweisführung nicht wesentlich. So viel lässt sich mit Sicherheit sagen, dass die niederdeutschen Bestandteile des Hildebrandsliedes nicht rein sächsisch sind, sondern einen friesisch-sächsischen Mischdialekt aufweisen, der in auffälliger Weise zu der Sprache des Heliands stimmt.

Das Rätsel der Mischsprache also löst sich anders, als man bisher erwartet hat. Sie bestand lange vor dem Heliand. Denn nicht nur ist der Heliand wesentlich jünger als das Hildebrandslied, sondern er ist jünger als unsre Handschrift des Hildebrandsliedes, die nach Fr. Kauffmann (in der Festgabe für Sievers, S. 136 ff.) innerhalb der Jahre 809—817 geschrieben ist. Wie der Dichter des Heliands sein Epos in den Stil der heidnischen Poesie gekleidet hat, wie er das Metrum der heidnischen Dichtung beibehält, so hat er auch in der Sprache sich an sein Vorbild angeschlossen. Und nicht nur von ihm ist der eigentümliche Mischdialekt der alten epischen Poesie beibehalten, sondern auch noch geraume Zeit später bleibt dieser Dialekt, wenigstens nahe der fränkischen und friesischen Grenze, im litterarischen Gebrauche bestehen.

Es gilt weiter die Frage zu beantworten, wie die heidnische Poesie der Sachsen zu jenem Mischdialekte gekommen ist. Allerdings stehen uns für die Geschichte der sächsischen Heldendichtung keine älteren Denkmäler als das Hildebrandslied zur Verfügung, so dass wir in dieser Beziehung mehr oder weniger auf Vermutungen angewiesen sind. Aber die Aufgabe ist doch vielleicht nicht ganz hoffnungslos, wenn wir aus der Beschaffenheit der Heldendichtung bei den verschiedenen germanischen Stämmen rückwärts schliessen und andere Litteraturen zum Vergleiche heranziehen. Insbesondere ist ein Blick auf den Dialekt der homerischen Epen lehrreich, wie ja überhaupt die Entwickelung der griechischen Dialekte — sowohl in rein sprachlicher wie in

---

¹) Jostes Zfd.A. 40, 146 hält es mit Recht für völlig ausgeschlossen, dass die Formen gēr und ōthar der Freckenhorster Heberolle jemals der westfälischen Mundart entsprochen haben. Koegel hat zwar (GDL. I, 2, 551 Anm.) versucht, ōthar gegen Jostes für Essen in Anspruch zu nehmen. Aber von dem Namen Nōthild (der nichts beweist) abgesehen sind Koegel's Einwendungen ganz allgemeiner Natur und derart, dass sie sich gegen jede Abgrenzung, die sich auf die heutigen Mundarten stützt, verwenden liessen. Zu erwähnen ist hier ausserdem eine kürzlich von Bremer in Paul's Grundriss ² 111, 866 vorgetragene Auffassung. Bremer giebt zu, dass ōthar anglofriesische Lautgestalt habe, meint aber mit der Annahme helfen zu können, es habe in Niederdeutschland einst eine soziale Schicht mit anglofriesischer Sprache bestanden. Mir scheint, dass letztere Hypothese sich durch Formen wie ōthar so wenig stützen lässt, wie man etwa aus den dorischen Formen in den Chören attischer Dramen auf eine in Attika lebende dorische Volksschicht schliessen darf.

²) Auf diese Formen ist schon oben S. 71* Anm. 3 hingewiesen. Jedoch habe ich dieselben dort noch nicht in ihrer vollen Bedeutung gewürdigt

7

*litterarischer Hinsicht — manche Berührungspunkte mit derjenigen der germanischen Mundarten bietet. Auch die homerischen Gedichte liegen uns ja in einem gemischten Dialekte vor, und zwar ist die Buntheit dort womöglich noch grösser als im Heliand. Man glaubte dies früher so auffassen zu müssen, als habe der Dichter über den Mundarten gestanden und als habe er sich aus den einzelnen Dialekten dasjenige ausgewählt, was ihm für seine dichterischen Zwecke am besten geeignet erschien. Dieser Ansicht aber huldigt heute wol niemand mehr, und namentlich nach August Fick's[1]) Arbeiten darf sie als endgültig beseitigt gelten. Wir wissen jetzt, dass sich in dem Mischdialekte der homerischen Epen die Geschichte der epischen Dichtung wiederspiegelt. Die Grundlage bildete der aeolische Dialekt, und zwar lassen sich noch von unsrem Homertexte aus manche der alten aeolischen Lieder einigermassen wiederherstellen. Von den Aeolern übernahmen die Ionier das Epos. Wie wir bei den griechischen Dichtern überhaupt das Bestreben finden, jeder Dichtungsgattung bis zu einem gewissen Grade den Dialekt zu lassen, mit welchem sie ihrer Entstehung und Entwickelung nach verknüpft ist, so haben auch die ionischen Dichter es sich offenbar nicht zur Aufgabe gemacht, den aeolischen Dialekt in der epischen Dichtung auszurotten. Sie haben aber vielfach — besonders da, wo aeolische und ionische Formen sich metrisch deckten, also die Aenderung sich leicht bewerkstelligen liess — die Sprachformen der alten Dichtung durch die entsprechenden ihres eigenen Dialektes ersetzt. Das Ergebnis dieser Modernisierung ist zunächst für den alten Bestand des Epos ein aeolisch-ionischer Mischdialekt. Dieser poetische Dialekt wird weiter auf die bei den Ioniern neu hinzukommenden Stücke übertragen, nur dass in diesen begreiflicher Weise das Verhältnis zwischen aeolischen und ionischen Formen sich etwas zu Gunsten der letzteren verschiebt. Aber auch damit ist die Entwickelung des epischen Dialektes noch nicht abgeschlossen. Indem das ionische Epos sich über die Inseln des aegaeischen Meeres und schliesslich über das Festland verbreitet und dort neue Sprossen treibt, setzt der epische Kunstdialekt eine Reihe dorischer und endlich attischer Formen an. Die Zahl dieser Formen ist freilich im Vergleiche mit den von dem aeolischen und ionischen Dialekte beigesteuerten gering, aber ihr Prozentsatz steht vermutlich in ziemlich genauem Verhältnisse zu dem Zuwachse, welchen das Epos bei Dorern und Attikern erfahren hat. Im grossen und ganzen hatte die epische Dichtung eben schon durch die Ionier ihre endgültige Kunstform erhalten.*

---

[1]) *Fick zeigte, dass aeolische Formen sich in unsrem Texte wesentlich da gehalten haben, wo sie den entsprechenden ionischen Formen metrisch nicht gleichwertig waren. Auf Grund dieses Gesichtspunktes konnte er den Versuch wagen, die verschiedenen Schichten der epischen Dichtung zu sondern und die ältesten Teile der Ilias und der Odyssee in ihrer ursprünglichen aeolischen Form wiederherzustellen. Man kann in Bezug auf die Reconstruction im Einzelnen vielfach andrer Meinung sein als Fick: im Ganzen hat sich seine Theorie immer mehr als haltbar und fruchtbar bewährt. Ich verweise namentlich auf das Kapitel "Dialektmischung" in P. Cauer's Grundfragen der Homerkritik (Leipz. 1895), und beispielshalber auf W. Helbig's Aufsatz "Der Schluss des aeolischen Epos vom Zorne des Achill" Rhein. Mus. 55 (1900), S. 55 ff. Es heisst in letzterem (S. 58): „Das alte aeolische Epos wurde von den Ioniern übernommen, bearbeitet und durch die Einschaltung neuer Dichtungen erweitert. Diese jüngeren, rein ionischen Dichtungen offenbaren einen massvolleren Geist als das aeolische Epos . . . Wir dürfen zu ihnen mit Sicherheit das VI. Buch der Ilias rechnen . . ."*

*Dem griechischen Epos vergleicht sich das germanische auch insofern, als es sich bei beiden wesentlich um mündliche Ueberlieferung[1]) handelt. Es liegt in der Natur der Sache, dass wir poetische Mischdialekte für schriftlose Epochen verhältnismässig selten nachweisen können, da die betreffenden Gedichte uns ja nur dann zugänglich sind, wenn sie wenigstens nachträglich aufgezeichnet wurden. Uebrigens besteht in Hinsicht auf den Dialekt zwischen mündlich und schriftlich überlieferter Litteratur kein prinzipieller Unterschied.*

*Dass ähnliche Vorgänge, wie wir sie beim griechischen Epos beobachten, sich in der Geschichte der altgermanischen Heldendichtung abgespielt haben, lehrt ein Blick auf die epischen Gedichte der Angelsachsen. Ueber diese bemerkt Sievers, Ags. Gramm. § 2. Anm. 6: „Sie entstammen zum grösseren Teile dem anglischen Gebiete (vgl. Beitr. X, 464 ff.), liegen aber fast alle nur in südenglischen Abschriften vor. Die Handschriften gehören meist erst dem 10.—11. Jahrhundert an, und zeigen demgemäss fast durchgängig keinen reinen Dialekt, sondern ein Gemisch der verschiedenartigsten Formen. Nicht nur sind vielfach anglische Formen aus den Originalen stehen geblieben, sondern es wechseln auch ältere und jüngere Formen derselben Mundart mit einander ab . . . Hie und da erlaubt das Metrum noch, die ursprünglichen Sprachformen der Originale annähernd sicher zu bestimmen." Wie diese Epen in ihrer ursprünglichen Mundart mögen ausgesehen haben, zeigen zwei kurze — dem Inhalte nach schon rein christliche — Gedichte, die uns in northumbrischer Mundart erhalten sind; nämlich Cädmon's Hymnus und Beda's Sterbegesang (abgedr. z. B. bei Sweet, Oldest English Texts, p. 119; Cook, First Book in Old English, p. 245. 247; der Hymnus auch bei Grein-Wülcker, Bibl. d. ags. Poesie, II, 317).*

*Im Hinblicke auf solche Parallelen, denen sich noch manche aus jüngerer Zeit anreihen liessen, sind wir berechtigt zu sagen, dass die Dialektmischung im Heliand und in den niederdeutschen Teilen des Hildebrandsliedes nicht so aufzufassen ist, als hätten die Dichter sich eine Sprache schaffen wollen, die für Friesen, Sachsen und Franken zugleich verständlich wäre. Wir sind vielmehr berechtigt, die verschiedenen Dialekte auch hier in zeitliche Folge zu bringen, sie als sichtbare Spur der Wandlungen zu betrachten, welche das Epos der nördlichen Stämme vor dem Ende des 8. Jahrhunderts durchlaufen hat. Denn die Heldendichtung war nicht von vorn herein bei allen germanischen Stämmen gleichmässig und in gleicher Vollendung verbreitet. Bei einigen der beliebtesten Sagenstoffe, vor allem bei der Nibelungensage, lässt sich deutlich ein Wandern der Sage von Stamm zu Stamm beobachten, und es darf für ausgemacht gelten, dass mit den Sagen auch die Kunst der epischen Behandlung dieser Sagen sich fortpflanzte.*

*Alles weist darauf hin, dass die Nibelungensage ihre kunstmässige Gestaltung wesentlich bei den Franken gefunden hat, und zwar fällt die Pflege des epischen Gesanges bei den Franken in verhältnismässig frühe Zeit. Wird sie uns doch schon für die Zeit des Chlodowech (Anfang des 6. Jahrh.) und dann weiter durch Venantius Fortunatus für das Ende des 6. Jahrh. bezeugt.[2])*

---

[1]) *Allerdings waren die Buchstabenzeichen den Griechen schon in der Epoche der ionischen Homerdichtung bekannt; aber daraus folgt nicht, dass die homerischen Epen damals schriftlich aufgezeichnet wären. So kannten die Germanen die Runenschrift lange bevor das Hildebrandslied gedichtet wurde, ohne dass jemand wird annehmen wollen, es habe das germanische Epos anfänglich in Runenschrift existiert.*

[2]) *Näheres bei Sijmons in Paul's Grundriss* [1] *III, 622.*

*Als Karl d. Gr. eine Anzahl fränkischer Heldenlieder sammeln liess[1]), war die Blüte des epischen Gesanges bei den Franken vielleicht längst vorüber. Sicher lässt sich dies für die Zeit Otfrieds (um 870) behaupten. Denn Otfried[2]) sagt nicht nur, dass die Franken keine Litteratur nach Art der Griechen und Römer haben, sondern sogar dass die fränkische Sprache überhaupt noch nicht an metrische Behandlung gewöhnt sei. Von der epischen Poesie der Franken ist uns aus alter Zeit nichts erhalten. Dagegen liegt in der Edda ein zusammenhängender Cyklus von Liedern aus der Nibelungensage vor, die in letzter Linie von den Franken entlehnt sind. Man nimmt gewöhnlich an, die Kenntnis der Sage sei zu den Nordmännern durch die Sachsen gekommen, wie ja bekanntlich später (im 13. Jahrh.) die Thidrekssaga aus sächsischer — und zwar vorzugsweise westfälischer — Ueberlieferung schöpft. Für die Edda aber beruht diese Annahme nur auf der Thatsache, dass die eddische Ueberlieferung in manchen Punkten derjenigen der Thidrekssaga näher steht als der hochdeutschen. Diese Thatsache aber lässt auch andere Erklärungen zu. Es wäre ja möglich, dass es eine gemeinsam norddeutsche (nicht ausschliesslich sächsische) Fassung der Sage gegeben hat; oder auch dass Eddalieder und Thidrekssaga aus derselben Quelle schöpfen, die ursprünglich keine sächsische war. Ich halte die letztere Annahme für die wahrscheinlichere, indem ich der Meinung bin, dass die Nibelungensage sowohl nach dem Norden[3]) wie zu den Sachsen durch Vermittelung der Friesen gekommen ist.*

*Auf friesischen Ursprung weist zunächst wol der Name Giuki. Es scheint am natürlichsten, diesen Namen aus Gibuka zu erklären und ihn dem friesischen *Gibuka gleichzusetzen, der nach W. van Helten[4]) in dem heutigen westfriesischen Eigennamen Jouke fortlebt. Dass Giuki der sonst überlieferten Namensform Gibico entspreche, ist vielleicht nicht geradezu unmöglich aber doch wol weniger wahrscheinlich.*

*Sodann fügt sich die Annahme einer Vermittlerrolle der Friesen, wie mir scheint, besser in den Zusammenhang der Geschichte der epischen Dichtung ein. Gerade der Umstand, dass in Niedersachsen die Nibelungensage noch im 13. Jahrh. genau in allen Einzelheiten bekannt ist, sollte uns davor warnen, ihre Einführung bei den Sachsen in allzu frühe Zeit zu setzen. Auch der anziehendste Sagenstoff verliert an Interesse, wenn er Jahrhunderte hindurch von einer Generation zur andern weiter gesungen wird. Wenn also bei den Sachsen die Sage noch zu einer Zeit lebendig ist, wo sie bei den zunächst an dieser Sage beteiligten Stämmen ihre Blütezeit hinter sich hatte, ja vielleicht in Vergessenheit geraten war, so ist das an sich ein gewichtiger Grund für die Annahme, dass es sich hier um eine verhältnismässig späte Uebertragung der Sage handelt.*

*Dazu kommt nun, dass selbständige Gestaltung der Sage, von unwesentlichen Einzelheiten abgesehen, bei den Sachsen nicht nachzuweisen ist. Allerdings will Wilmanns, Anz. f. dt. Alt. 18, S. 99 (dem sich Sijmons*

---

[1]) Man wird mit Braune PB. Beitr. 21 S. 5 annehmen müssen, dass sie teilweise wol schon — ähnlich wie der Beowulf — in christlichem Sinne umgedichtet waren.

[2]) Liber Evangel. I, 1, 33—36.

[3]) Die Möglichkeit friesischer Vermittelung wird für die Eddalieder auch von Müllenhoff, Beovulf S. 107 und Sijmons a. a. O, S. 651 zugelassen.

[4]) Tijdschr. voor nederlandsche taal- en letterkunde 18, S. 192. Mir ist nur der Bericht über diesen Aufsatz im Jahresbericht üb. germ. Philologie 21, S. 178 zugänglich.

a. a. O. 667 f. anschliesst) in den Gestalten des Osid und Iring eine alt-niederdeutsche Schicht der Sage erkennen, im Gegensatze zu der hochdeutschen, die durch Dietrich und Rüdiger vertreten sei. Hier kann man zunächst den Ausdruck altniederdeutsch beanstanden. Denn mag auch der Name Iring alt sein: in der Nibelungensage sind beide Helden erst im 12. und 13. Jahrh. nachzuweisen. Vor allem aber dürfen wir nicht vergessen, dass es in der Thidrekssaga c. 39 heisst: Konungr heitir Osið, hann ræðr riki um Frisland. Und zwar ist Osid, wie Holthausen (PB. Beitr. 9, S. 453 ff.) gezeigt hat, identisch mit dem Odilbaldus Frisiorum dux, von dem Suffridus Petrus aus Leeuwarden in seinem Buche "De Frisiorum antiquitate et origine libri tres" (Köln, 1590) berichtet. Es handelt sich also bei Osid um eine von Haus aus friesische Sage. Gehören Osid und Iring zusammen, so wird man dasselbe auch für Iring annehmen müssen.

So wenig wie zu der Nibelungensage scheinen die Sachsen zu dem sonstigen Bestande der ältesten Heldensage beigesteuert zu haben. Man pflegt zwar anzunehmen[1]), die Wielandsage sei niederdeutschen Ursprungs, und stützt sich dabei teils auf den von Holthausen (PB. Beitr. 9, 489 f.) erbrachten Nachweis, dass die Erzählung der Thidrekssaga (C. 57—61) von Wielands Aufenthalt bei den Zwergen auf westfälische Heimat weise; teils darauf, dass in Niedersachsen sich noch später manche Züge der Sage in volksmässiger Ueberlieferung finden. Aber auf die geographischen Angaben der Thidrekssaga ist in diesem Falle genau so viel Gewicht zu legen, wie auf ihre Angabe, Attila habe zu Soest in Westfalen residiert. Diese Lokalisierungen sind wertvoll für die Beurteilung der Heldensage des 13. Jahrhunderts, aber wertlos für die Frage nach der Entstehung und der ursprünglichen Gestalt dieser Sagen. Ebenso wenig lassen sich die modernen Volkssagen von dem kunstreichen Schmiede als Beweis dafür verwerten, dass die Wielandsage eine von Haus aus sächsische Sage sei; so wenig wie daraus, dass man die Erzählung von Reineke Fuchs im 19. Jahrh. bei den Buschmännern gefunden hat, hervorgeht, dass die Tiersage aus Südafrika stamme. Ueber die Heimat der Wielandsage könnte nur die älteste Ueberlieferung, wie sie einerseits in der Volundarkvitha, andrerseits in der angelsächsischen Tradition (auf dem Clermonter Runenkästchen und in Dêor's Klage) vorliegt, Auskunft geben. Man wird für beide eine gemeinsame Quelle annehmen müssen (vgl. die bei Sijmons a. a. O. 723 angeführte Litteratur), und zwar liegt es näher, diese in einem friesischen als in einem niederdeutschen Liede zu suchen. Dass die Sage bei den Friesen entstanden sein müsse, möchte ich nicht behaupten. Es ist uns einstweilen nicht möglich, sie über die gemeinsame Quelle der nordischen und angelsächsischen Ueberlieferung hinaus zu verfolgen.

Wir werden also sagen müssen, dass die Sachsen sich dem alten Heldengesange gegenüber im wesentlichen receptiv verhalten haben, und ziehen daraus den Schluss, dass der Heldengesang erst zu ihnen kam, als er bereits seine höchste Vollendung erreicht hatte und als die wichtigsten Sagenstoffe bereits ihre abschliessende epische Gestaltung gefunden hatten. Den Sachsen fiel unter diesen Umständen in Bezug auf das Heldenepos eine ähnliche Vermittlerrolle zu, wie später am Ausgange des Mittelalters beim Tierepos. Denn der niedersächsische Reinke de Vos ist bekanntlich, obwohl er die Grundlage für die

---

[1]) Vgl. z. B. Binz in PB. Beitr. 20, S. 186, Sijmons a. a. O., S. 725. Nach Koegel GDL. I, 1, 103 liegt der nordischen und angelsächsischen Ueberlieferung ein niederfränkisches oder sächsisches, „vielleicht früh auch in anglo-friesischer Sprache gesungenes" Lied des 5.—6. Jahrh. zu Grunde.

spätere Verbreitung des Tierepos bildet, doch nur eine geschickte Uebersetzung aus dem Niederländischen. Es folgt daraus nicht notwendig, dass die Sachsen eine Heldendichtung vor ihrer Bekanntschaft mit der Nibelungensage nicht besessen hätten. Aber vermutlich standen ihre eigenen Heldenlieder im Vergleiche mit den neu bei ihnen eingeführten auf einer mehr elementaren Stufe. Sie waren wol nicht zu grösseren Sagencomplexen zusammengefasst und werden in Stil und Ausdrucksweise weniger künstlerisch durchgebildet gewesen sein. Auch mag die Vortragsweise der einheimischen Lieder in Bezug auf Melodie und musikalische Begleitung hinter der vorzugsweise von den fränkischen Rhapsoden ausgebildeten Weise zurückgestanden haben. Die Folge war dann, dass die alten einheimischen Lieder über der neuen Dichtung vernachlässigt und vergessen wurden, wie im alten Italien die einheimische Poesie vor der aus Griechenland eindringenden zu Grunde ging.

Gibt man dies zu, so ist der weitere Schluss unabweislich, dass die Sachsen die neue Form der epischen Dichtung von den Friesen bezogen haben. Denn die "ingaeonischen" Eigentümlichkeiten treten in der Sprache des sächsischen Epos in so erheblichem Umfange auf, dass man die sächsische Dichtung zu der ingaeonischen in engste Beziehung setzen darf. Auch fügt sich die Annahme, dass die Blüte der epischen Dichtung bei den Friesen in frühere Zeit fällt als bei den Sachsen, und in spätere Zeit als bei den Franken, am besten in das ein, was wir von der Geschichte des Heldengesanges wissen.

Für frühe Pflege epischer Dichtung bei den Friesen spricht vor allem der Einfluss, welchen friesische Sagen auf das Epos der Angelsachsen geübt haben. Ich kann mich hier damit begnügen, auf die Ausführungen Müllenhoff's in seinem Beovulf (Berlin, 1889) S. 104—108 zu verweisen. "Selbstverständlich", heisst es dort (S. 105), "ist die friesische Vermittelung bei der schönen Sage von dem friesischen Urkönige Finn Folcwalding und seinen Kämpfen mit dem Geschlechte seiner Gattin Hildburg, den Hocingen. Von welcher Seite sollte die Sage, die, wie der Beovulf, Widsid und Ortsnamen beweisen, in England früh sehr populär war, bei den Angelsachsen verbreitet sein, wenn nicht durch die Friesen selbst?" Müllenhoff hält es weiter (S. 107) für wahrscheinlich, dass auch bei den übrigen deutschen Sagen, mit denen wir die Angelsachsen um dieselbe Zeit bekannt finden[1]), die sagenkundigen und seefahrenden Friesen als Vermittler zu denken sind. Und zwar nimmt er an, dass es sich dabei um friesische Lieder handelt. Er bemerkt z. B. (S. 106) bezüglich der Finnsage: „der Stoff muss aber natürlich schon vollständig ausgebildet und in Liedern abgeschlossen gewesen sein, ehe er nach Alemannien und England gelangte." Ich denke man wird Müllenhoff zugeben müssen, dass diese Annahme allerdings die natürlichste ist. Sie ist jedenfalls von Ten Brink in Paul's Grundriss [1] II, 1, 535 nicht widerlegt. Ten Brink's Haupteinwand besteht darin, dass „der an der Scholle klebende, hartnäckig konservative Teil der Ingäonen" (d. h. die Friesen) „im Gegensatz zu den regsameren, thatendurstigen, welteroberungslustigen Stämmen der Angeln und ingäonischen Sachsen eine gewisse Trägheit der epischen Phantasie bekundet haben wird." Man mag sich diese Charakterisierung für das politische Gebiet gefallen lassen, wird aber sagen müssen, dass kriegerischer Sinn nicht immer mit dichterischer Begabung Hand in Hand geht und ein Volk nicht gegen

---

[1]) Müllenhoff nennt als solche (S. 101): die Gudrunsage, die fränkische Welsungen- und Nibelungensage, die gotische Sage von Ermenrich und von Dietrich, die fränkische Dietrichsage, longobardische Sagen (im Widsid) und die Sage von Walther und Hildegunde.

*litterarische Einflüsse von aussen her sicher stellt.* Graecia capta ferum victorem
cepit. *Der an der Scholle klebende Teil der Ingvaeonen kann recht wol für
die Poesie mehr übrig gehabt haben, als der eroberungslustige Bruderstamm.
Und haben die Eigenschaften, welche Ten Brink an den Angelsachsen rühmt,
verhindern können, dass die angelsächsische Genesis einige hundert Verse in
nahezu wörtlicher Übersetzung aus dem Altsächsischen aufgenommen hat?
Vergessen wir auch nicht, dass derjenige Teil der Angelsachsen, welcher vom
9. Jahrh. ab in politischer Hinsicht die Führung übernimmt, seine epische
Dichtung von den weniger regsamen northumbrischen und mercischen Stammes-
genossen entlehnt hat.*

Für die Wende des 8. und 9. Jahrh. ist sodann die Pflege epischer
Dichtung bei den Friesen ausdrücklich bezeugt durch die bekannte Notiz in
der *Vita Liudgeri* über den blinden Sänger *Bernlef*, qui ... antiquorum actus
regumque certamina bene noverat psallendo ('zur Harfe') promere.[1] *Bernlef*
hat wahrscheinlich[2] in seinen späteren Jahren die Technik der Alliterationsdichtung auch auf christliche Stoffe angewandt. Wir werden annehmen müssen,
dass überhaupt bei den Friesen — wie bei den übrigen germanischen Stämmen
— seit ihrer Bekehrung zum Christentume das Interesse an der alten
nationalen Dichtung mehr und mehr nachgelassen hat. Aber es ist sehr wohl
möglich, dass sich der Zersetzungsprozess bei ihnen ebenso langsam wie bei
den Angelsachsen und im Norden vollzogen hat. Denn manche Spuren weisen
darauf hin, dass die Kenntnis der alten Sagenstoffe — und zwar im Gewande
der Alliterationsdichtung — sich bei den Friesen noch lange gehalten hat,
obwohl leider keine Zeile aus ihren epischen Liedern in altfriesischer Sprache
auf uns gekommen ist.

Wie man weiss spielt die Alliteration noch eine wichtige Rolle in den
friesischen Rechtsdenkmälern aus dem 13. und 14. Jahrhundert.[3] Zwar heisst
es zu weit gehen, wenn man aus den Rechtsquellen wirkliche Reste stab-
reimender Dichtung wiederzugewinnen gesucht hat. Es handelt sich, wie
Siebs überzeugend dargethan hat, in der Rechtssprache nicht um alliterierende
Verse sondern um alliterierende Formeln, die ihre Alliteration nicht erst aus
der Poesie bezogen, sondern sie selbständig vielleicht ebenso lange wie diese
besessen haben. Trotzdem wird man sagen dürfen, dass die nicht zu leugnende
Vorliebe für derartige Formeln in der Rechtssprache zu Gunsten der Ansicht
spricht, dass die Friesen auch in ihrer Dichtung an der Alliteration zähe
festgehalten haben. Man wird ferner auch von Siebs' Standpunkte aus zugeben
können, dass die Sprache der friesischen Rechtsquellen sich gelegentlich zu
fast poetischem Schwunge erhebt. Es soll daraus nicht gefolgert werden, dass
poetische Wendungen, Vergleiche und Bilder in der Rechtssprache aus Gedichten
entlehnt sein müssten. Nur soviel behaupten wir, dass man einem Stamme,
der seine Rechtssatzungen in solche Sprache kleiden konnte, auch kunstmässige
Handhabung der Sprache ausserhalb des Rechtes, insbesondere in der Dicht-
kunst zutrauen darf.[4]

---

[1] Vgl. z. B. Müllenhoff *Beovulf* S. 105, Koegel *Gesch. d. dt. Lit.* I, 1, 141 f.
[2] Vgl. Koegel a. a. O. 283 f.
[3] Vgl. Müllenhoff *ZfdA.* 12 (1865), 287 u. *Beovulf* 105, Scherer *Gesch. d.
dt. Lit.* 16, Koegel *Gesch. d. dt. Lit.* I, 1, 242—259, Siebs in Paul's *Grundriss*[1]
II, 1, 495 f. u. *ZfdPh.* 29 (1897), 405—411, Sijmous a. a. O. 628.
[4] Siebs selbst bemerkt in Paul's *Grundriss*[1] II, 1, 496: „Wir gewinnen
den Eindruck, dass ein Volk, dessen Rechtsbücher so sehr vom Geiste der altgermanischen Dichtung durchdrungen sind und so reiche Spuren alliterierender
Verskunst zeigen, der Stabreimpoesie nicht bar gewesen sein kann."

*Die Nachwirkung der friesischen Heldendichtung erstreckt sich bis in die mittelhochdeutsche Zeit. Denn das Epos von Gudrun — die alte Hildesage in verjüngter Gestalt — darf in demselben Sinne als ein friesisches Epos in Anspruch genommen werden, in welchem uns die Nibelungendichtung als ein fränkisches Epos gilt. Ich bediene mich auch hier der Worte Müllenhoffs (Beovulf S. 107): „Der Schauplatz des ersten Kampfes ist in der Kudrun an die Scheldemündung verlegt, also an die äusserste Grenze des Gebietes der Friesen bei dem kleinen Fluss Sincfel bei Sluis, und auch im übrigen spielt die Sage im Bereich der Friesen und nur durch die Normannenzüge ist sie auch in den Norden verlegt (vgl. Haupts Zs. 6, 64): von den Friesen stammt auch die Um- und Ausbildung der Sage und treffen wir die Grundlage und Voraussetzung dieser friesischen Umbildung auch in der angelsächsischen Fassung an, so muss die Sage von den Hedeningen in dieser neuen Gestalt auch von den Friesen zu ihnen gekommen sein, geradeso wie sie später durch sie nach Oberdeutschland gelangte.“ Im übrigen verweise ich auf die zusammenfassende Darstellung der Hilde- und Gudrunsage bei Sijmons a. a. O., S. 709—719 und erinnere hier nur noch daran, dass auch der Name Gudrun friesischen Ursprung des mittelhochdeutschen Gedichtes bestätigt. Denn die echt hochdeutsche Form dieses Namens wäre[1]) Guntrun oder Kundrun und thatsächlich ist derselbe in dieser Gestalt als Personenname mehrfach belegt. Die Form Gudrun oder Kudrun (mit den Varianten Chutrun, Chaudrun, Chautrun u. s. w.) lässt sich nur als mechanische Umsetzung einer friesischen (oder anglofriesischen, aber nicht sächsischen) Namensform Gûdrûn verstehen, deren erster Bestandteil denselben Verlust des Nasals vor altem þ zeigt, wie ags. gûþ f. 'Kampf oder die oben (S. 97*) erwähnten Formen gûðhamun, gûdea des Hildebrandsliedes.*

*Es darf also als ausgemacht gelten, dass der friesische Stamm in der Umbildung und Verbreitung der alten Heldenlieder eine bedeutsame Rolle gespielt hat, und es fügt sich die Annahme friesischer Vorbilder für die epische Dichtung der Sachsen in den Zusammenhang der altgermanischen Heldendichtung ohne Schwierigkeit ein. Sie wäre statthaft auch wenn das sächsische Epos keine Spur friesischer Sprache zeigte; angesichts der friesischsächsischen Mischsprache der sächsischen Epik wird sie sich nicht umgehen lassen.*

*Schwieriger ist es, über die Herkunft der fränkischen Ingredienzien in dem epischen Dialekte der Sachsen ins Klare zu kommen. Da die Friesen mit der Nibelungensage ohne Zweifel durch die Franken bekannt geworden sind und diese Sage nicht die einzige gewesen sein wird, die ihnen auf diesem Wege zukam, so liegt es nahe, sich die Friesen in ähnlichem Abhängigkeitsverhältnisse zu den Franken zu denken, wie wir es bei den Sachsen in Bezug auf die Friesen gefunden haben. Ist es glaublich, dass mit den fränkischen Liedern auch fränkische Formen auf die friesische Dichtung übergingen und in ihr sich hielten, bis die friesische Epik zu den Sachsen drang? Wir hätten dann auf germanischem Gebiete eine vollständige Parallele zu der oben berührten Entwickelung des homerischen Dialektes. Man müsste aber, wenn man dies annimmt, wol zwei verschiedene Schichten fränkischer Formen unterscheiden. Zu der älteren würden die schwachen Präterita mit st, wie konsta, gehören. Hier herrscht st in den Heliandhandschriften ausnahmslos, und wenn auch konsta eine jüngere Form ist als got. kunþa und ags. cûþe, so könnten doch im Hinblicke auf got. an-st-s oder brun-st-s derartige Neu-*

---

[1]) Vgl. Müllenhoff ZfdA. 12, 315 f., Sijmons S. 716.

*bildungen für recht alt gelten und schon zur Zeit der alten fränkisch-
friesischen Beziehungen bestanden haben. Anders aber steht es z. B. mit dem
Diphthonge uo gegenüber sächsischem ô. Schon das regellose Schwanken aller
Handschriften, auch derjenigen in welchen uo überwiegt, scheint darauf hin-
zudeuten, dass der Diphthong hier nicht zu den wesentlichen Merkmalen der
epischen Sprache zählt. Dazu kommt, dass die Entwickelung des uo aus
älterem ô wahrscheinlich nicht erheblich früher als um die Mitte des 8. Jahrhunderts[1]) begonnen hat, also dem älteren fränkischen Epos noch fremd war.
Das uo kann demnach von der Sprache des sächsischen Epos erst in jüngerer
Zeit aufgenommen sein. Es trat zur Zeit der Abfassung des Hildebrandsliedes auch im fränkischen Dialekte wol erst sporadisch auf, und ich halte
es keineswegs für ausgemacht, dass es in der Urhandschrift des Heliand so
systematisch durchgeführt war, wie in Piper's Ausgabe.*

*Ist aber das uo ein jüngerer Eindringling, so wird man allerdings
zugeben müssen, dass dieselbe Auffassung auch für die Präterita mit st sich
nicht gänzlich abweisen lässt. Finden sich doch diese Präterita an der
sächsischen Grenze gerade innerhalb des niederfränkischen uo-Gebietes, so
dass es zulässig erscheint, auf die dialektische Zusammengehörigkeit der beiden
Formen mehr Gewicht zu legen, als auf den Unterschied ihres Auftretens im
Heliand. Dann würden also die sämmtlichen niederfränkischen Dialektformen
im sächsischen Epos einer jüngeren Epoche angehören als die friesischen,
und es liesse sich die Ansicht vertheidigen, dass das friesische Epos zu den
Sachsen nicht direkt von den Friesen, sondern durch Vermittelung der fränkischen Grenzstämme gekommen sei.*

*Ich sehe einstweilen keinen Anhaltspunkt, um hier mit Sicherheit eine
Entscheidung zu treffen. Nur soviel lässt sich sagen, dass es auch bei den
niederfränkischen Bestandteilen in der Sprache des Heliands sich nicht um
blosse Schreiberwillkür handeln wird, sondern um einen aus älteren Vor-
bildern übernommenen Kunstdialekt, dessen Entstehung mit der Geschichte
des heidnischen Heldengesangs zusammenhängt.*

[1]) Um diese Zeit nämlich tritt sie im Hochfränkischen auf, vgl. Braune
Ahd. Gr. § 39c.

8